위대한
통일

내일을여는지식 역사 7

위대한 통일

■ 사위민 저 · 배숙희 역

KSI 한국학술정보(주)

≪大一統──元至元十三年紀事≫

(中國生活 · 讀書 · 新知 三聯書店 1994年10月出版)

이 책의 한국어판은 저자 史衛民과 협의하여 간행되었다.

한국어판 번역권은 이 책의 역자 배숙희에게 있다.

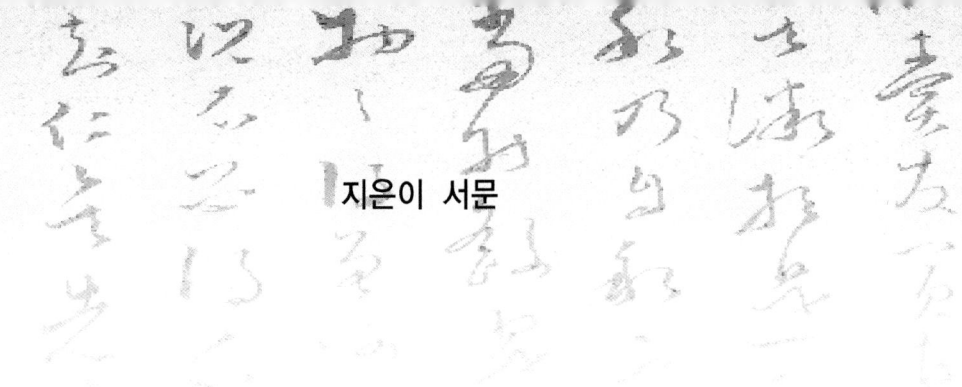

지은이 서문

중국 역사에 있어 왕조통일은 모두 큰 사회변혁을 가져왔다. 수레바퀴의 변동을 통일하는 것은 군사상의 성공을 필요로 할 뿐만 아니라 동시에 강대한 정치적 우세를 필요로 한다. 소수민족이 건립한 왕조에 대해서 말하자면 후자는 더욱 중요할 것이다.

13세기 이전, 중원지역에서 나라를 세운 소수민족 통치자들은 일찍이 통일을 시도하였으나 남은 것은 실패의 기록이다. 팔공산(八公山)에서 '놀라 허둥지둥 조처를 잃어' 전진(前秦)의 군주 부견의 전도가 완전히 상실되었다. 채석기(采石磯)의 병변은 금나라의 황제 완안량(完顔亮)의 목숨을 달아나게 하였다. 13세기 후기, 원세조 쿠빌라이는 두 가지 '제일'의 기록을 창조하였다. 소수민족이 건립한 왕조가 처음으로 중국을 통일하였다. 이번의 통일은 큰 강의 남북을 다시 통일했을 뿐만 아니라, 5세기의 분열과 할거 형세를 마무리하고 운남·서장과 서역 지역이 통일의 판도로 들어왔다. 이렇게 광범위한 통일은 중국 역사상 처음 출현하였다.

어떻게 쿠빌라이가 이처럼 휘황찬란한 성공을 이룩할 수 있었는가? 원나라의 정치 구조와 문화 요소 중 어떤 성공의 비밀이 있는가? 이 책의 소개를 통해서 독자들이 답을 찾아낼 수 있기 바란다.

통일의 물결은 남쪽으로 향하고 본래 '정통'을 자처하고 '편안(偏安)'으로 계책을 삼던 남송의 군신은 비극을 연출하게 되었다.

그들의 두려움·걱정·타협 내지 항쟁은 위대한 통일로 나아가는 또 다른 중요 내용이 되었다. 독자들은 이 책에서 실패자의 운명을 분명히 찾아낼 수 있을 것이다.

　　1276년은 통일로 나아가는 과정에서 가장 중요한 일 년이었다. 이 책은 사실을 기록하는 방법으로 이 일 년 내에 발생한 주요 사건을 편으로 만들어 독자들에게 한 폭의 간단하고도 생동감이 있는 역사 그림책을 보여 주려고 한다. 이 책은 통일 전쟁의 과정을 자세히 소개하지 않고, 사회변혁이 가져오는 정치 충돌과 서로 다른 문화 간의 상호 영향을 그려 내는 데 중점을 두었다. 이 책에서는 300년에 가까운 역사인물을 그려 내는데 그들은 각기 다른 민족에서 왔고, 서로 다른 문화 배경이 있으며, 서로 다른 연기를 하였다. 당연히 소개하는 것은 그 중에서 가장 영향력이 있는 몇 십 명의 인물들의 상황이다.

　　새로운 체제로 역사를 쓰는 것은 나로서는 처음 시도하는 일이다. 독자와 사학계의 선배와 동학들은 책의 잘못된 곳이 있으면 지적하기를 바란다.

1992년 4월

史衛民

일러두기

1. 본 번역서에서는 한문 사료에 나오는 인명·지명·족명·용어 등 고유명사에 충실하여 가능하면 표기할려고 노력하였고, 몽골어의 경우는 한글음(한자·몽골어) 순으로 표기하였다.

2. 한문사료의 한자는 모두 우리말 한자 발음으로 표기하고 부득이한 경우는 중국어 병음으로 처리하였다.

3. 본문 중 *표시는 옮긴이의 설명이다.

목차

들어가며

　위기가 사처에 가득한 남송왕조 경내에 "강남이 망하고 100마리의 기러기가 날아오리라."는 동요가 전해졌다. 종일 생계에 힘든 백성들은 이것이 도대체 무슨 뜻인지 알아볼 여력이 없었지만 사인들은 근심거리가 되었다. 신비한 유언비어가 불러일으키는 심리적인 두려움이고, 송원 간의 전쟁이 이미 중요한 시기에 이르렀음을 의미하는 것이다.

　13세기 초엽, 송・금・서하 삼국 병립의 형세가 지속되다가 신흥의 대몽고국에 의해서 무너졌다. 몽고 군대가 서하(1227년)를 멸망시킨 후 병력을 집중하여 중원지역의 금나라로 후퇴하여 최후의 공격을 가하고 남송 조정에 협력을 요구하였다. 남송에 출병을 요청하여 금군을 협공하고 금을 멸망시킨 후 남송에게 황하 이남의 땅을 수복하게 해 준다는 우대조건을 제시하였다. 강남에 치우쳐 있던 남송의 조정은 북방의 전란의 기회를 이용하여 북상하여 실지를 회복하고자 하였다. 북송 왕조가 남긴 치욕의 기록을 씻으려고 했는데 금나라에 의해 패배당하리라고는 생각도 못 하였다. 이에 강 건너 불구경하는 태도로 변방지역을 지키고 중원의 전쟁을 앉아서 바라보았다. 몽고인의 요청은 어쨌든 유혹적이어서 이번의 좋은 기회를 놓쳐 버리면 북방의 실지를 수복할 목표는 물거품이 될 것이다. 몇 번이나 주저한 끝에 남송의 군신들이 처음의 생각을 바꾸어 몽고인과 협력하기로 결정하였다. 그들은 군대를 보내 북방의 전쟁에 참전할 뿐만 아니라 몽고 군대에게 많은 군용의 양식과 사료, 기타 군용 물자도 제공하였다.

송(宋) 이종(理宗) 단평(端平) 원년(1234년)에, 금나라는 송몽 군대의 협공하에 멸망되었다. 승리자를 자처하는 송나라 사람들은 곧 군대를 발동하여 개봉(開封)·낙양(洛陽)·귀덕(歸德)(지금 하남 상구시(商丘市) 남쪽) 3개의 오래된 도성을 수복하고 송몽의 협의하에 받아야 하는 대가를 바꿀 준비를 하였다. 생각지도 못한 일은 북상한 군대가 실지를 수복한 기쁨을 향유하기도 전에 몽고군대가 발동한 갑작스런 습격으로 송군은 돌아볼 겨를도 없이 황급히 남쪽으로 물러나야 했다. 몽고인의 근심은 이미 사라졌고 곧 군사를 강남으로 돌림으로써 송몽의 전쟁이 시작되어 북쪽에서는 말을 타고 남쪽에서는 수렵을 하는 험난함이 교차되어 나타났다.

한 세기 이전에 북송은 금나라와 연합하여 요나라를 멸망시켰다. 금나라 사람들이 요나라를 멸망시킨 후 대거 남침하여 북송을 멸망시켰다. 현재 역사가 다시 재연되는 듯하다. 송나라는 장강을 건넌 후 후퇴할 수 없었다. 회수(淮水)와 한수(漢水)의 군사 거점지역과 사천 중부의 유리한 지형에 기대어 송나라 사람들은 강인하게 몽고 군대의 공세를 막아 약 40년간을 대강(大江)의 북쪽에 있는

적과 대치하였다. 북쪽 사람들은 물에 익숙하지 않아 노를 잘 젓지 못하여 장강의 험난함을 넘기 어려웠으므로 송나라 사람들에게 잠시나마 안정과 보장을 주었다.

송(宋) 도종(度宗) 함순(咸淳) 9년(1273년)에, 강북의 중요한 군사 거점 양번(襄樊)을 수비하지 못하여 형세가 돌변하였다. 다음 해, 원나라 군사 20만이 휩쓸고 내려와 장강을 가로질렀으나 수전에 그다지 익숙하지 않은 북쪽 사람들은 누차 남송의 수군에 대패하였다. 2년간 송군 주력의 손실이 거의 다하자 원나라 군병들이 남송의 수도 임안(臨安, 지금의 절강 항주시)으로 쳐들어왔다. 이번의 큰 전쟁을 지휘한 원나라 군대의 총사령관은 강남에서 한 사람도 함부로 죽여서는 안 된다고 맹세하였던 바얀(伯顔, Bayan)이었다. 송나라 사람들은 동요에서 말하는 '100마리의 기러기(百雁, 바이얀)'는 바로 '바얀'과 음이 같으므로 송나라의 멸망이 이 사람에게 달려 있다는 것을 마침내 깨닫게 되었다.

어떻게 말 위에서 무력을 뽐내고 위엄을 떨치던 북방인이 강남에서 남송왕조를 대신하여 새로운 통치 질서를 건립할 수 있었을까? 몇 백 년 동안 많은 사람들이 중국이 다시 통일되는 것을 꿈꾸었지만 이 목표가 실현되도록 이끄는 사람이 사막에서 온 유목 민족의 영수라는 것을 누가 생각했겠는가? 곤혹한 강남의 인사들은

현실을 직면하지 않을 수 없었고 나라와 가정과 개인의 미래 운명
을 빨리 선택해야 했으므로 그들에게 남겨진 시간이 많지 않았다.

　바로 북쪽은 기쁘고 남쪽은 근심스러운 분위기하에 중국에서는
새로운 일 년을 맞이하였는데 – 원(元) 세조(世祖) 지원(至元) 13년
은 송(宋) 공종(恭宗) 덕우(德祐) 2년으로, 1276년이다.

제1장

북쪽은 기뻐하고 남쪽은 근심하다

한 방울의 물방울이 넓은 대해로 흘러 들어가는 것처럼, 역사의
한 순간이 어떤 때는 인간 세상의 아주 미미한 것을 함축하는 풍부
한 메시지가 될 수 있다.

정월 초하루 대도(大都)

쿠빌라이가 융중하게 정월 초하루 조회 의식을 거행하다

해가 뜰 무렵 원나라 대도(지금의 북경시) 대내의 정문(正門) 숭천문(崇天門) 아래에 문무 백관들이 모여 황제가 승전(升殿)할 것을 기다리며 정월 초하루의 조회 의식을 거행한다.

지금 대원의 황제인 쿠빌라이는 대몽고국의 창시자 칭기즈칸(원 태조, 1206~1227년간 재위)의 손자이다. 그의 아버지 톨루이는 칭기즈칸의 정처(正妻)인 부르테의 네 번째 아들이다. 칭기즈칸이 병으로 죽은 후 몽고인의 '유자수산(幼子守産)'의 전통 풍속에 따라 톨루이가 '감국(監國)'의 직책을 우구데이(원 태종, 칭기즈칸의 셋째 아들, 1229~1241년 재위) 즉위 시까지 맡았다. 쿠빌라이(忽必烈, Khubilai)는 태조10년 8월 22일 (1215년 9월 23일)에 출생하였다. 어렸을 때 무공이 출중한 것은 아니었지만 우구데이 칸과 후계자 구육 칸(원 정종, 우구데이의 장자, 1246~1248년 재위)에게 중용되었다. 그의 문치(文治)에 대한 관심은 무공(武功)보다 뛰어났다. 활 쏘고 말 타는 것을 숭상하는 분위기 아래서 독특하였다. 많은 중원사람들과 서역의 문인, 무사들은 이 특수한 몽고 왕자에게 관심이 쏠리게 되었다. 그들의 추천으로 쿠빌라이 주위에 사람들이 모여들었고 그를 위하여 계책을 내었다. 또한 개인의 업적과 천하의 운명이 긴밀하게 연결되도록 하였다.

쿠빌라이의 형 뭉케가 몽고 대칸(원 헌종, 1251~1259년 재위)을 이어받아 톨루이 가족으로 하여금 다시 대권을 장악하게 하였고, 쿠빌라이가 원대한 정치적 포부를 실현하도록 유리한 문을 열어주었다. 뭉케 칸은 쿠빌라이에게 막남(漢南) 지역의 군민의 일을 총관하도록 하였다. 쿠빌라이는 곧바로 기회를 잡아 일부 지역에서 '문치'를 시험해 보았다. '문치'와 '무공'은 아주 중요하다. 그래서 쿠빌라이는 조금도 주저하지 않고 뭉케의 명령을 받아들여 군사를 거느리고 원정을 하여 운남 지역에서 오랫동안 자리 잡고 있던 대리국을 멸망시켰다. 쿠빌라이의 성공은 뭉케 칸과 그 신하들의 시기심을 불러 일으켰다. 뭉케 칸은 대칸의 권위와 역량에 의거하여 쿠빌라이로 하여금 병권을 내놓도록 하였다. 각 지의 '문치'의 성과도 사라져 버리게 되었다.

헌종 8년(1258년) 뭉케가 친히 대군을 거느리고 사천의 남송 군사 거점지역을 공략하여 점령한 후 강을 따라 내려가 송을 멸망시키고 전국을 통일할 것을 기도하였다. 동로군(東路軍)의 협동 작전을 감독하고 이끌었던 몽고 종왕의 지휘가 불리해지자 뭉케는 부득이 쿠빌라이를 기용하지 않을 수 없었고, 모든 동로군(東路軍)을 대신하여 남쪽 원정을 하도록 명령하였다. 9년 7월, 뭉케는 사천 합주(合州)(지금의 사천 합천현)에서 병사하였다. 쿠빌라이는 소식을 들은 후 조용히 악주(鄂州)(지금의 호북 무한시 무창)에서 전쟁의 일들을 안배하고 곧바로 기회를 놓치지 않고 연경(지금의 북경시)으로 달려가 대칸에 오를 준비를 하였다. 그 이듬해 3월 17일

(1260년 4월 28일) 쿠빌라이가 개평(開平)(지금의 내몽고 정람기(正藍旗)동쪽)에서 즉위하여 몽고의 제5대 대칸이 되었다.[1]

일찍이 '천하에 큰 일을 할 것을 생각하였던' 쿠빌라이는 그의 포부를 펼칠 준비를 하였다. 4월 6일 반포한 즉위 조서에서 쿠빌라이는 전국의 신민(臣民)에게

> 짐이 생각하건데 조종이 천하를 개창함에 사방을 통치하여 군사상의 공훈은 계속 융성했으나 문치의 교화는 도리어 많이 부족하여 이러한 상황이 50여 년이나 계속 되었다. 대체로 시기에는 선후가 있고 일에는 완급이 있으니 천하를 통치하는 대업은 한 황제가 일시에 겸비하기 힘들다.……통치를 시작함에 있어 마땅히 원대한 규정을 새롭게 해야 한다. 조술(祖述)을 변통할 때가 바로 지금이다.[2]

라고 선포하였다.

이 말은 대몽고 정치의 간단한 총결이고, 미래의 치국에 대한 계획의 설명이다. 즉 선조가 건국하고부터 50여 년 무공이 혁혁한데 문치는 흥하지 못하였다. 시간에는 앞과 뒤의 순서가 있고 일에는 경중과 완급이 있다. 국가의 정치는 일대의 천자가 전부 해결할 수 없다. 그래서 내가 즉위하고 나서 국가의 긴 대계를 확정한다. 즉 선조의 업적을 계승하고 형세의 변화에 근거하여 새로운 통치방법을 선택하는 것이다.

칭기즈칸이 몽고제국을 건국한 이래로 연호를 세운 적이 없었다. 그해 5월 19일, 쿠빌라이는 중원 왕조의 전통에 따라 '중통(中統)'이라는 연호를 만들었는데 '중원의 정통'이라는 뜻으로 중원의 황통을 계승한다는 뜻이다. 조서에서 쿠빌라이는

역대 성인 황제의 대법을 살펴보고 전대의 정해진 제도를 논의케 한다. 연호를 세우는 것은 세시를 계산하는 것으로 표준을 삼아 군주가 대대로 연면하는 전승을 드러내는 것이다. 시대의 대사를 기록함에 천하를 통일한 시간을 기록하게 하여 천하통일의 대의를 체현하고자 한다.……즉위하여 연호를 세우는 일을 시작함에 반드시 기강을 세워 시행하는 것으로 선무를 삼는다.[3]

라고 하였다.

정식으로 연호를 만든 것은 과거의 왕조에 비하면 조종(祖宗) 건국 후의 큰 발전이고 역대 중원 왕조의 도리를 계승하는 것이다. 더욱 중요한 것은 당연히 '문치'를 추진하는 것으로 중원왕조의 전통제도에 따라 국가를 다스려 조정의 혼란하고 조리가 없는 상황을 마무리하는 것이다. 이것은 '원칙을 세우고 법도를 밝히는' 핵심 내용이고 실제로는 '한법(漢法)을 본받는' 것이다.

'한법을 본받는다는' 것은 먼저 초원제국의 몽고 대칸을 중원왕조의 정통황제로 변화하는 것이다. '건원표세(建元表歲)'와 형식상 유사할 뿐만 아니라 또한 황제제도의 질적인 변화를 요하는 것이다. 쿠빌라이는 '조술을 변통하는' 원칙에 의거하여 몽한제도를 융합하여 황권을 신장시키도록 일련의 새로운 제도를 정하였다. 중원 인사들이 "중국의 황제가 되려면 마땅히 중국 전통의 방식에 따라야 한다. 가장 중요한 일은 바로 제사이다. 제사는 반드시 정규의 조묘(祖廟)에서 지내야 한다."[4]고 하자 쿠빌라이는 태묘를 설계하여 만들라고 명령하였다. 지원 3년(1266년) 10월에 조종의 세계(世系)와 선제의 시호와 묘호를 높이는 것과 제사 의식 등 명확한 규정을 만들었다.

과거의 몽고인은 단순하여 신분이 높은 사람부터 낮은 사람까지 단지 소명(小名)을 불렀다. 황제의 존엄을 드러내기 위해서 쿠빌라이는 중원의 피휘(避諱)제도*를 받아들였다. 지원 9년(1272년) 8월에 "어느 지역을 막론하고 황제의 이름을 직접 부르지 못한다. 만약 함부로 황제의 이름을 부르는 사람은 입에 흙을 넣겠다."[5]고 선포하였다. 황상의 이름을 피하여 신민(臣民)들이 부르는 것을 금지하고 어기는 사람은 처벌을 받았다. 문서를 올릴 때도 관원들은 어명(御名)의 묘휘(廟諱)를 더욱 조심해야 했다.

황제의 조지(詔旨)에는 명확한 규정이 있는데 황제가 '국어'(몽고어)로 선포한 것을 '성지(聖旨)'라고 한다. 문관이 대필하여 쓴 것(보통 한문으로 씀)을 '조서(詔書)'라고 한다. 모든 관원의 임명은 모두 황제의 선칙(宣勅)이 있어야 한다. 선칙에 쓰이는 종이는 같지 않으며 명칭도 다 다르다. 흰 종이에 쓴 것을 '선(宣)'이라고 하며 1품에서 5품의 관원에게 준다. 붉은 종이에 쓴 것을 '칙(敕)'이라고 하는데 6품에서 9품의 관원에게 준다. 쿠빌라이가 즉위 후 사용한 어새인장(御璽印章)은 엄격한 군신 명분의 등급을 나타내 준다. 쿠빌라이가 선포한 조지(詔旨)는 새로 만든 옥새를 사용하는데 인문(印文)에는 '황제행보(皇帝行寶)'라 적혀 있다. 관원에게 준 선칙(宣敕)은 별도로 전문적인 인새(印璽)를 사용하는데 1품에서 2품은 옥새를 사용하고, 3품 이하는 금새를 사용한다. 몽고 종왕은 옥인(玉印)을 사용할 수 없고 모두 금인(金印)이나 은인(銀印)을 사용하였다. 각급 관부의 아문은 품급에 따라 인장(印章)을 사용하는데 1품은 금인을 사용하고, 2품과 3품은 은인을 사용하고, 3품 이하는

---

* 봉건 군왕이나 존친(尊親)이 권위와 위엄을 드러내기 위해 그 이름을 직접 부르거나 행문(行文) 중에 그 이름을 쓰는 것을 피하도록 다른 글자로 대체하는 것

전부 동인(銅印)을 사용한다.

지금 막 거행하려는 정월 초하루의 조회는 황제제도의 중요한 내용이다. 쿠빌라이가 즉위할 즈음에 고정된 조정 의례는 없었다. 매번 절기나 경축 때에 신료들과 백성들은 귀천을 가리지 않고 오르두(궁장) 앞에 모였다. 황제를 호위하는 케식(호위사)은 사람들이 많고 혼잡한 것을 싫어하여 큰 막대기를 휘둘러 사람들을 쫓아내지만 쫓겨났다가 다시 와서 혼란스러웠다. 태상소경(太常少卿) 왕반(王磐)은 이러한 조잡한 모습들이 대국의 위엄을 해치고 외국 사신들에게 조롱을 받는다고 생각하였다. 그는 백관의 순위를 정하자고 건의하였고 각 반열에 따라 통사사인(通事舍人)이 부르면 어전으로 들어와 황제를 알현할 것을 건의하였다. 순서를 어기는 사람은 엄격하게 처벌한다는 것이다. 쿠빌라이는 왕반의 건의를 받아들여 엄격한 궁금(宮禁)제도를 만들었다.

지원 6년(1269년) 정월, 한림시독학사겸태상경(翰林侍讀學士兼太常卿) 서세융(徐世隆)은 "지금 사해가 일가이고 만국이 회동함에 조정의 예의를 엄숙하게 정하지 않으면 안 되므로 백관 조회의 예의 제도를 제정함이 마땅합니다."[6]고 건의하였다. 쿠빌라이는 태보(太保) 유병충(劉秉忠)과 국자제주 허형(許衡) 등과 서세융(徐世隆) 일동에게 금나라의 원로들을 방문하여 고전을 살펴보고 시의를 참작하여 조회 의례를 제정하게 하였다. 또한 십여 명의 유생을 선택하여 연습하게 하여 백 일 만에 완성하였다. 유병충은 악공을 불러 모으고 각종 악기를 수집하여 악장을 제정하였고, 의례를 참작하여 쿠빌라이의 비준을 얻었다. 유병충·허형·서세융 등 한인 유사들은 예악이 초원제국의 옛 풍속을 고쳐 정통왕조를 창립하는 중요한 척도라고 생각하였으므로 쿠빌라이가 신속히 새로 제정한 조의 (朝儀)를 실시하도록 촉구하였다. 쿠빌라이는 유생들이 연출하는 조의를 본 후에 흡족해 하였고 기본적으로 과거 중원왕조의 예의 제도에 따라 앞으로의 조회 의식을 만들어 낼 것을 허락하였다. 지원 8년(1271년) 8월 28일, 쿠빌라이 탄신일에 정식으로 내외 의장 (儀仗)을 설립하여 악위(樂位)를 정상화하였다. 백관들이 제도에 따라 어전으로 들어오는 예의를 행하고 '천수성절(天壽誠節)'을 축하였으며, 유사들의 소망이 마침내 실현되었다. 이 이후에 정월 초하루 천수(天壽)의 기념일에 종왕과 외국의 사신들이 내조하고 황후, 황태자 등을 책립할 때 조금도 흐트러짐이 없이 의식을 거행하였다. 외지의 관원도 규정에 따라 기념일 기간에 축하하는 의식을 거행하게 하였다.

원래 몽고인은 법적으로 대칸 계승인의 제도가 없었다. 새로운 몽고 대칸은 전체 몽고귀족이 참가하는 '쿠릴타이'(대집회)에서 선거를 한다. 이러한 방법은 종종 귀족 간에 갈등을 일으켜 간혹 칸을 계승하는 데 위기를 불러일으켰다. 이러한 문제를 해결하기 위해 쿠빌라이는 중원 왕조의 '후계자를 세우는' 방법을 채택하였고, 지원 10년(1273년) 3월에 둘째 아들 진김(眞金)을 황태자로 책립하고 그의 모친 차비(옹기라트(弘吉刺, Qonggirad)부)도 정식으로 황후에 책봉하였다.

중앙집권을 강화하고 효율적인 중앙과 지방의 통치기구를 건립하는 것은 황권을 신장하고 국가의 장기적인 평안을 보증하는 필요 조치이며 자연스럽게 '한법을 본받는' 중요 내용이기도 했다. 한인 유사의 도움하에 쿠빌라이는 중서성·추밀원·어사대 등의 중앙기구를 설립하였으며 상응하는 지방 기구도 건립하였다.

중서성은 또한 '도성(都省)'이라고도 칭해지는데 중통 원년(1260년) 4월에 설립된 전국의 정무를 총괄하는 기구이다. 중서성은 명의상 최고장관은 중서령이고 황태자 진김이 겸임한다. 몽고인은 오른쪽을 높이므로 중서성에 있는 우승상과 좌승상중에서 우승상은 도성의 실제 최고 장관이다. 승상의 아래에 평장정사와 우승·좌승·참지정사 등의 직무를 둔다. 이러한 직무는 모두 '재집(宰執)의 신하'로 승상은 단지 한 명을 두거나 혹은 사람을 두지 않는다. 그래서 평장정사는 때로는 아주 중요한 역할을 한다. 중서성 내에 참의(參議) 중서성사와 좌사·우사의 낭중, 원외랑, 도사 등의 직무가 있는데 일반의 집사관원이다.

중서성 아래 좌3부(이·호·예)와 우3부(병·형·공)는 후에 이·호·예·병·형·공 6부로 나뉘어졌고 각 부에는 상서 시랑 등의 관원을 두었다. 이부는 전국 관원의 선발임용을 맡아 하였고, 호부는 호구 전량을 관리하고, 예부는 예악과 제사 등의 사무를 맡아 하였다. 병부는 역참·둔전·목축 등의 정무를 맡아서 하였고, 형부는 형법을 관장하고, 공부는 잡부나 인부를 동원하는 일을 맡아서 하였다.

추밀원은 중통 4년(1263년) 5월에 설립했는데 전국 군정의 기구를 관장하였다. 중서성과 마찬가지로 추밀원의 명의상 최고장관 추밀사도 태자 진김이 겸임하였다. 추밀원의 원래의 실제 장관은 추밀부사이다. 지원 7년(1270년) 부사 위에 동지 추밀원사 한 명을 늘렸는데 실제로 추밀원의 최고장관이다. 추밀원은 군사행동과 군대를 관리하는 것을 책임질 뿐만 아니라 군대를 위해 물자조달을 보장하는 책임을 맡았다. 군관의 임용과 관직의 변동은 중서성의 이부를 통하지 않고 추밀원 자체에서 관련 규정과 구체적인 실시를 제정한다.

어사대는 또한 '중대(中臺)'라고 칭해지는데 지원 5년(1268년) 7월에 건립되어 어사대부·중승·시어사·치서시어사(治書侍御史) 등의 관직을 두었으며 어사대부는 어사대의 최고장관이다. 중앙 감찰기구로서 어사대는 각급 관원의 불법행위를 규찰할 책임이 있고 기풍을 엄숙하게 바로잡을 책임이 있다. 쿠빌라이는 일찍이 "중서성은 나의 왼손이고 추밀원은 나의 오른손이다. 어사대는 전적으로 나를 위해 두 손을 치료한다."고 말하였다.[7]

어사대 아래에 전중사(殿中司)와 찰원(察院)이 있다. 전중사에는 전중시어사가 설치되어 조회와 일을 아룀에 마땅함을 잃은 자를 시정하거나 처벌하는 것을 맡아서 한다. 찰원에는 감찰어사가 여러 명이 있어 전적으로 관원의 각 종 불법을 보고한다.

지방의 행정기구는 원래 연경(燕京)·익도(益都)제남(濟南)·하남(河南)·북경(北京)·평양(平陽)태원(太原)·진정(眞定)·동평(東平)·대명(大名)창덕(彰德)·서경(西京)·경조(京兆) 등 10로 선무사에 설치되었는데 후에 10로 선위사로 고쳐 각 로의 부, 주, 현을 관할하였다. 군정 체계도 개혁하여 먼저 산동·하남·섬서·사천 등에 통군사(統軍司)를 설립하였다가 오래지 않아 또 통군사를 행추밀원 혹은 행중서성으로 고쳐 직접 각지의 군대 작전을 지휘하였다. 어사대는 또한 지방에도 상응하는 감찰기구를 설치하였는데 제형(提刑)안찰사라고 칭하며 헌사(憲司) 또는 감사(監司)라고 간략히 칭하기도 한다.

십여 년 내에 이와 같이 많은 기구가 증가하자 대량의 관원이 필요하였다. 쿠빌라이는 과거시험으로 인재를 선발하지 않았다. 황제의 호위군 '케식'에서 대량의 조정 문무 대신을 배출하였는데 보통 '케식 입사(入仕)'라고 칭한다. 즉 원래 쿠빌라이에게 영향력이 있는 유사(儒士)들이 많은 문인과 옛 관리들을 추천하여 중앙과 지방기구의 중하급 관원과 이원(吏員)을 맡게 하였다. 지방장관은 또한 '승제선서(承制宣署)'(황제를 대표하여 관원을 임명하는)와 '자행벽서(自行辟署)'(스스로 관리를 불러서 임용하는 것) 두 가지 방법을 통해 대량의 관리를 선임하였다. 각급 관아에서 구체적으로 일을 처리하는 원리(員吏) 중에서 일부를 선발하여 각급 관원을 맡게 하였으므로 '이원출직(吏員出職)'이라고 칭한다. 관리들은 충분히 공급되었고, 자질도 괜찮았으므로 쿠빌라이는 호구를 늘리고, 전야를 개척하고, 송사를 간단히 하고, 도적을 없애고, 부역을 균등하게 하는 '다섯 가지 일'로써 지방관원을 조사하고 심의하였다. 몇 년의 노력을 거쳐 중국 북방의 행정관리는 점차 정상적인 궤도로 들어갔고 과거에 '정치가 여러 문에서 나오는' 현상은 사라지게 되었다.

중원왕조의 이미지를 부각시키기 위해 지원 8년 11월 15일(1271년 12월 18일)에 쿠빌라이는 '대몽고국'의 국호를 '대원(大元)'으로 고쳤다. '원(元)'은 《역경(易經)》의 '건원(乾元)'에서 취하였는데 '지극히 크다'는 뜻으로 본조의 강토를 표명하며 이전의 모든 왕조를 초월한다는 뜻이다. 웅대하고 장엄하고 화려한 대도 성은 쿠빌라이가 '한법을 본받는' 산물이기도 하다.

칭기즈칸이 대몽고국을 건립한 후 유목민족의 '수초를 따라 옮겨 다니는' 풍속을 지속시켰으며 대칸의 오르두(궁장)를 중심으로 국가의 대사는 모두 오르두 내에서 협의하여 해결하였다. 금나라가 멸망한 다음 해(1235년) 우구데이는 막북의 오르콘(斡耳寒, Orqon) 강에서 카라코룸 성을 만들어 도성으로 삼았다. 당시 형세로 말하자면 이 선택은 옳으며 막북은 몽고국가의 발상지이기 때문에 제국 통치의 중심지로 간주되었다. 그러나 시간의 추이에 따라 중원 지구의 비중이 점차 두드러지게 되어 몇몇 몽고 귀족들조차 막북에 도성을 만드는 것은 중원의 넓은 지역을 제어하기 어렵다고 생각하였다. 쿠빌라이 즉위 이전에 몽고 잘라이르(札剌兒, Jalayir)부의 사람 바가투르(覇突魯, Bayatur)가 일찍이 "유연(幽燕) 지역은 지세가 험준하고 형세가 웅대하며 남으로는 강회(江淮) 지역을 제어할 수 있고, 북으로는 막북초원과 접하고 있습니다. 한 왕조의 천자로서 중앙에 거하여 사방에서 오는 조회를 받음이 마땅합니다. 대왕께서 천하를 통치하시고자 하면 반드시 연(燕)으로서 상주 장소로 정하셔야 합니다."[8]라고 진언하였다.

쿠빌라이가 대통을 이은 후에 신하들이 연경(燕京)으로 천도하자고 건의하였는데 가장 대표적인 사람이 한인 모사인 학경(郝經)이었다. 연경은 동쪽으로 요동 지역을 제어할 수 있고, 서쪽으로 산서 지역과 이어지며, 뒤로는 대산웅관(大山雄關)에 의지할 수 있으며, 황하 이북의 대평원을 바라볼 수 있다. 이러한 좋은 지리적인 위치는 바로 황제가 천하를 통치하는 중심 소재지이니 마땅히 이런 곳에 도성을 건립해야 한다고 생각하였다. 쿠빌라이가 새로 통치를 시작함에 중원을 근간으로 제업을 개창하려고 생각하여 카라코룸을 버리고 연경으로 수도를 옮겼다. 지원 원년(1264년) 8월 14일에 쿠빌라이는 연경을 중도(中都)라고 개명하고 지원 9년에 다시 대도(大都)라고 개명하였다.

도성을 만드는 일은 지원 4년(1267년) 정월에 시작되어 7년 후 궁궐이 준공되고 전체 성을 만드는 일도 완성되었다. 성을 에워싸는 60리의 성장(城墻)에는 모두 11개의 성문을 만들었다. 남면(南面)은 문명문(文明門)·여정문(麗正門)·순승문(順承門)이고, 북면(北面)은 건덕문(建德門)·안정문(安貞門)이고, 동면(東面)은 광희문(光熙門), 숭인문(崇仁門), 제화문(齊化門)이고, 서면(西面)은 평측문(平則門)·화의문(和義門)·숙청문(肅淸門)이다. 왜 가지런한 장방형(長方形)을 띠는 도시에 동·남·서에 각 3개의 문이 있고 북면에는 2개의 문이 있는가? 원래 대도의 설계자 유병충이 나자(哪吒)*의 세 개의 머리, 여섯 개의 어깨, 두 개의 다리의 전설을 이용하여 남면(南面) 3문은 나자(哪吒)의 세 개 머리를 상징하고, 동면(東面)의 3문과 서면의 3문은 여섯 개의 어깨를 상징하고, 북면(北面)의 2문은 두 개의 다리를 상징한다. 대도의 전체 성은 백성 10만여 가가 살 수 있는데, 강북(江北)에서 가장 큰 성이라 할 수 있다. 서역에서 온 사람들은 이 새로운 성을 '한팔리(汗八里)'라고 칭하는데 '한성(汗城)'이라는 뜻으로 황제의 성이라는 것이다.

　도시의 설계는 《주례(周禮)·고공기(考工記)》에 '좌조우사(左祖右社)**, 면조배시(面朝背市)***'의 원칙으로 설계되었으며, 성문과 궁전은 대체로 《역경(易經)》에서 명명한 것을 많이 가져왔다. 이것은 쿠빌라이가 '의문제도(儀文制度)는 한법(漢法)을 따른다.'는

---

* 불교의 호법신. 毘沙門 천황의 아들. 나이가 어렸으나 용맹하고 싸움을 잘 했으므로 민간에서는 소년 영웅의 상징이 됨.

** 궁전의 왼쪽(동쪽)은 조묘(祖廟)이고, 오른쪽(서쪽)은 사직으로 조묘는 동쪽에 만들고 사직단은 서쪽에 만들어 좌우가 대칭된다.

*** 전조후시(前朝後市)라고도 함. 중국 고대 수도를 만듦에 황궁이 중심이 된다. 앞의 "朝"는 조정, 뒤의 "시"는 시장을 의미함.

중요한 기준에 의한 것이다. 대도의 성내에 황성은 남부의 서쪽으로 치우친 곳에 자리 잡고 있으며, 주위 20리가 '소장(蕭墻)'(문병(門屛, 대문이나 중문 등의 정면 조금 안쪽에 있어 밖에서 안을 들여다보지 못하도록 막아 놓은 장벽)으로 에워싸여 있고 15개의 붉은색 성문이 있다. 수도에 사는 사람들은 보통 소장을 '난마장(蘭馬墻)'이라고 칭한다. 난마장의 밖에 큰 나무를 빽빽이 심어 황성의 위엄 있는 기백을 더욱 당당하게 했다. 궁금(宮禁)이 삼엄하여 일반 백성들은 황성에 접근하는 것이 어려웠다.

황성의 정문은 남장(南墻)의 중앙에 있는 영성문(靈星門)인데, 이 문은 대도의 남장(南墻)의 여정문(麗正門)을 정면으로 마주하고 있다. 두 문의 사이에 궁정의 광장이 있고, 좌우 양측에는 '천보랑(千步廊)'(실제는 700보)이 있다. 황성 정문 앞쪽에 광장을 설치하였는데, 건축 설계상 두드러진 특징으로 독특하고 기묘하다. 그곳은 도성의 정문에서 궁성의 정문 사이의 건축의 층수와 서열을 강조하여 궁궐의 설계가 더욱 웅장하고 위엄이 있다.

영성문 안쪽은 수십 보(步)이고, 금수교(金水橋) 위에 '주교(周橋)' 세 개를 만들어 놓았는데 백석에 조각을 했고 용과 봉황이 길조를 띠며, 맑고 투명하기가 옥과 같다. 백옥의 돌다리를 에워싸고 있는 것은 빽빽이 심어져 있는 키가 큰 버드나무이다. 다리를 건너 약 200보를 가면 곧 궁성 정문의 숭천문(崇天門)이다.

궁성은 황성의 동쪽에 자리 잡고 있는데 장방형으로 '둘레가 9리(里) 30보(步)이고 동서로 480보이며 남북으로 650보로서'[9] 사람들은 '대내(大內)'라고 칭한다. 궁성의 성벽은 35척의 높이로 벽돌로 만들었으며 육문(六門)을 설치하였다. 남장(南墻) 중앙의 숭천문(崇

天門)은 높이가 85척이고 동서는 길이가 187척이고 깊이가 55척이며 문 위에는 누각이 있고 아래로 다섯 개의 문을 열 수 있고 양쪽 끝이 돌출되었으며 각각 각루(角樓)*가 만들어져 있다. 숭천문 근처에는 성공문(星拱門)과 운종문(雲從門)이 있다. 동·서·북의 궁장(宮墻)에는 각기 문이 하나씩 있는데 동화문(東華門), 서화문(西華門)과 후대문(厚戴門)이다. 각 궁문은 모두 금포(金鋪), 주호(朱戶), 단영(丹楹) , 조회(藻繪), 동벽(彤壁)이고, 유리와(琉璃瓦)를 사용하여 처마 부분을 장식하였는데 화려하고 장엄하다. 숭천문(崇天門)은 오문(午門)이라고 하는데 황제가 조칙을 반포하는 곳이다.

궁성 안의 정전(正殿)의 대명전(大明殿)은 황제가 정월 초하루와 생신 때에 축하와 의식을 거행하는 곳이다. 또한 쿠빌라이와 몽고 종왕 군신들이 모여서 회의를 하고 외국의 사절을 접견하는 주요 장소로 '장조전(長朝殿)'이라고도 칭한다. 전체 전(殿)의 동서의 길이는 200척, 깊이는 120척, 높이는 90척이다. 대전 정문은 대명문(大明門)이고 좌우에는 일정(日精)과 월화(月華)의 두 개 문이 있다. 전(殿) 앞의 대(臺)는 삼급(三級)으로 나눠지는데 등급에 따라 계단을 올라가며 토대를 에워싸고 있는 용과 봉황의 한백옥(漢白玉)**의 난간기둥이 있고, 난간의 기둥 아래에 큰 거북이가 머리가 내밀고 있어 장관이다. 전중(殿中)의 건축도 볼만한데 지면에는 준주(浚州)에서 온 화판석(花版石)을 깔고 호두를 으깬 후 닦아서 거울처럼 광택이 난다. 붉은 색의 큰 둥근 기둥의 전주(殿柱)는 모두 방주(方柱)이고 큰 기둥은 직경이 5, 6척이고 금색의 용운(龍雲)으

---

* 성각(城角) 위에서 적의 동정을 감시하거나 방수용의 누각.
** 하북방산현(河北房山縣)에서 나는 아름다운 흰 돌로 궁전 건축의 장식 재료로 쓰임

로 장식하였다. 기둥의 사이에서 위로 올려보면 사슴 뿔과 같은 형상을 한 궁전이고, 꼭대기에는 황금으로 만든 쌍용이 꽈리를 틀고 있다. 즉 대전의 사면은 모두 붉은색 쇠사슬 무늬의 창이고 금색으로 칠하였으며 연석(燕石)으로 장식되어 있다.

대명전 내의 설계는 대체로 몽고의 옛 풍습을 띠고 있다. 중앙에는 겹 계단의 붉은 난간에 '산자(山字) 모양의 정교하고 세밀한 금홍(金紅)의 병대(屛臺)'를 만들어 놓고, 대 위에는 '칠보운용어탑(七寶雲龍御榻)'이 놓여 있다. 어탑은 황금으로 안을 싼 용머리의 '호상(胡床)'으로 몽고 황제가 사용하는 의자이다. 어탑 위에는 흰색 덮개의 황금색 꽃방석이 깔려 있고 황제와 황후의 좌석이 배열되어 있다. 양쪽에 색채가 찬란하고 다채로운 맹호의 모피가 있는데 생생하여 살아 있는 것 같다. 어탑 양측에 '의자'가 여러 개 배치되어 있는데 종왕과 신하들이 앉는 곳이다.

이와 같은 기백이 장엄한 도성과 궁정은 대원왕조 황제의 존엄을 드러내는 것으로 자연히 옛날 오르두나 초원의 도성과 비교하면 큰 차이가 있다. 초원제국의 역사는 이미 끝났다. 그러나 쿠빌라이는 자손들로 하여금 창업의 간난을 잊어버리지 않도록 하기 위하여 막북에 있는 칭기즈칸의 고지에서 한 줌의 사초(莎草)를 옮겨 와서 대명전 밖의 대(臺)의 기반 위에 심고 '검박함을 맹세하는 풀'이라고 칭하고 후세 자손들로 하여금 '색외 사막의 노고의 공을 잊지 말도록' 하였다.

조회할 시간이 되었다. 나이 육십이 넘은 쿠빌라이는 많은 시종들의 부축을 받아 대명전으로 걸어 들어가 황후 차비와 함께 어탑 위에 앉았다. 그의 좌측에 한 명의 무사가 2척이나 되는 도끼를 쥐고 엄숙하게 조당(祖堂)에 서 있다. 이 도끼는 '벽정부(劈正斧)'라고 칭해지는데 창수(蒼水)의 옥으로 만들었다. 은나라 때부터 전해 내려오는 오래된 물건이라고 한다. 우측에 체구가 건장한 '진전장군(鎭殿將軍)'이 서 있는데 어깨에 '골타(骨朶)'*를 짊어지고 허리에는 칼을 차고서 무섭게 궁전 안쪽을 응시하는데 예측하지 못할 일을 방지하고자 함이다.

쿠빌라이가 지금 가장 관심을 가지는 문제는 바얀(伯顔)이 지휘하는 대군이 언제 임안을 공격하여 남송의 조씨(趙氏) 황족을 사로잡아 개선을 울리고 북으로 돌아오느냐이다. 도강(渡江) 작전을 말하면 작년 일 년의 유정(劉整)을 생각하지 않을 수 없다. 유정의 본적은 등주(鄧州) 양성(穰城)(지금의 하남 등현(鄧縣))인데 금나라가 멸망한 후 남하하여 송나라에 투항하였다. 말타기와 활쏘기를 잘하고 모략이 풍부하여 송나라의 형호(荊湖)제치사 맹공(孟珙)의 신임을 얻어 장령으로 선발되었다. 중통 2년(1261년)에 유정이 송나라 장수 여문덕(呂文德) 등에게 배척되어지는 것을 염려하여 부대를 이끌고 몽고에 투항하였다. 지원 4년(1267년) 11월에 유정이 입조하여 쿠빌라이에게 "송나라 사람들은 한쪽 모퉁이에서 나라를 세웠고 현재 황제가 어려 대신들의 마음이 떠나갔으므로 바로 우리나라가 천하를 통일할 아주 좋은 시기입니다. 저는 충성을 다하여 군대를 거느려 먼저 양양을 공격하여 송나라 사람의 북방 차단을 없애려고 합니다."[10]고 건의하였다.

조정의 대다수 대신들은 아릭부케와 이우(李祐)가 일으킨 내란이

---

* 고대의 병기. 철이나 딱딱한 나무로 만든 것으로 긴 나무 막대기와 흡사하며 가장자리는 원형이다. 후에는 의장을 하는데 사용되었다.

막 평정되어[11] 국가가 전쟁을 멈추고 휴식해야 하므로 출병하여 남송을 공격하는 것은 마땅하지 않다고 생각하였다. 유정이 계속 권하기를, "자고이래로 제왕이 천하를 통일하여 사해를 일가로 하지 않으면 정통(正統)이 될 수 없습니다. 우리 조정이 이미 천하의 십의 칠·팔을 차지하였는데 어찌하여 한 모퉁이의 나라를 두고 정벌하지 않아 스스로 정통을 버리려 합니까?"[12]라고 아뢰었다. 쿠빌라이 본인은 일찍이 천하를 통일하려는 큰 꿈이 있었는데 내란으로 생긴 불안정 요소가 이미 사라졌으므로 북방정국은 마치 해가 중천에 뜬 것과 같고 강남 조정은 해가 서산에 지므로 군사를 발동하여 남하하는 조건이 이미 성숙되었다고 생각하였다. 그래서 쿠빌라이는 유정의 의견을 채택하여 군대를 일으켜 양번(襄樊)의 군사 거점지역을 공격하기로 결정하였다. 중로(中路)에서 진공하는 전략을 실시하여 송나라 사람들의 강북 방어선에서 돌파구를 만든 후에 바로 남하하여 장강의 천연 요새를 돌파하고자 하였다. 군대를 지휘하는 임무는 유정과 몽고 우량카다이부의 사람 아주(阿尤, Aju)에게 맡겼다. 그는 일찍이 쿠빌라이를 따라 대리(大理)를 원정하였고 또 여러 해 동안 황하(黃河)와 회수(淮水)에서 군대를 지휘함에 송군과 대치한 풍부한 경험이 있었다.

양번에서 격전할 때 유정이 이미 대군의 도강(渡江) 작전을 위해 준비를 다하였다. 그와 아주가 상의하기를 "우리 군의 기병과 보졸들은 우수한데 수전(水戰)은 송나라 군사만 못하다. 만약 그 능한 바를 빼앗을 수 있고, 전함을 만들어 수군을 훈련시킨다면 반드시 성공할 수 있다."[13]고 하였다. 아주도 또한 공감하였다. 그들은 조정에 건의하기를 빨리 수사(水師)를 조직하여 편성하라고 하였다.

지원 7년(1270년) 3월에 쿠빌라이는 전함(戰艦) 5,000척을 만들고 수군 7만 명을 훈련시킬 계획을 허락하였다. 유정이 밤낮으로 열심히 하고 수병을 훈련함에 비가 와서 밖에 나갈 수 없었다. 땅바닥에 배 모양을 그려 모의 연습을 하였다. 이렇게 훈련해 낸 7만의 유능하고 노련한 수군 사졸은 우수한 수군 장령이 될 수 있었다.

'기전(騎戰)'에 뛰어난 몽고 군대에 수군의 도움이 있는 것은 호랑이가 날개를 단 것과 다름이 없었다. 지원 10년(1273년) 정월에 아주와 유정의 군대가 번성(樊城)을 함락시키고 양양(襄陽)의 수장 여문환(呂文煥)이 성을 바쳐 투항하자 남송의 방어체계가 무너지게 되었다. 4월에 유정이 다시 입조하여 쿠빌라이에게 "양양이 수비를 잃고 임안이 동요되었습니다. 만약 이 좋은 기회를 타고 수군을 보내 남하하면 장강은 다시 송나라가 차지하지 못할 것입니다."[14]고 건의하였다. 그의 건의는 쟁론을 일으켰는데 혹자는 시기가 성숙하였으므로 승세를 타고 삼오(三吳)를 석권하는 것이 파죽지세라고 생각하였다. 혹자는 송나라를 멸망시킬 준비가 아직 완비되지 않았으므로 모험을 걸 수 없다고 생각하였다. 조정에서는 의견이 일치되지 않아 쿠빌라이가 마지막 결심을 내리기 어려웠다.

지원 11년(1274년) 정월, 양양을 진수하였던 위구르족의 장령 아리카야(阿里海牙, Ariq Qaya)가 조정으로 돌아와 쿠빌라이가 결심을 내리도록 촉구하였다. 그는 "양번 일대는 예부터 무력을 사용하는 지역으로 현재 우리 군대가 한수(漢水)의 상류를 차지하였으므로 흐르는 물을 따라 내려가면 바로 들어가 송나라를 반드시 멸망시킬 것입니다."고 하였다. 막 회동에서 돌아온 아주도 아리카야의 의견에 동의하여 "우리는 오랫동안 군대에 있어 송군이 과거에 비해서 피폐된 것을 알아차렸습니다. 지금이 바로 송나라를 멸하고 천하를 통일할 가장 적합한 시기입니다."[15]고 지적하였다. 쿠빌라이는 중서성의 대신들에게 논의하게 하였으나 반대하는 사람들이 있어 오랫동안 의논하였으나 결정하지 못하였다. 아주는 또 "지금 성주가 재위하여 저 혼란한 조그마한 조정을 멸망시키지 않으면 후에 다시 대군을 일으킬까 두려우니 지금보다 어려울 수 있습니다."[16]고 아뢰었다. 쿠빌라이는 급히 원로 사천택(史天澤)을 불러 대책을 물었다. 사천택은 "국가 대사는 조정의 중신 한 사람을 임명하거나 혹은 중서성 우승상 안동(安童), 동지추밀원사 바얀(伯顔)으로 대군을 통솔하면 사해가 혼동하여 기대할 만합니다. 나는 이미 늙었으니 단지 부장으로 나갈 수 있을 따름입니다."[17]고 하였다.

사천택은 한족이며, 70살이 넘었다. 칭기즈칸 때부터 50여 년 동안 국가 요직을 지내면서 공로가 탁월하여 쿠빌라이의 두터운 신임을 받았다. 비록 나이가 들어 병이 많아 조정의 요직을 계속 맡을 수 없었으나 쿠빌라이에 의해 성(省)·원(院)·대(臺) 대사의 특권이 맡겨졌다. 아주도 쿠빌라이가 아끼는 장수였다. 그들의 견해는 쿠빌라이에게 많은 영향을 끼쳤다. 3월에 쿠빌라이가 형호(荊湖), 회서(淮西)에 두 행성을 설치하라고 명령을 내렸고, 제군(諸軍)을 나누어 통솔하여 남하하라고 하였다. 8월에 사천택이 또 "현재 많은 군사가 남하함에 형호, 회서에 각기 행성을 건립하여 지위가 막상막하하여 호령을 통일할 수 없어 영향이 클 것입니다."[18]고 아뢰었다. 쿠빌라이는 사천택의 의견을 채택하여 형호행성을 하남 등의 로행중서성(路行中書省)으로 고치고 남정 군대를 지휘하는 최고 기구로 삼았다. 바얀, 사천택으로 좌승상을 삼고, 아주는 평장정사가 되고, 아리카야가 우승이 되고, 송의 항장인 여문환이 참지정사가 되었다. 회서행성은 행추밀원(行樞密院)으로 강등하고, 하남행성이 지휘 통솔하게 하고, 카다(合答, Qada)·유정(劉整)·동문병(董文炳) 등이 맡게 하였다. 대군 20만이 로를 나누어 남하하였다.

9월에 대군이 출발한 후 승리의 소식이 자주 전해졌다. 유정이 친히 군대를 이끌고 강을 건너 먼저 공을 세우고자 하였으나 카다에게 저지되어 실현될 수 없었다. 지원 12년(1275년) 정월 초엿새에 바얀이 군대를 거느리고 송나라 수군을 격멸하여 오지 못하게 하고, 순조롭게 장강을 건너 악주(鄂州)(지금의 호북 무창)를 공격하여 점령하였다. 유정이 소식을 듣고 실성하여 탄식을 금하지 못하였다. 즉, "수뇌 지휘관은 내가 공훈을 세우는 것을 저지하여 내가 다른 사람보다 먼저 성공할 수 없게 하니, 진실로 전쟁을 잘하는 사람이 성공할 수 없을 것일진저!"[19] 그날 유정이 분함과 안타까움이 교차하여 죽었다. 한 달 후에 병이 나서 북쪽으로 돌아가던 사천택도 죽었다. 남송 방면을 격멸하는 데 중요한 작용을 하였던 두 사람이 마지막까지 전쟁의 결과를 지켜볼 수 없었다.

바얀이 스스로 수륙 대군을 거느리고 순조롭게 동쪽으로 가서 바로 임안에 도착하였다. 아주는 과주(瓜洲)에 군사를 주둔하여 회동(淮東)의 송군이 도성으로 후퇴하는 것을 저지하였다. 아리카야는 담주(潭州)(지금의 호남 장사)성 아래에서 격렬하게 전투하였다. 쿠빌라이는 절박하게 선선에서 올 소식을 기다리고 있다.

대명전 위에서 세 번의 변죽이 울렸다. 먼 곳에서 수탉이 드높이 울었고 궁전 동쪽의 누각 위에서 시간을 주관하는 사람이 '수탉이 울었다.'고 높이 소리치자 누각 아래에서 또 다른 시간을 주관하는 사람이 급히 손으로 아패(牙牌)*를 받들고 입전하여 '하늘이 이미 새벽을 알렸다.'고 아뢰었다. 이 두 명의 '계인(鷄人)' 혹은 '창계인(唱鷄人)'이라 칭해지는 사람의 보고로 정월 초하루의 조회가 시작됨을 선포하였다. 숭천문 아래에서 '입궐'하는 문무관원은 좌우로 나누어 일정문(日精門)과 월화문(月華門)에서 순서에 따라 대전으로 걸어 들어가 쿠빌라이에게 머리를 숙여 절하고 만세를 송축하였다.

정월 초하루 담주(潭州)
원나라 군사가 성을 공격하자 남송의 수위를 책임진 장령 이불(李芾) 일가가 다 자살하다

담주 성내의 주 아문 웅상각(熊湘閣) 위에서 남송의 지담주(知潭州) 겸 호남안무사 이불이 막료, 빈객과 함께 술을 마시면서 새벽을 기다렸다. 먼 곳에서는 서로 싸우고 죽이는 소리가 끊이지 않았고 가까운 곳에서는 나팔 소리, 울음소리가 들린다. 이미 70일을 굳건히 지킨 담주성에 최후의 날이 온 것이다.

어제, 즉 섣달그믐날 원나라 군대는 벌떼처럼 성벽에 올라 다시 대결하게 되었다. 이불과 함께 성을 지킨 지형주(知衡州) 윤곡(尹穀)은 이미 만회할 힘이 없다는 것을 알고 먼저 아내와 자식들에게 이별을 고하고 "나는 일개 가난한 유생으로 국가의 은혜를 받아 한 주를 관장하였다. 충성과 의리를 다하고자 하니 너희들도 나와 함

---

* 상아 혹은 골각제로 된 일을 기록하는 첨패(簽牌)

께 국가에 보답하자.”[20]고 하였다. 그는 처자와 함께 순절하고 윤씨(尹氏)의 대를 잇기 위해 동생 악수(岳秀)는 도망가게 준비하였다. 그러나 악수는 울면서 가지 않고 함께 죽기로 작정하였다. 윤곡이 집 주위에 장작을 쌓아 놓고 조복을 입고 임안 방향을 향하여 절을 한 후 관직을 받은 임명장을 불사르고 스스로 불에 타 죽었다. 이웃 사람들이 달려와 구하려고 하였으나 화염이 너무 작열하여 가까이 갈 수 없었다. 멀리서 윤곡이 화염 속에서 관을 반듯이 쓰고 홀(笏)을 잡고 단정히 앉아 태연히 정의롭게 죽는 것을 보았다. 윤씨 일가가 노소 할 것 없이 모두 불에 타 죽었다. 이불의 소식이 전해지자 “윤무실(尹務實)은 진정한 사내대장부로구나!”고 개탄하였는데 무실은 윤곡의 호이다.

윤곡은 바로 담주(潭州) 사람이다. 송조의 사부진사(詞賦進士)로서 부를 지음에 고상하고 속되지 않고자 매번 한 편을 지을 때마다 사인들이 다투어 암송하였다. 윤곡이 중년에 진사과에 합격하여 관직을 제수받은 후에 집안의 상을 당하여 고향으로 돌아와 생도들을 가르쳤다. 그는 가르치는 제생들에게 요구가 엄격하였고 더욱이 예절과 관복을 중시하였다. 담주의 사인은 학업을 중시하여 주의 학생들이 매월 고시에 적분(積分)이 높은 사람[성적이 우수한]은 상서(湘西)의 악록서원생으로 승격시켜 주었다. 다시 높은 사람은 악록의 정사생(精舍生)으로 승격해 주었으므로 사람들은 ‘삼학생(三學生)’*이라고 칭하였다. 담주가 포위당하여도 삼학생은 의연하게 주학에 모여 학업을 그만두지 않았다. 윤곡이 죽은 후, 수백 명

---

* 보통 송대 태학(太學)·종학(宗學)·무학(武學)의 학생을 가르킨다. 그러나 여기서는 삼단계의 과정을 거치는 학생이라는 의미이다.

의 학생들이 와서 조문하였다.

이불은 형주(衡州) 사람이다. 도종(度宗) 함순(咸淳) 원년(1265년)에 지임안부(知臨安府)였는데 권신 재상 가사도(賈似道)의 노여움을 사서 파면당하였다. 작년 2월에 가사도의 군사가 정가주(丁家洲)에서 패하자 조정에서 이불의 관직을 회복하여 담주의 최고 지휘관으로 임용하였다. 이때 호북(湖北)의 주군이 이미 원군에게 대부분 점령되어 친한 친구가 이불에게 담주로 가지 말 것을 권하였다. 이불은 꼭 가야 되니 가속들은 남겨두고 혼자만 가겠다고 하였다. 이불이 친구의 호의를 거절하면서 "내가 나 자신을 생각하지 않겠는가? 나라의 은혜를 받아 비록 폄직(貶職)되어도 항상 나라에 보답할 것을 생각해야 한다. 현재 나는 다행히 조정에 중용이 되었으니 나라에 보답해야 할진저!"[21]라고 말하였다.

7월에 이불이 가족을 이끌고 담주에 이르렀다. 주 내의 병정(兵丁)의 절대다수가 이미 임안으로 옮겨 갔고 남겨진 사졸은 450여 명으로 반 이상은 노약자나 병들거나 불구자였다. 원나라 군대가 말을 타고 경내로 들어와 형세가 아주 절박하였다. 이불이 민정(民丁) 3,000명을 긴급히 모집하여 성곽을 수리하고 양식을 저장하였다. 유효충(劉孝忠)에게 여러 군사들을 이끌라고 명령하고 향용(鄕勇)을 훈련시키고 사천 호북에서 온 담주의 전쟁을 잘하는 장수 오계명(吳繼明), 진의(陳義) 등과 함께 성곽을 지켰다.

대군이 장강을 건넌 후에 바얀이 병사 4만을 나누어 아리카야에게 주어 지휘하게 하고 악주(鄂州)에 주둔하여 동쪽으로 전진하는 군대에 뒷걱정이 없게 보증하였다. 아리카야는 좋은 기회를 놓치지 않고 적극적으로 군대를 일으켜 형호를 경략하였다. 그는 군대를 이끌고 장강을 거슬러 올라가 먼저 동정호 입구에서 송군을 물리치고 악주(岳州)(지금의 호남 악양(岳陽))를 공격하였다. 지원 12년(1275년) 4월 초엿새, 강릉(지금의 호북 사시(沙市))성 아래에 도착하여 송나라 수장 주이손(朱禩孫), 고달(高達) 등을 항복하게 하였다. 소식이 대도에 전해지자 쿠빌라이는 아주 기뻐하였고, 3일간이나 경축하는 연회를 베풀었다. 쿠빌라이가 주위 사람들에게 "바얀이 군대를 거느리고 동쪽으로 갔고, 아리카야는 고립된 군사로 악주를 지키고 있어 걱정이다."라고 말하였다. "형호와 사천의 송군이 연합하여 순조롭게 남하하고, 악주(鄂州)가 우리의 손으로 들어왔는데 인심이 안정되지 않아 내부에서 응하여 싸우는 사람이 있으면 우리 군대가 근본적으로 흔들리게 될 것이다. 소북정(小北庭)의 사람이 군대를 거느려 전체 형호(荊湖) 지역을 점령하리라는 것을 누가 알겠는가? 강절(江浙)의 남송 조정은 이 소식을 듣고 놀랄 것이며 우리의 출병으로 다시 후환이 없게 될 것이다."[22]고 하였다. 위구르 사람 아리카야가 쿠빌라이에 의해 '소북정인(小北庭人)'이라고 칭해진 것은 그에 대한 사랑을 드러낸 것 일진저!

5월에, 아리카야는 악주로 돌아와 호남으로 진군할 것을 준비하였다. 쿠빌라이는 특별히 송나라의 항복한 장수인 고달(高達)에게 조서를 내려 일깨우기를,

옛날에 우리나라가 출정함에 읽은 바의 성읍을 위임하고 가 일찍이 군사를 주둔시키지 않은 것은 전쟁이 계속되었기 때문이다. 무릇 국가를 다투는 사람은 토지와 인민을 취할 따름이다. 비록 그 땅을 얻었으나 백성이 없으면 누구와 함께 살겠는가. 지금 새로 얻은 성벽을 지키고, 백성들에게 농업에

안주하게 함을 몽고인은 알지 못한다. 너희가 그 일을 잘 알고 있을 것이니 마땅히 노력하여야 한다. 호남(湖南)의 주군이 모두 너희들의 옛 부곡(部曲)이니 귀부하지 않은 사람을 어떻게 귀항하게 하고 백성들이 편안하게 할지는 너희들이 해야 한다.[23]

라고 하였다.

쿠빌라이는 남송의 항복한 장수를 이용하여 적의 투지를 떨어뜨리고 백성을 위로하는 책략을 취하였으며 군사행동을 빨리 마무리지을 수 있었다. 그는 고달에게 국가를 다투는 것은 그 토지와 백성을 취하기 위해서이다. 현재 새로 차지한 성곽을 지키는 데 필요한 것은 백성들로 하여금 편안히 직업에 종사하고 전심으로 농사에 힘쓰게 하는 것이다. 그러나 몽고인은 이 방면에 경험이 없다. 당신은 상황을 잘 알고 있으니 어떻게 해야 할지 알 것이다. 호남 주군의 수위를 책임자는 장령들이 모두 너의 옛날 부하이니 마땅히 어떻게 항복케 하고 그들로 하여금 귀순하게 할지, 어떻게 백성을 편안하게 할지 모두 네가 알아서 처리하라고 훈계하였다.

고달은 태만하지 않고 성지를 받들고 곧 사람을 보내 호남으로 가서 주현을 지키고 있는 신하들에게 항복하라고 하였으며 담주(潭州)는 자연히 가장 먼저 공격을 받게 되었다. 이불은 항복하지 않았다. 9월에 원군이 담주성을 포위하였다. 이불이 성루에 올라 여러 장수를 지휘하여 요새지를 나누어 지키게 하였다. 성중의 백성들은 노약자를 분간하지 않고 자동적으로 대오를 결성하여 군사들이 성을 지키는 것을 도왔다. 10월에 아리카야가 담주성에 도착하여 성내에 편지를 써서 이불이 생명을 중히 여겨 전체 성안의 사람들을 도살시키는 재앙을 면하고 속히 성문을 열어 항복하기를 원하였다. 이불은 여전히 항복하지 않았다. 아리카야는 군대를 이끌고 성을 공격하였고 유효충 등도 군대를 거느리고 전쟁을 준비하였다. 이불이 화살과 돌을 무릅쓰고 앞으로 나가 전쟁을 감독하자 원군의 진공이 누차 좌절되었다. 성중의 화살촉이 다하자 이불은 주민들을 불러 깃털로 만든 부채를 바치게 하고 깃털이 없는 오래된 화살촉을 수리하라고 하자 백성들이 곧바로 응하였다. 성안에 소금을 비축한 것이 떨어지자 이불이 명령을 내려 소금 창고의 옛 자리를 불태워 소금을 공급하는 데 힘썼다.

이불이 항상 충의로써 장사들을 격려하였고 몸소 상처를 입은 병사들을 위로하고 죽은 사람을 애도하였다. 그래서 비록 성내의 군민들이 죽고 병들고 겹쳐 쓰러져도 성안의 사람들은 그대로 죽음을 각오하고 싸우는 투지가 줄어들지 않았다. 크고 작은 수십 차례의 전투를 거쳐 2개월 남짓에 원나라 군사가 담주성 아래서 머물렀으나 성을 격파시킬 수 없었다. 아리카야가 아주 화가 나서 만호·천호·백호 등의 군관에게 명령하여 먼저 솔선수범하여 무리를 이끌고 성에 올라갔다. 퇴각자는 군법에 따랐으며 3일 내에 성을 무너뜨리기로 하고 아리카야가 친히 전쟁을 감독하였다. 섣달그믐날, 전쟁이 몹시 격렬하였고 아리카야는 날아온 화살에 상처를 입었는데 중상을 돌아보지도 않고 작전을 감독함이 더욱 다급하였다. 부상 가문략(賈文略)도 상처를 입었지만 의연히 군대를 거느리고 힘을 다하여 성에 올라갔다. 담주성은 원군이 이처럼 맹렬하게 공격하자 마침내 격파되었다.

일이 이 지경에 이르러 이불이 싸움에 진 것을 만회하기 어렵게 되었다. 밤이 된 후에 친필로 '진충(盡忠)'이라는 두 글자를 써서 잔존 군대의 야간 호령으로 삼아 군민들에게 원군과 항전할 것을 격려하였다. 자신은 남아 있는 빈객(賓客)들에게 웅상각(熊湘閣)에서 연회를 베풀었다. 새벽에 무리들이 이별을 고하자 이불이 웅상각에 단정히 앉아 명령을 내려 장작을 누각 아래에 쌓게 하고 가속 19명을 누각 위로 불러 모았다. 이불이 부하 심충(沈忠)에게 "우리는 이미 힘이 다하였다. 오늘날 죽음에 처하여 나의 집사람들이 포로로 사로잡히는 모욕을 견딜 수 없으니 너는 다른 사람을 모두 죽이고 나를 죽여라."[24]고 말하였다. 심충은 땅에 엎드려 머리를 조아리고 사양하자 이불이 엄명하여 자기가 시키는 대로 하라고 하였다. 심충이 통곡하면서 명령을 따름에 이불 가족들에게 술을 마시게 하고 취하기를 기다려 한 사람씩 죽였고 이불도 죽음을 받아들였다. 심충이 불을 질러 누각을 불사르고 자기 집으로 돌아와 처자를 죽이고 다시 이불에게 가서 충성을 다하는 대성통곡을 한 후에 자결하였다.

충성을 다하는 사람은 주의 관리와 그 가속만이 아니었다. 참의(參議) 양정(楊霆)은 연못에 뛰어들어 자결하였다. 도통 진의(陳義)와 전운사 종비영(鍾蜚英) 등도 자살하였다. '삼학생(三學生)'의 대다수는 절개를 지켜 죽었다. 성안의 주민들도 온 집안사람들이 다 자살하였다. 성안의 우물마다 시체로 가득 찼다. 숲에서 목매달아 죽는 사람도 있었다. 오계명(吳繼明)과 유효충(劉孝忠)은 원나라군에게 투항하여 아리카야 등과 함께 입성하였다.

몽고인의 전통 방식에 따라 성을 지키고 투항을 거절하거나 군대에 손실을 입힌 사람들은 성이 함락된 후에 모두 '도성(屠城)'되었다. 성안의 주민들은 공인과 장인을 제외하고는 모두 죽음에 처해졌다. 뿐만 아니라 군대에 의해 무자비하게 포로로 잡혀가게 되었다. 담주는 3개월 안에 함락되어 '도성'되었으며 성에 들어온 여러 장수들도 사병들에게 포로로 잡히거나 살육당하였다. 행성낭중 화상(和尙)은 아리카야에게 "우리 군에 항거하는 것은 남송의 장령(將領)들이지 주민들이 무슨 죄가 있습니까? 이미 투항하였으면 모두 우리 백성이니 어찌 죽일 수 있겠습니까? 하물며 호남에 항복하지 않은 주가 많이 있는데 우리들이 항복한 사람을 함부로 죽였다고 하면 반드시 충성을 다하여 지키려고 하고 항복하지 않을 것입니다."[25]라고 진언하였다. 좌승 최빈(崔斌)도 화상의 의견에 찬동하였다. 아리카야가 비록 성을 공격할 때 상처를 입었지만 여전히 "장수는 함부로 제멋대로 죽이고 약탈해서는 안 된다."는 명령을 기억하고 있었다. 이것은 쿠빌라이가 지원 11년 6월 15일(1274년 7월 20일)에 발표한 '강남을 정벌하러 가기 전에 행성의 관과 군에 선포한 조서'이다. 바얀 등이 남하하기 전에 쿠빌라이는 또 "북송의 조빈(曹彬)이 살인을 즐겨하지 않자 일거에 강남이 평정되었다."고 깨우쳐 주었다. 이에 아리카야는 관대한 태도를 가지기로 결심하고 특별히 명령을 내렸다. 즉,

국가의 제도에 성을 함락시키면 반드시 도살한다. 주(州)의 백성이 많고 호수가 백만으로 모두 죽여야 하는데, 황제가 바얀에게 조빈의 죽이지 말라는 조칙을 내려서가 아니다. 그 변통한 법률이 이들을 살렸다.[26]

는 것이다.

국가의 제도에 따르면 이 성은 도륙되어야 한다. 그러나 수 백만의 백성을 만약 전부 죽여 버린다면 황제가 항복한 사람을 죽이지 않는 뜻을 어기는 것이다. 그러므로 옛 제도는 받아들이지 말고 민중들에게 길을 열어 주어야 한다. 아리카야는 빨리 방을 내걸어 백성들을 안정시키고 군졸들이 살인하거나 약탈하는 것을 금지하고, 창고를 열어 양식을 내주어 굶주린 백성을 구제하였다. 담주는 평정을 회복하였고 아리카야는 즉시 사람을 보내 호남 각 주군에 가서 아직 항복하지 않은 사람들을 항복하도록 조처하였다.

정월 초하루 임안(臨安)

남송의 군신은 화평을 구하나 성공하지 못하고 원군의 병사가 성 아래에 이르다

담주(潭州)의 수위를 책임지는 장령은 성이 격파되자 스스로 순국하려고 할 때 임안성 안의 남송 조정이 화의를 구하였으나 이루어지지 않아 몹시 초조하였다. 바얀 군중에 화평을 구하는 사자를 보낸 지가 이미 십수 일이 지났는데도 아직 돌아오지 않았다. 태황태후 사도청(謝道淸)이 어떻게 조급하지 않겠는가?

지금 대송 황제 조현(趙㬎)은 함순 10년 7월 초구일(1274년 8월 12일) 즉위 시에 네 살도 안 되었다. 조정의 대신들이 65세의 사태후에게 조정에서 국정을 맡아 수렴청정하게 하고 태황태후로 높였다. 사태후는 나이가 들수록 병이 많아져 정전에서 조회를 볼 수 없어 그녀가 거주하는 자원전(慈元殿)에서 대신들이 알현하여 일을 의논하는 주요 장소가 되었다.

조현이 계위한 이래로 형세가 점차 나빠져 갔다. 사후는 원래 권신 가사도에게 의탁하였으나 현재는 진의중(陳宜中)에게 의지하였다. 가사도가 이미 죽었으나 오늘날 조정은 여전히 그의 나쁜 영향을 받고 있다.

이종(理宗) 경정(景定) 원년(1260년)에 군대를 이끌고 악주를 도우러 갔던 가사도는 쿠빌라이의 남하하는 군사를 격파하였다고 보고하였다. 이종의 포상을 받아 조정에서 '독상(獨相)'이 되었고 전체 조정을 좌지우지하였다. 사실, 가사도가 '성공'한 비밀은 그가 몰래 송경(宋京)을 파견하여 쿠빌라이와 화의를 맺었기 때문이다. 송 조정은 몽고에 칭신하고 매년 은 20만 냥, 견 20만 필을 몽고에 '세폐'로 주기로 하였다. 쌍방이 협의를 달성한 후에 몽고군이 북으로 철수하였고 가사도는 군사를 보내 몽고군의 후퇴하는 사졸을 습격하여 잡은 포로를 이종에게 바치고 승리를 알렸다. 쿠빌라이가 즉위하여 학경(郝經)을 국신사로 파견하여 세폐를 보내오라고 재촉하였다. 가사도는 사실이 드러날까 두려워 학경을 진주(眞州)(지금의 강소 의정(儀征))에 가두었다.

이종이 죽은 후 도종 조기(趙禥)가 즉위하였다. 조기가 태자로 책립된 것은 가사도가 노력한 결과였으므로 스스로 '천자를 옹립한 공로'를 믿고 더욱 전횡을 부렸다. 도종의 특별한 허락하에 가사도는 서호 갈령(葛嶺)의 관각에서 살면서 관아에 와서 일처리도 하지 않았다. 관리들은 각종 문서를 그의 집으로 보내 열람하게 하고 비준을 받았다. 가사도는 5일에 한 번 입조하다가, 후에는 6일에 한

번 입조하였다. 조회할 때 황제에게 절도 하지 않고 퇴조할 때 황제는 도리어 일어나서 배웅하였다. 가사도가 집에만 틀어박혀 좀처럼 외출하지 않았으나 하고 싶은 대로 하였고 조정 내부의 크고 작은 일 할 것 없이 모두 그에게 보고하였다. 송군이 양번에서 원군과 전쟁할 때 가사도는 여러 첩들과 환락에 빠졌고 아첨하는 사람들은 이것을 '군국의 중대한 일'이라고 칭하였다.

가사도의 권력남용하에 조정관원 중, 어떤 사람은 영합하여 받들거나 어떤 사람은 입을 다물고 말을 하지 않았다. 가사도에게 불리한 언행을 하는 사람은 모두 관직에서 쫓겨났다. 이에 언로는 단절되고, 듣는 것은 모두 공덕을 칭송하는 말이고 변방의 위급한 정세는 모두 은폐되어졌다. 단지 개별적으로 용감하고 정직한 사인들은 가사도가 '호가호위하는 것을' 건드렸다. 이를테면 경호(京湖)제치사 왕립신(汪立信)은 가사도에게 상서를 올려 그가 완급을 처리함이 뒤바뀐 것을 비난하였고, 사직의 대계를 중시하지 않고 목전에 국가가 직면한 책략의 선택을 지적하였다. 상책은 내지의 정예로운 병사를 장강을 따라 배치하여 앞으로 대거 남하할 원군을 막아야 한다는 것이다. 중책은 학경을 석방하여 귀국시켜 화의가 빨리 이루어져 원군의 공세를 잠시나마 늦추어 시간을 벌어 변방을 다시 정돈해야 한다는 것이다. 하책은 어쩔 수 없이 항복을 기다려야 한다는 것이다. 가사도가 상소를 읽은 후, 굉장히 화가 나서 왕립신을 '눈먼 놈의 미친 소리'라 크게 꾸짖고(왕립신은 눈병을 앓고 있었다.) 파면시켰다. 조현이 즉위하고 가사도는 모친의 상례를 막 치르고 돌아와 수작에 바빴다. 국사와 변방의 일은 여전히 한쪽 구석에 처박아 두었다. 사후는 어떻게 할 수 없었고 원군은 이미 장강을 건너 버렸다.

　장강의 천연의 장벽을 잃어버렸으므로 남송의 군신들은 현실을 직면하지 않을 수 없었다. 송원 양군의 결전은 이미 피할 수 없었고 가사도가 비록 한두 번 연기를 했으나 조정대신들의 압력으로 덕우 원년(1275년) 정월에 친히 정병 13만을 거느리고 북상하여 적을 맞이하였다. 송군이 기세등등하고 선박이 서로 100여 리나 이어졌으나 책임자 가사도는 마음이 공허하였다. 그는 송경 등을 보내 원군의 진영에 가서 화의를 하게 하였다. 바얀은 가사도가 친히 진영에 와서 상의하거나 혹은 쌍방의 군대가 결전하여 승부를 가리자고 하였다. 가사도의 화의는 이루어지지 못했고 또 싸울 마음도 없어 송나라 사람의 우세는 완전히 상실되었다. 2월 21일(3월 19일) 원군이 정가주(丁家洲)에서 시작하여 맹렬히 공격하자 가사도는 당황하여 조처를 잃어 전쟁을 하기도 전에 병사들이 물러나자 송군이 크게 혼란하여 흩어져 도망갔다. 가사도는 이때에야 비로소 왕립신이 올린 계책이 생각 나서 왕립신에게 눈물을 흘리며 "바로 당신의 말을 듣지 않아서 오늘날 이 지경에 이르렀다."고 호소하였다. 왕립신은 "눈먼 놈이 오늘날 다시 한마디 하겠습니다. 현재 강남은 이미 한 척의 깨끗한 땅이 없는데 내가 조가(趙家)의 땅을 찾아 죽으려고 하니 죽는 것은 분명합니다."[27]고 답하였다.

　가사도는 양주로 도망하였고 태후에게 상서를 올려 천도를 요청하였으나 태후는 동의하지 않았다. 진의중 등이 가사도를 주벌하여 천하에 드러내야 한다고 하자 사태후는 사도가 삼 대의 조(趙) 황제들에게 '봉사'하였으므로 허락하지 않았다. 다만, 그를 폄직시켜 둔주(循州)(지금의 광동 용천(龍川))로 보내 안치시켰다. 가사도는 폄직되고 나서도 시중드는 첩 수십 명을 동행하여 데리고 갔으며 명을 받들고 그를 압송하여 남하한 정호신(鄭虎臣)이 모두 쫓아내었다. 8월에 가사도가 장주(漳州)에 이르자 정호신이 누차 그에게 자살하라고 암시하였다. 사도는 살고 싶어서 태황태후가 죽지 말라고 한다고 했다. 정호신이 자칭 "천하를 위하여 사도를 죽이면 비록 죽어도 한이 없다."고 하고 가사도를 죽였다.[28]

가사도를 없앤 후에도 조정은 호전의 조짐이 보이지 않았다. 경관(京官)들과 각지를 지키는 신하들은 대세가 이미 지나간 것을 보고 관직을 버리고 도망갔다. 사태후는 화가 나고 다급하여 조당(朝堂) 위에 방을 붙이게 하였다. 즉,

> 우리나라가 300여 년에 사대부를 대우한 것이 박하지 않았다. 나와 후계자가 어려움에 직면했는데 너희 대신들은 계책을 내어 시국의 어려움을 구하지 않고 안에서는 관직을 버리고 떠나가고, 밖에서는 직책을 방치하고 성을 버려 난리를 피하고 목숨을 보전하니 어찌 사람이 할 행동인가? 또한 어떻게 지하에서 선제를 뵙겠는가?[29]

라고 썼다.

사태후는 방문(榜文)을 붙여 군신들을 비난하였다. 즉 국가가 나라를 세운 지 300년간 사대부들을 후하게 대우하였다. 현재 나와 황제가 국난을 만나는데 너희 몇몇 대신과 하급관리들은 계책을 내어 국가를 구하지 않고, 안으로는 경관들이 관직을 떠나고, 밖으로는 지방관들이 성을 버리고 어려움을 피하여 살려고만 하니 이것이 사람의 도리인가? 이렇게 한다면 무슨 얼굴로 지하에서 선제

를 만나 뵐 수 있겠는가?

　사태후가 군신들을 호되게 꾸짖은 것은 실제로는 선제를 질책한 것이다. 이것은 송나라의 개국황제 조광윤이 남긴 유산이기 때문이다. 조광윤은 번진할거의 위험을 없애고자 무인을 멀리하여 억압하고 '유자로서 입국'을 표방하였다. 문사를 중용하는 것을 대송의 국책으로 결정하였다. 과거 시험을 통해서 출신을 취득한 문사들은 고위관직과 후한 작위를 향유하고 국가의 운명을 장악하였다. 그러나 대다수의 문사들이 알고 있는 것은 단지 시부 문장이지, 나라를 다스리는 정치나 부국강병에 대해서는 거의 알지 못했다. 이들은 실제로 크게 쓸모가 없는 공허한 의논으로 앉아서 도를 논하였다. 게다가 문인들은 서로 경시하고 공격하여 당쟁이 도사리고 있어 조정이 편안할 수 없었다. 송나라 사람들은 시종 북방의 강적에 직면하여 군사적으로 열세에 처해 있었다. 비록 몇 사람의 용맹한 장수가 있었으나 조정의 문관들에게 억압되어 역할을 할 수 없었다. 중요한 시기가 되었을 때, 고상하게 의논만 하던 문사들은 서로 질책하거나 책임을 떠넘겼다. 혹자는 통곡하고 비통해하면서 어떻게 할 줄을 몰랐으나 계책을 올리는 사람은 없었다. 시행할 계책이 없고 나라를 위해서 목숨을 바치려 하지 않고 달아나려고만 하였다.

　문사들의 무능이 국가를 약하게 하였고 약한 국가는 쓸데없이 많은 관료와 병사를 양성하며 자기 의견을 굽혀 일을 싱사시키는 것이 주도적인 지위를 차지하는 처세철학이 되었다. 송나라 사람들은 이미 여러 차례나 몸을 낮추었다. 요, 금, 심지어 서하에게까지 모두 '세폐'로써 화평을 바꾸었다. 금전과 비단이 군대에 비해서 쓸모가 있었고, 대신들은 자신의 쌈짓돈을 낼 필요가 없었다. 노력하여 작전을 펴도 사람들에게 배척되고 잘못하면 머리가 달아나게 된다. 돈을 '적국'에 주는 것이 도리어 군주의 칭찬을 받는 것이다. 비록 사람들이 이러한 방법이 치욕적이라고 느낀다 할지라도 요직에 있던 문신들은 보수적이고 평화를 구하는 경향이 농후하였으므로 옛날의 방법을 삼가 지키고자 하는 것 외에 시행할 만한 좋은 계책이 없었다. 그러나 이렇게 몸을 굽혀 일을 성사시키려 해도 기회가 없을지도 모른다.

가사도를 이어 재상에 오른 사람은 확실히 무능한 사람들이다. 소흥 신창인(新昌人) 왕륜(王爚)은 나이가 많고 병이 많아 일을 책임지려 하지 않았다. 구주인(衢州人) 유몽염(留夢炎)과 영가인(永嘉人) 진의중(陳宜中)은 종일 앉아서 도를 논하여 사람들에게 질투를 받게 되었다. 또한 분녕인(分寧人) 장감(章鑒)은 다른 사람들이 뭐라고 해도 비위를 잘 맞추어 사대부들이 '만조환(滿朝歡)'이라고 칭하였다.

강남에서 입국한 이래로 송 조정은 상서와 중서, 문하의 삼성을 합하여 하나로 하여 전국의 정무를 관리하였다. 즉 추밀원은 전국의 군정을 관장하였다. 상서성에는 좌우 승상을 설치하고 중서문하성에는 참지정사를 두었는데 재보(宰輔)와 같다. 관례에 의하면, 수상 겸 소문관(昭文館)대학사·감수국사·차상(次相) 겸 집현전대학사가 있다. 만약 삼상(三相)을 둔다면 소문관(昭文館)대학사·집현전(集賢殿)대학사와 감수국사(監修國史)를 분별하여 겸하는 것이다. 재상 위에 어떨 때는 평장군국중사(平章軍國重事)를 두어 조정의 중신을 존중하였는데 가사도가 이 직책을 맡았다. 좌우 승상은 정례에 따라 추밀사(樞密使) 혹은 지추밀원사(知樞密院使)를 겸임하였고, 참지정사는 동지추밀원사(同知樞密院使)를 겸하였다. 조정의 군사와 정치의 대권은 합하여 하나로 만들었다. 그래서 상서성 승상의 지위는 특히 중요하다.

왕륜과 장감은 좌우 승상을 나누어 맡았고 추밀사를 겸하였다. 진의중은 동지추밀원사를 맡고 참지정사를 겸하였다. 정가주(丁家洲)에서 병사가 패한 후 장감은 이유를 찾아 임안에 남았는데 사태후는 진의중을 우승상으로 삼고 추밀사를 겸하게 하고, 장감의 직책을 파면하였다. 왕륜은 누차 파직할 것을 청하였으나 태후가 허락하지 않았다. 얼마 안있어 왕륜을 높여 평장군국중사로 삼고 진의중은 좌승상, 유몽염은 우승상으로 삼았다. 왕륜이 곧 승상부를 진의중에게 양보하였고 진의중은 이렇게 대체되면 천하 사람들의 비웃음을 받게 된다고 생각하여 조정을 떠나려고 했다. 사태후가 몇 차례나 사람을 보내 머물게 하고서야 계속해서 관직을 맡았다.

승상이 된 진·유 두 사람은 모두 임안에 나가 군대를 지휘하여 원군을 맞아 싸울 수 없었다. 왕륜 등은 질책을 받았고 더욱이 사람들은 진의중이 몰래 가사도를 보호하고 조정을 마음대로 휘두르며 가사도보다 더욱 국가를 해친다고 공격하였다. 진의중은 관직에서 물러나 인사도 하지 않고 임안을 떠나갔다. 사태후는 여러 차례 사람을 보내 돌아오기를 청하였고 왕륜의 평장(平章)의 직무도 파면하였으나 효과가 나타나지 않았다. 마지막으로 태후는 진의중의 어머니의 도움으로 진의중을 불러올 수 있었다. 이때 진·유 두 사람의 위치가 바뀌어져 유몽염이 좌승상이 되고 진의중이 우승상이 되었다. 그러나 유몽염이 다시 떠나가 지금 불러도 오지 않는다. 당당한 대송왕조에 책임을 지려는 재상이 없어 사람들은 한심하게 생각하였다.

근왕(勤王)의 조서가 일찍이 각지로 보내졌다. 기병하여 온 것은 단지 손으로 셀 수 있을 정도의 몇 사람뿐이었다. 그중 감주(贛州) 지주(知州) 문천상(文天祥)과 화주(和州)방어사 장세걸(張世杰) 두 사람의 정신은 특히 칭송받을 만하다. 문천상은 만인을 모아 자기 재산으로 군비를 삼고 북상하여 도성을 구원할 준비를 하자 사람들이 "현재 적병이 세 갈래로 와서 바로 내지를 혼란하게 한다. 당신이 만 명의 오합지졸로 북상하여 적을 막으면 양의 무리를 몰아 호랑이 입에 넣는 것과 다름이 없다."고 권하였다. 문천상은 "나도 당연히 이러한 결과를 생각해 보았다. 국가가 신민을 300년간 양육하였으나 국난을 당하여 천하의 군대에 원조 할 사람을 모으는데, 한 명의 병사와 한 명의 기마병도 입관하지 않으니 실로 한탄스럽다. 그래서 나는 스스로 힘을 헤아리지 않고 나라를 위해 순국하여 천하의 충신과 열사들이 이 소식을 듣기를 바란다. 의리에 뛰어난 사람이 계책을 세우고, 사람들이 따라야 공이 이루어지며 이렇게 하여야 사직이 보전될 수 있다."[30]라고 대답하였다.

안타깝게도 문천상의 이러한 충심을 진의중과 같은 사람은 이해할 수 없었다. 그들은 문천상의 의거(義擧)를 '광폭'하게 여겼고 '아이들 장난'이라며 배척하였다. 또한 그가 군사를 거느리고 임안으로 들어오는 것을 막아 11월에야 문천상이 겨우 도성으로 들어올 수 있었다. 장세걸이 군대를 거느리고 오는 것이 아주 빨라 조정의 중요한 장령으로 여겨졌다. 장세걸이 군대를 감독하여 몇몇 주군을 수복하였으나 7월에 초산(焦山)에서 원군에 의해 격파되었고 12월에 장세걸의 군대는 임안으로 돌아와 지켰다.

문천상과 장세걸은 수만의 근왕 병마와 원군이 결사전을 벌여 승리를 거둔다면 회동(淮東)의 송군은 기회를 타고 원군의 후로를 단절시킬 수 있어 형세가 바뀔 수 있다고 공동으로 건의하였다. 진의중은 원나라와 화의를 구하고자 하여 문·장 두 사람의 의견을 받아들이지 않았다. 태후의 동의를 얻은 후에 진의중은 유악 등을 파견하여 사신을 보내 12월 5일에 무석에 도착하여 바얀에게 송나라 황제, 태황태후와 진의중 등 대신의 서신을 전달하였다.

유악이 바얀에게 울면서 "태황태후는 나이가 많고 황제는 어리며 국상 중입니다. 자고이래로 예의를 높이는 사람은 상을 당한 임금의 나라를 공격하지 않으니 귀국에서도 우리를 불쌍히 여겨 군사를 돌려 돌아가십시오. 우리들이 어찌 감히 매년 세공을 바치지 않겠습니까? 대국과 친선을 도모하겠습니다. 현재 사정이 이렇게 된 것은 모두 간신 가사도가 대국에 신임을 잃고 오해가 있어서입니다."라고 호소하였다. 바얀은 "우리 황제가 즉위 후 곧 사자를 파견하여 국서를 가지고 가서 양국관계를 수호하려고 했다. 너희들은 우리나라 사자를 16년이나 가두어 우리가 군사를 일으켜 죄를 물은 것이다. 지금 또 아무 이유 없이 우리나라 사자 염 모를 살해하였으니 이것은 누구의 잘못이냐? 만약 우리 군이 전진을 정지하면 너희들은 전왕(錢王)이 납토(納土)한 것을 본받겠는가, 아니면 이주(李土)가 출항(出降)한 것을 본받겠는가? 송나라 사람들이 과거에 천하를 어린아이의 손에서 얻었고 오늘날 또 어린아이의 손에서 잃게 되는 것은 하늘의 뜻이니 더 설명할 필요가 없다."[31]고 답하였다.

바얀의 이 말 중에서 송나라 사람이 "천하를 어린아이 손에서 얻고 지금 천하를 또 어린아이의 손에서 잃는다."는 뜻은 바로 송 태조 조광윤이 후주 현덕 7년(960년)에 진교병변을 발동하여 황포가신(黃袍加身)하여 8세의 황제 채종훈(柴宗訓)의 손에서 제위를 빼앗은 것을 지적한 것이다. 개보 8년(975년) 송군병이 금릉(金陵)(지금의 강소 남경)성을 함락시키자 남당(南唐)의 임금 이황(李煜)이 표문을 올려 투항하였다. 오월국의 왕 전숙(錢俶)은 몹시 두렵고 불안하여 송에 땅을 바치고 귀순하였다. 이러한 이야기를 송나라 사람들은 당연히 잘 알고 있었겠지만 현재 몽고 사람들이 자기에게 맞서는 데 쓰리라고는 생각도 못 했다.

원나라의 국신사 학경이 이르자 가사도의 병사는 패한 후 방출되어졌다. 쿠빌라이는 병사를 적게 쓰고 남송을 통제할 수 있기를 원하였다. 3월에 염희현(廉希賢)·엄충범(嚴忠範)·송덕수(宋德秀) 등이 국서를 가지고 송에 사신으로 가서 송 조정에 세폐를 바치고 칭신할 것을 요구하였다. 또한 바얀이 병사를 일으키지 않고 화의 소식을 가져올 것을 기다렸다. 염희현이 바얀 군중에서 500사병을 호송할 것을 청하였고 독송관(獨松關)에 이르러 송나라의 수위를 책임진 장령 장유(張濡)는 원나라 군대가 진공해 온다고 병사를 이끌고 출격하여 엄충범을 죽이고 염희현을 사로잡아 임안으로 호송하였으나 염희현은 곧 중상으로 사망하였다. 독송관사건은 원나라 군신들을 화나게 만들었고 송 측에서는 다시 사람을 보내 해명하였으나 조금도 도움이 되지 않았다. 쿠빌라이나 바얀 등은 이미 남송 조정이 화의를 구하는데 성의가 없다고 결정을 내리게 되었다.

유악(柳岳)이 사신으로 가서 결과가 없자, 12월 14일(1276년 1월

1일) 임안으로 돌아왔다. 17일, 진의중이 또 종정소경 육수부(陸水夫)·형부상서 하사림(夏士林)·병부시랑 여사맹(呂師孟)을 바얀 군중에 보내 송 황제가 쿠빌라이를 큰아버지로 높이고 대대로 조카의 예를 행하며 매년 은 25만 냥, 비단 25만 필을 바치겠다고 표시하였다. 24일, 진의중이 또 유악 등을 파견하여 대도에 가서 직접 원의 황제 쿠빌라이에게 화친을 구하는 성의를 말하였다. 사신이 아무 소식이 없자 원군은 계속 임안으로 전진하여 화의의 길은 이미 통하지 않는 것 같았다. 왕립언이 말한 것처럼 항전도 안 되고 화의도 이루어지지 못하면 단지 투항뿐인 것인가?

남송의 군신이 살길을 찾아 고민하고 있을 때, 바얀이 거느린 대부대의 원나라 군대가 곧바로 남하하여 평강(平江)(지금의 강소 소주)에서 가흥을 향해 출발하였다.

작년 5월, 바얀이 쿠빌라이에 의해 도성으로 소환되어 시의 적절한 대책을 직접 들었다. 7월에 쿠빌라이가 송나라를 공격하는 군대의 지휘기구를 조정하여 회서행(淮西行)추밀원을 하남행성에 병합하여 바얀과 아주가 우·좌승상을 나누어 맡았다. 8월에 바얀이 쿠빌라이의 조서를 가지고 남하하였다. 10월에 바얀이 진강(鎭江)에 도착하여 군을 3로로 나누어 임안으로 향하였다. 참지정사 알라칸이 우로군을 지휘하여 태호 서쪽을 따라 독송관을 공격하였다. 참지정사 동문병(董文炳)은 좌로군을 지휘함에 주사(舟師)로서 강음(江陰)에서 강을 따라 내려가 해로로 임안으로 갔다. 바얀과 우승 아타카이는 중로군을 거느리고 수륙을 병행하여 평강, 가흥을 거쳐 임안으로 진군하였다. 삼로군이 때에 맞추어 임안 북쪽에서 모이기로 하였다. 11월 9일에 삼로의 군대가 건강(建康)(지금의 강소 남경)에서 진강, 강음으로 나누어 출발하였다. 비록 남송의 현재 승상 진의중이 화의를 주장하고 전쟁을 원하지 않았지만, 지방을 수비하는 신하 중에는 일부 주전론자들이 있었다. 상주(常州)의 전쟁은 바얀에게 약간의 체면을 세워 주었다.

3월에 송나라 상주(常州)의 수령이 성을 바쳐 원나라에 항복하였다. 5월 초칠일에 송의 장수 유사용(劉師勇)이 군대를 이끌고 겉으로는 싸우고 안으로는 응하여 상주를 수복하였다. 10여 일 후에 원나라 군사가 협공하여 지상주(知常州) 요은(姚訔), 통판 진소(陳炤), 도통 왕안절(王安節) 등이 유사용의 수성에 협조하여 여름부터 겨울까지 원군의 성 공격이 누차 좌절되었다. 바얀이 진강에서 출발하여 11월 16일에 상주 성 아래에 도착하여 성중에 문서를 보내 항복을 권하였으나 유사용 등이 거들떠보지도 않았다. 바얀이 전의 전군 '카비치(合必赤, Qabichi)'군을 친히 감독하여 성을 공격하자 성중의 송군이 죽을 힘으로 전투하여 밤낮으로 멈추지 않았다. 18일 카비치군이 솔선하여 성에 올라 바얀의 홍기를 성 꼭대기에 꽂고 성을 공격하는 원군의 장사들이 힘을 다하여 '승상이 이미 성에 올랐구나!'라고 환호하자 앞을 다투어 성벽을 기어올랐다.

유사용·진소·왕안절 등이 물러나 성안에서 전쟁을 하게 되었고 요은(姚訔)과 진소가 전사하였다. 왕안절이 포로가 되어 죽음을 맹세하고 항복하지 않자 살해되었다. 유사용이 홀로 말을 타고 성을 빠져나가 평강으로 달려갔다. 골목에서 싸우던 사병이 계속해서 싸웠고 죽은 시체 아래 숨어 있던 부인이 6명의 송군이 서로 등을 맞대고 버티면서 원나라 군사를 거의 100명을 죽인 후에 힘이 없어 전사하는 것을 보았다. 바얀이 명령을 내려 도성케 하고 성안의 주민들이 참살을 당하였다. 후에 전체 성에서 다만 일곱 명이 난을 면할 수 있었다고 들었다. 여러 장수들은 유사용을 참수할 것을 요구하였으나 바얀이 동의하지 않았다. 그는 바로 유사용의 입을 빌려 남송의 성을 지키는 사람들이 소문을 듣고 의지를 꺾게 하고자 하였다.

바얀은 확실히 틀리지 않았다. 12월에 바얀이 평강에 이르자 남송의 평강을 지키고 있던 관료들이 도망갔고 도통(都統) 왕방걸(王邦杰) 등이 성을 바쳐 투항하였다. 알라칸과 동문병군도 진전이 순조로웠고 독송관은 이미 항복되었다. 보아하니 임안으로 진입하기 전에 다시 힘든 전쟁이 있을 것 같지 않다. 남은 문제는 어떻게 송 조정을 투항하게 하느냐이다.

바얀이 일찍이 사람을 보내 쿠빌라이의 조서의 부본(副本)을 임안으로 보냈다. 남송의 군신들은 투항하여 조씨(趙氏) 가족이 안전을 지키도록 촉구하였다. 그는 유악(柳岳)의 화의하자는 요구를 거절하였다. 당연히 육수부 등이 제시하는 조건에도 동의하지 않았다. 쿠빌라이는 이미 사신을 파견하여 남쪽으로 왔고 바얀에게 가벼이 들어가지 말라고 일깨워 주었다. 북방의 변경에 문제가 생겼기 때문에 사자가 왔을 때 대군은 이미 평강으로 들어갔다. 바얀은 남송 조정이 빨리 투항하기를 재촉하여 강대한 군사 압력을 믿고 상대방에게 숨을 돌릴 기회도 주지 않았다. 12월 27일(1276년 1월 14일) 바얀은 낭지아타이(囊加歹, Nangjiatai)와 육수부 등으로 하여금 함께 임안으로 들어가 투항을 교섭하는 것이 마땅하다고 명령하였다. 섣달 그믐날에 바얀이 군사를 이끌고 평강을 출발하여 계속 남쪽으로 가서 원래 정해진 계획대로 좌우로의 군대가 모이게 되었다.

정월 초하루 토번 산목다(算木多)

대원의 제사(帝師) 파스파는 쿠빌라이가 조속히 통일의 대업을 이루시도록 멀리서 축원하다

토번 산목다(算木多)(지금의 청해 호조현(互助縣) 송다(松多))의 새로 만들어진 사원 안에 대원 제사(帝師) 파스파가 작년 11월 14일(1275년 12월 2일)에 황제 쿠빌라이에게 신년축사를 써서 대도로 보내왔다. 그는 축사 중에 황제부자의 사직과 신민이 쥐의 해(1276년)에 순조롭게 이루어지기를 축원하였다.

파스파는 토번의 사캬파(薩斯迦, Sa-skya) 관씨(款氏)이고 몽고 우구데이칸 7년(1235년)에 출생하였다. 그의 본명은 낙추견찬(洛追堅贊)인데 7세 때 경문 수십만 어를 통독할 수 있었으므로 성동(聖童)으로 여겨져 '파스파'라고 칭해졌다. 장어(藏語) 중 '파스파'는 '성자(聖者)'라는 뜻이다. 파스파는 어려서 불교 밀종 사캬파 교주 사캬 판디타 쿤다랄무산(薩斯迦 · 班彌怛 · 公哥監藏, Sa-skya pandita kun-dgah-rgyal-mtshan)으로부터 불전을 배웠다. 12살 때, 사캬 판디타를 따라 양주(涼州)(지금의 감숙 무위(武威))에 이르러 우구데이의 아들 쿠텐(闊端, Köten)을 알현하였다. 정종(定宗) 구육 칸 2년(1247년)에 사캬 판디타가 쿠텐의 병을 고쳤으므로 쿠텐이 불문에 귀의하여 양주에 유화사(幼化寺)를 지어 토번에서 온 고승을 거주하게 하였다. 동시에 쿠텐이 토번의 각 교파 교주들에게 글을 올려 사캬가 각파 종교의 수령이 됨을 선포하였다. 토번 사람들이 대몽고국에 귀순하기를 원하면 원래의 재부와 지위를 계속해서

가질 수 있었다.

헌종 뭉케 칸 원년(1251년) 사캬 판디타가 돌아가셨고 17살의 파
스파를 사캬파 교주로 삼고자 쿠텐이 쿠빌라이에게 추천했다. 2년
후에 쿠빌라이가 대군을 이끌고 대리를 원정할 때 파스파는 특자
(忒剌)(지금의 사천 송번(松潘))로 와서 쿠빌라이와 만났다. 쿠빌라
이 부부는 모두 파스파의 '관정(灌頂)'(불계를 받는다)을 받아들였
고 파스파를 '상사(上師)'로 높였다.

'관정'전에 쿠빌라이와 파스파는 의례 문제에서 의견이 엇갈렸는
데 차비가 조정하였다. 그녀는 "법인(法人)이 어렸을 때 상사(上師)
가 상석에 앉는다고 들었다. 토번 사무의 처리는 모두 상사의 가르
침에 순응하고 상사와 의논하지 않고는 조서를 반포하지 않는다. 국
가의 크고 작은 일은 상사의 마음이 선하여 남들의 여러 요구를 거
절하기 어려워 은혜와 위엄이 전국에 베풀어질 수 없으므로 상사에
게 다 물을 필요가 없다."[32]고 건의하였다. 이 의견은 세속군주와 종
교 영수 간의 의견 조정을 하는 비교적 좋은 방법이다. 종교상 파스
파는 선생이어서 신하들처럼 쿠빌라이 면전에서 머리를 숙이고 무
릎을 꿇지 않는다. 즉 쿠빌라이는 파스파를 존중하지만 절대로 행정
권력을 파스파의 종교 영향하에 두지 않는다는 것이다. 두 사람 모두
차비의 조정에 동의하여 쌍방의 위치가 확정되었다.

뭉케 칸 4년(1254년)에 쿠빌라이는 파스파에게 ≪우례승인조서
(優禮僧人詔書)≫를 하사하여 토번 승려에게

너희 승려들은 관위를 쟁탈하지 말라. 관(官)이 높다고 결코 좋은 일은 아니
다. 또한 성지(聖旨)를 믿고 다른 사람을 능멸하지 말라. 너희 승려들은 이미

노역(勞役)과 전쟁에 징발되는 것을 면제받았으니 당연히 석가모니의 법규에 따라 경전을 강론하고, 이해하지 못하면 문법(問法)·독경(讀經)·수행(修行)에 힘쓰고 하늘을 공경하여 받들고, 나를 위해 기도하라.……너희들은 석가모니의 법규와 행한 일을 따르지 않으면 몽고 여러 사람들이 석가모니의 교법에 의심을 품게 될 것이니 너희들을 죄로 다스릴 것이다. 너희들은 몽고인이 인정이 없다고 여겨서는 안 된다. 한두 번은 살피지 않을지라도 시간이 오래되면 반드시 알게 된다. 너희 승려들은 악행을 행해서는 안 된다. 내가 여러 사람 앞에서 얼굴을 들지 못할 일이 있게 되면 교법에 따라 나를 위해 하늘에 축수해 주어야 하고 너희들의 시주는 내가 맡게 된다.[33]

라고 선포하였다.

쿠빌라이는 파스파가 불교를 책임지도록 토번지역에 대한 통제를 실시하였고 파스파는 쿠빌라이의 지지하에 사캬파가 다른 교파를 능가할 수 있었다. 종교 관계의 배후에는 정치와의 결합이 있다. 쿠빌라이가 즉위한 후에 중통 원년 12월(1261년 1월) 파스파를 국사로 봉하여 전국의 불교 사무를 맡게 하고 불교의 최고 영수로 삼았다. 지원 원년(1264년) 쿠빌라이는 다시 파스파에게 ≪우례승인조서≫를 주었다. 이때 그는 황제의 신분으로 전국의 승려에게 선포한 것으로 그들이 국사 파스파의 통솔에 따르고 교규를 행사함에 존중해 주고, 각급 관원·군인·왕래하는 사신 등도 사원의 승려를 함부로 괴롭혀서는 안 된다고 규정하였다. 쿠빌라이는 특별히 총제원(總制院)을 설치하여 국사의 하속 기구로 삼았으며 전국의 불교와 토번 지역의 행정사무를 전적으로 관할하게 하였다. 그해 여름에, 파스파는 쿠빌라이에게 작별을 고하고 사캬로 돌아갔다.

지원 6년(1269년) 초에, 파스파는 또 도성에 와서 쿠빌라이에게 중요한 선물—장문자모(藏文字母)를 기초로 하여 창제한 몽고신자 (蒙古新字)(후에 정식으로 몽고의 국자(國字)가 되었으므로 파스파 문자라 통칭한다.)를 헌상하였다. 쿠빌라이는 아주 기뻐하였고 2월 13일(3월 17일) 조서를 내려 이 새로 제정된 문자를 반포하여 시행 하였다. 조서에 칭하기를,

짐이 생각하건데, 글자는 말을 기록하고, 말은 일을 기록하는 것이 고금의 통제(通制)이다. 우리나라는 북방에서 일어나 간고(簡古)함을 숭상하여 (문자 를) 제작할 겨를이 없었다. 무릇 문자를 사용함에 한자와 위구르 글자를 사용하여 본조의 말을 표현하였다. 요, 금과 먼 곳의 여러 나라를 살펴보니 각 기 글자가 있다. 지금 문치가 일어남에 자서(字書)가 없으면, 일대의 제도가 실로 갖추어질 수 없다. 그러므로 국사 파스파에게 특별히 몽고신자를 창제 할 것을 명하노니 모든 문자를 번역하여 써서 말에 따라 일이 이루어지기를 기약한다. 지금부터 새서(璽書)를 반포할 때, 몽고신자를 동시에 사용하고 각 기 그 나라 글자를 부수적인 것으로 하라.[34]

고 하였다.

자고이래로 문자는 말한 것을 기록하고 일을 기록하는 데 사용 된다. 몽고 국가는 북방초원에서 일어나 원래 문자가 없었다. 각종 문서를 어떤 사람은 한자를 사용하고 어떤 사람은 위구르체 몽고 문자를 사용한다(위구르 사람 타타통가(塔塔統阿, Tatartonggad)가 위구르 자모를 기초로 창제한 몽고자(蒙古字)). 요, 금 두 왕조와 먼 각국은 모두 각자의 문자가 있었다(요나라는 거란 대 소자, 금 나라도 여진 대 소자, 서하도 서하자(西夏字)를 창제하였다). 지금 문치가 크게 흥한데 정식의 몽고문자가 없다면 나라의 제도가 완

비될 수 없다. 그래서 황제는 국사 파스파에게 몽고 신자를 제정하게 하라고 명하여 모든 문자를 번역하여 베껴 쓰게 하였다. 이후에 성지 등을 반포함에 몽고 신자를 사용하여야 하고 한문과 기타 문자도 그대로 참조한다.

몽고 귀족 중 한어문(漢語文)에 통달한 사람은 비교적 적다. 새로 만든 몽고문자는 원나라가 다민족 국가를 건립한 후의 수요에 부합되었다. 몽고국자는 성지를 반포하거나 각급 관부 간에 공문을 주고 받을 때를 제외하고, 한문의 경·사 등의 문헌을 번역할 때도 사용되었다. 몽고 귀족 자제의 학습에도 사용되었고 각 민족 간의 문화교류를 촉진하였다. 파스파가 '문치(文治)'에 이룩한 공헌을 포상하기 위하여 쿠빌라이는 파스파를 제사(帝師)로 승격하였고 '대보법왕(大寶法王)'이라는 호를 하사하였다. 이후에 황제의 조서와 제사(帝師)의 명령이 서쪽 지역에 병행되었다. 조정의 정식조회나 백관의 반열에 특별히 제사(帝師)를 위해 좌석이 배치되었다.

파스파는 종교와 토번 문제에 관심이 있었을 뿐만 아니라 국가의 정벌 대사 등에도 아주 관심이 많았다. 바얀이 송을 공격하는 대군의 총책임자가 된 것은 파스파의 추천과 큰 관련이 있다. 쿠빌라이는 일찍이 파스파에게 불법의 도움하에 남송을 평정시킬 수 있는지 가르침을 구하였고, 파스파는 당시 쿠빌라이 주변에 이러한 공업을 세울 수 있는 인물이 없다고 대답하였다. 일한국의 훌레구(旭烈兀, üleü)의 부하 바얀이 얼마 후에 중원에 사신으로 왔는데 파스파는 이 사람이 앞으로 큰일을 할 것이라고 생각하고 쿠빌라이에게 이 사람을 곁에 두라고 하였다. 지원 8년(1271년) 파스파는 중원의 기후에 적응하지 못하여 또 서쪽으로 돌아갔다. 그러나 원군이 송나라에 대한 작전을 지지하기 위해서 그의 제자가 중원에 사원을 만들었다. 밀종의 교법(敎法)을 보호하는 신(神)인 마하갈라(麻曷葛剌, Mahakala)상을 만들어 강남을 향하게 하였다. 마하갈라(대흑천(大黑天))은 하늘의 화신으로 얼굴이 세 개이고, 어깨가 여섯 개이며 앞의 좌우 손에는 보검을 옆으로 들고 있고 중간의 왼쪽 손에는 사람의 머리를 들고 오른손에는 수컷 양을 잡고 있다. 뒤의 좌우 손은 등 뒤에 코끼리 가죽을 들고 있는데 토번인이 숭배하는 전쟁의 신으로 몽고인에게 추천하였으므로 사람들은 '대흑신'이라고 칭하였다. 마하갈라상은 남쪽을 보고 있는데 신령으로 원군이 승리할 것을 도와준다는 뜻이다. 상주(常州)의 성을 무너뜨릴 때 대흑신이 백성의 집에서 들어오고 나가는 것을 보았다고 한다. 양양(襄陽) 일대에서도 대흑신이 병사를 거느리고 남하했다는 설이 유포되었다.

파스파가 비록 대도를 떠났지만, 원나라 군사가 송을 공격하는 상황에 상당히 관심을 기울였다. 길이 멀기 때문에 파스파는 소식을 듣는 것이 항상 조금씩 늦었다. 작년에 그는 바얀이 이미 대군을 거느리고 장강을 건넜다는 소식을 듣고, 가사도의 군을 무너뜨린 후 원나라 군사가 임안에 들어가 남송을 멸망시킬 날이 멀지 않음을 예견하고 특별히 8월 23일(1275년 9월 14일)에 ≪강남을 평정한 것을 축하하는 표문≫을 써서 쿠빌라이에게 올렸다. 그는 축하하여

몽고의 제5대 황제 쿠빌라이의 복덕(福德)으로 모든 국토가 마침내 통일될 것이다. 더욱이 나라를 세운 지 오래되고, 왕통이 일찍이 단절된 적이 없으

며, 국정이 안정되고, 영토가 광대한 만자국(남송)이 당신에게 귀부하였으니, 황제의 복운의 빛남이 대해의 대지 단성(壇城)을 두루 비출 것입니다.[35]

라고 말하였다.

그러나 지금 잠시 산목다 사원 내에 거주하고 있는 대원 제사(帝師)는 바얀이 하루빨리 임안을 손에 넣어 그의 축복이 현실로 실현될 것을 기대하였다.

정월 초하루 대도 대명전(大明殿)
원 궁정에서 분위기가 예사롭지 않은 '대연회[詐馬宴]'를 베풀다

대도성 내에서 융중한 정월 초하루 조회를 받는 의식이 이미 끝났다. 대명전 위에서 융중한 '대연회'가 바로 진행되고 있다.

원나라 사람들은 "국조의 대사에는 정벌·수렵·연회의 세 가지가 있다."[36]고 자칭하였다. 이 세 가지의 대사는 전쟁, 수렵과 연회이다. 대규모의 전쟁이 바로 강남에서 벌어지고 있고 사냥을 하는 것은 적합한 계절을 필요로 한다. 현재 조정의 가장 중요한 일은 조회 후에 거행되는 연회이다.

연회에 참석하는 사람들은 모두 같은 색깔의 옷을 입어야 한다. 이러한 옷을 '질손복(質孫服)'(또 '지손복(只孫服)'이라고도 번역한다.)이라고 칭하는데 황제가 몽고 종왕·후비·부마·조정대신과 측근의 시종과 호위하는 무사 등에게 나누어 준다. 질손복이 없는 사람은 연회에 참가할 자격이 없다. 천자의 질손복은 겨울에 입는 것은 11등이 있고, 여름에 입는 것이 15등이 있다. 백관 등의 질손복은 겨울에 9등, 여름에 14등이다. 옷의 색깔은 진홍색, 연분홍색, 보라색, 누런색, 흰색, 하늘색, 녹색, 대추갈색, 낙타갈색, 검붉은색 등이다. 질손복에는 옷·모자·허리띠가 갖추어지는데 비단에 수를 놓아 만든다. 궁정의 대연회는 보통 3일간 계속되는데, 매일 한 가지 색깔의 옷을 바꾸어 입는다. 이러한 연회를 '질손연'이라고 칭한다. 페르시아 말에 '질손'을 '사마'라고 부르므로 '사마연'이라고도 칭해진다.

대연회의 첫 번째 내용은 몽고대신이 큰 소리로 '법령[大札撒]'을 낭송하는 것이다. '대찰철(大札撒)'은 칭기즈칸이 반포한 법령으로 그 안에 국가의 법률 규정이 있으며 칭기즈칸이 훈계한 말도 있다. 매 몽고 종왕은 모두 한 부의 법령을 소장하고 있으며 그 내용도 잘 알고 있으며 '조훈(祖訓)'을 늘 생각하며 잊지 않는다. 법령은 군대에 대한 요구가 꽤 엄격하여 이러한 요구가 지금도 여전히 원나라 군관 병사들에게 지켜지고 있다. 칭기즈칸은 이렇게 말하였다.

—만부장, 천부장과 백부장들은 각자 모두 자기의 군대를 질서 정연하게 유지하고 수시로 준비를 잘해야 한다. 일단 조령과 지령이 밤낮을 가리지 않고 하달되면 언제든지 출정할 수 있어야 한다.
—주민들은 평상시에는 어린 소처럼 온순하게 훈련을 하다 전시에 전투에 투입이 되면 서로 싸우기를 야수가 굶주린 매를 향하는 것 같이 해야 한다.
—군대의 장관(將官)들은 자식들에게 활 쏘고 말 타며 일대일로 격투하는 것을 잘 가르쳐야 한다. 또한 그들이 이런 일을 연습함에 이러한 훈련을 통해 용감해지고 두려움이 없어질 수 있다.
—십부장이 10명의 부대로 작전을 통솔할 수 없으면 처자와 자식들조차도

벌을 받아야 한다. 후에 그 10명의 부대에서 한 사람을 별도로 선택하여 10부장에 임명한다. 백부장·천부장·만부장을 대우하는 것도 또한 이와 마찬가지다.

―행군할 때는 군대가 굶주리거나 목마르게 하지 않고, 가축이 마르지 않도록 하는 사람이어야 수장(首長)을 맡는데 적합하다.[37]

유목민족의 전통 관습에 따라 몽고인은 십진제로 군대를 편성 조직하여 십호·백호·천호·만호를 만들고 각급에 최고책임자를 둔다(몽고어로 '노얀(那顏, noyan)'이라고 칭해진다). 어떨 때는 십호와 백호 사이에 오십호의 편제도 있다. 십부장은 또한 패자두(牌子頭), 갑장(甲長)이라고 칭해지는데, 몽고어로 '아르반노얀(阿儿班那顏, alban noyan)'이라고 칭한다. 오십부장은 또한 오십호라고 칭해지는데 몽고어로 '타빈노얀(塔賓那顏, tarbin noyan)'이다. 백부장(백호)는 '존노얀(札溫那顏, jagon noyan)'이다. 천부장(천호)은 '먕간노얀(敏罕那顏, mingyan noyan)'이다. 만부장(만호)은 '투멘노얀(土綿那顏, tumon noyan)'이다.

몽고국 시기에 서방에서 온 사람 성찬(盛贊)이 몽고군대에서 힘든 것을 감내하고 행동이 신속하고 지휘에 복종하여 그의 전투대에 어떠한 의심도 가지지 않았다. 유럽과 아시아 대륙에서 어떠한 군대도 그와 맞설 수 없었다. 칭기즈칸은 그에게 나라 40개를 멸망시킬 것을 선포하였고 그의 후계자들은 또 서하·금·대리·러시아 각 공화국·아랍제국 등의 나라를 멸망시켰다. 갑자기 흥기한 몽고가 노도같이 일어나 전 세계의 통치자들은 당황하여 조처를 취할 수 없었다. 현재 바얀이 이끄는 대군이 다시 몽고 군대의 위엄과 권위를 실현하는데 법령의 약속은 중요한 작용을 하였다.

법령에는 치국(治國), 제가(齊家)와 율기(律己)를 하나로 연결시켜 많은 규정을 만들어 몽고인의 도덕의 기준이 되었다. 이를테면 장자를 존중하고, 어진 사람을 신임하고, 언행에 주의하고, 친족과 화목하고, 선의와 맹세를 중히 하고, 헛된 말을 하지 않고, 도둑질하지 않고, 사통하지 않는다는 것 등이다. 칭기즈칸은 또한 이와 같은 말로 총결을 지었다. 즉,

> 무릇 하나의 민족이 아들이 아버지의 가르침을 따르지 않고, 아우가 형의 말을 듣지 않고, 남편이 아내의 정절을 믿지 않고, 아내가 남편의 뜻을 따르지 않고, 시아버지가 며느리를 칭찬하지 않고, 며느리는 시아버지를 존경하지 않고, 나이 든 사람은 어린 사람을 보호하지 않고, 어린 사람은 나이 든 사람의 교훈을 받아들이지 않고, 주인이 노복을 신용하지 않고, 주위의 친신 이외의 사람을 멀리하고, 부유한 사람은 국내의 인민을 구제하지 않고, '약손(約孫)(습관)'과 '찰철(札撤)'(법령)을 경시하면 사리를 분간하지 못하여 나라를 통치하는 사람의 적이 되니 이러한 민족은 도적, 거짓말쟁이, 적과 각종 사기꾼으로 숙영지의 태양을 가리게 될 것이다.

라고 하였다.

몽고인은 술에 취하는 습관이 있어 적지 않은 사람이 이로 인해 몸이 망가지고 생명을 해친다. 이에 대해 칭기즈칸은 상당히 구체적인 훈계를 남겨놓았다. 즉,

> ─술에 취한 사람은 사팔뜨기가 되어 어떤 것도 볼 수 없다. 그는 또한 귀머거리가 되어 불러도 들을 수 없다. 그가 벙어리가 되어 사람들이 그와 이야기할 때 대답할 수 없다.……술을 마시면 좋은 점은 없고 지혜와 용맹이 늘어

나지 않고 선행과 미덕이 생기지 않는다.……국군이 술에 취하면 대사를 주관하거나 조직과 법령을 반포할 수 없다. 관원이 술을 마시면 10명의 부대, 100명의 부대 혹은 1000명의 부대를 장악할 수 없다. 호위하는 무사가 술을 마시면 엄벌을 받는다.

―술은 당신이 어떤 사람인지, 선악과 좋은 사람인지 나쁜 사람인지에 상관없이 당신을 마취시킨다.……술은 모든 감각과 사유기관을 파괴한다.

―만약 음주를 금지하지 않으면 개인은 매 달 세 번 마실 수 있다. 세 번을 초과하면 그는 위에서 서술한 잘못을 범할 수 있다. 만약 그가 단지 두 번만 마시면 그래도 괜찮다. 만약 한 번만 마시면 더욱 좋다. 만약 그가 전혀 술을 마실 줄 모르면 아주 좋다. 그러나 어디에 가서 원래 술을 마시지 않는 사람을 찾으리오. 만약 그러한 사람을 찾을 수 있다면 그는 마땅히 중용되어야 한다.

라는 것이다.

몽고 궁정에서 대연회에 참가할 수 있다는 것은 일종의 특수한 영예로 누구도 술을 마실수 없어 이 좋은 기회를 잃어버리려 하지 않았다. 그래서 큰 연회 전에 조훈을 낭독하여 술에 취하여 추태를 부리지 않도록 경고하고, 동시에 조상이 창업한 어려움과 후대에 대한 기대를 잊지 않도록 일깨워 준다. 이것은 불변의 제도가 되었다.

대연회에서 마시는 것은 포도주, 밀주(蜜酒), 미주(米酒), 아르히(阿剌吉, Arki)주, 흑마유(黑馬乳), 세르비트(舍兒別, Sharbat) 등이 있다. 아르히 술은 포도주, 대추주 등 좋은 술을 증류하여 만든 것으로 제작 방법이 서역에서 전래된 지 얼마 안 되었으며 중국 소주의 시조이다. 흑마유는 말의 젖술로 말의 젖을 발효한 후에 저어서 만든 것으로 색깔이 맑고 맛있어 몽고인들이 아주 좋아하는 음료였다. 조정에서 전문적으로 흑마유를 책임지고 제작하는 사람이 있었는데 '하라치(哈剌赤, qurači)'라고 칭해졌다. 몽고인은 검은 것을 '하르(哈剌, qar-a)'라고 칭하는데, 옛날에도 이 이름이 있었다. '세르비트'는 과일이나 약물 향료를 배합해서 만든 청량음료로 술을 해독할 수 있으며 제작 방법은 서역에서 전해 왔다. 궁정에서 '세르비트'를 관리하는 사람을 '세르비트치(舍兒別赤)'이라고 부른다. 연회에는 여러가지 식품을 준비하는데 양고기는 빠질 수 없다. 매번 큰 연회 때마다 도살되는 말이 천 만 마리나 되었다.

연회 때, 황제와 신하들은 각기 좌석 순서가 있어서 좌석을 마음대로 움직일 수 없다. 옆에서 악공이 연주를 하여 흥을 돋우고 여러 연예인들이 재주를 부려 상당히 신이 난다.

큰 연회에서 사용하는 각종 기구는 신중하게 선택하는데, 가장 사람들의 주목을 끄는 것은 술을 담는 큰 항아리로 '주해(酒海)'라고 불리워진다. 뭉케 칸 때 프랑스에서 온 공장(工匠)이 아주 큰 술을 담는 그릇을 하나 만들었는데, 은행나무를 재료로 하여 나무 안에 4개의 파이프를 장치하였다. 장막 밖의 저장하는 도가니와 연결되는데 필요에 따라 포도주·흑마유·밀주·미주 등을 담을 수 있었다. 쿠빌라이가 즉위한 후 이 술병이 어디로 갔는지 알 수 없다. 쿠빌라이는 사람들에게 궁중에 각 전(殿)마다 주해를 두라고 하였다. 지원 2년(1265년) 12월에 만들어진 독산대옥해(瀆山大玉海)는 전체가 검은 옥을 조각하여 만든 것으로 높이가 70센티미터, 직경이 1.35미터, 무게가 약 3,500킬로그램으로 만수산에 두었다(현재 북경 북해(北海) 공원 단성(團城)의 옥자정(玉瓮亭) 안에 진열되어 있다).

대명전 위에 칠보정루(七寶灯漏)가 놓여 있다. 이 정루(灯漏)*는

---

* 고대 일종의 계시기(計時器), 시간을 계산하는 기계

순덕(順德)형태인(刑台人) 곽수경(郭守敬)이 설계하여 만든 것으로 높이가 1장(丈) 7척(尺)이고 금으로 테두리를 만들었으며 모두 4층으로 되어 있다. 정루 위에는 기내(機內)에 수류의 완급을 조정하는 희주용(戱珠龍)이 있고, 일월성진을 대표하는 네가지 신과 시간에 맞춰 뛰어오르는 용·호랑이·새·거북이가 있다. 더욱 기묘한 것은 누 안에 12개의 작은 나무로 만든 인형이 있는데 각기 자·축·인·묘 시간의 팻말을 잡고 매 시간의 초각(初刻)에 나무로 만든 인형이 종·북·징·요발을 나누어 관리하여 1각에는 종이 울리고, 2각에는 북이 울리고, 3각에는 징이 울리고, 4각에는 요발이 울린다. 술을 마시고 즐길 때에는 사람들은 모두 시간에 신경을 쓰지 않는다. 큰 연회는 날이 저물고 불을 켜야 할 때 흩어지게 되는 것이다.

오늘의 '대연회[詐馬宴]'에서 몽고의 왕공 귀족, 문신과 무장들은 통쾌하게 술을 마시고 마음도 아주 기쁘다. 그들은 기쁠 이유가 있다. 돌아오는 쥐의 해는 보아하니 상스러운 일 년이 될 것이다. 남송 조정이 이미 바얀의 손에 들어와 멸망시킬 날을 기다리며 전 중국을 통일할 대업이 바로 그들의 손에서 완성될 것이다. 선조 칭기즈칸은 지하에서 알고 있을 것이고 그들의 자손들과 함께 축배를 들고 통쾌하게 마실 것이다.

밤이 되어 대도는 서서히 안정되어 갔다. 순찰을 서는 사병과 각 문을 지키는 호위병들은 각자의 직책에서 조금도 느슨함이 없다. 수천 리 밖의 임안성에서는 비록 사병이 순찰하고 호위하고 있으나 전체 성에 공포와 낙담의 기운이 감돌았다. 화의를 구하는 것도 이미 절망적인 것 같고 사신들은 돌아오지 않지만, 그래도 약간의 희망은 있다. 사태후와 진의중은 알지 못했지만, 담주에서 순직한 장수들의 영혼이 대송의 국운을 지켜 줄 수 없으며, 바얀 장군은 큰 진영 안에서 남송의 화의를 거절했다.

주석

1. 王惲의『中堂事記』상(『秋澗先生大全文集』卷80)에 근거한 것이다.『元史·世祖紀』에서는 쿠빌라이의 즉위 시간을 3월 신묘(24일)로 기록하고 있다. 왕휘는 당시 사람들이 기록한 시간이 정확하다고 생각하였다. 원나라 말에 도종희의 저서『南村輟耕錄』에서는 쿠빌라이 즉위를 4월 1일 술진(권1『列聖授受正統』)이라고 기록한 것은 잘못된 것이다. 왜냐하면 그해 4월 1일은 무술해이기 때문이다.

2. 『國朝文類』卷9「卽位詔」.

3. 『國朝文類』卷9「中統建元詔」.

4. 『元朝名臣事略』卷12「世隆事略」.

5. 『通制條格』卷8「儀制·臣子避忌」.

6. 『元朝名臣事略』卷12「世隆事略」.

7. 葉子奇『草木子』卷3 下「雜制篇」.

8. 『元史』卷119「木華黎傳」.

9. 陶宗儀『南村輟耕錄』卷21「宮闕制度」.

10. 『元史』卷161「劉整傳」.

11. 쿠빌라이가 즉위할 때 그의 동생 아릭부케도 막북에서 칸으로 칭하였다. 쿠빌라이가 군대를 파견하여 북쪽을 원정하여 지원원년 至元元年(1264年)에 아릭부케가 투항하였다. 중통3년(中統三年)(1262年)년에 이우(李祐)가 산동(山東)에서 기병하여 조정에 반항하였으나 쿠빌라이가 군사를 보내 포위하자 이우의 군대가 패배하자 자살하였다.

12. 『元史』卷161「劉整傳」.

13. 『元史』 卷161 「劉整傳」.

14. 『元史』 卷161 「劉整傳」.

15. 『元史』 卷8 「世祖紀」五.

16. 『元朝名臣事略』 卷2 「阿朮事略」.

17. 『元史』 卷8 「世祖紀」五.

18. 『元史』 卷8 「世祖紀」五.

19. 『元史』 卷161 「劉整傳」.

20. 『宋史』 卷450 「忠義傳五・尹傳」.

21. 『宋史』 卷450 「忠義傳五・李芾傳」.

22. 姚燧 『國朝文類』 卷59 「湖廣行省左丞相神道碑」.

23. 『元史』 卷8 「世祖紀」五.

24. 『宋史』 卷450 「忠義傳五・李芾傳」.

25. 『元史』 卷134 「和尙傳」.

26. 姚燧 『國朝文類』 卷59 「湖廣行省左丞相神道碑」.

27. 『宋史』 卷416 「汪立信傳」.

28. 『宋史』 卷474 「賈似道傳」.

29. 『宋史』 卷243 「後妃傳下・理宗謝皇后傳」.

30. 『宋史』 卷418 「文天祥傳」.

31. 『元史』 卷127 「伯顔傳」.

32. 『薩世系史』, 88-90쪽, 97-98쪽.

33. 『薩世系史』, 88-90쪽, 97-98쪽.

34. 『元史』 卷202 「釋老傳・八思馬傳」.

35. 『薩五祖全集』.

36. 王惲 『秋澗先生大全文集』 卷57 「呂公神道碑銘」.

37. 拉施特 『史集』 第1卷 第2分冊, 354-362쪽.

제2장

강남(江南)의 주인이 바뀌다

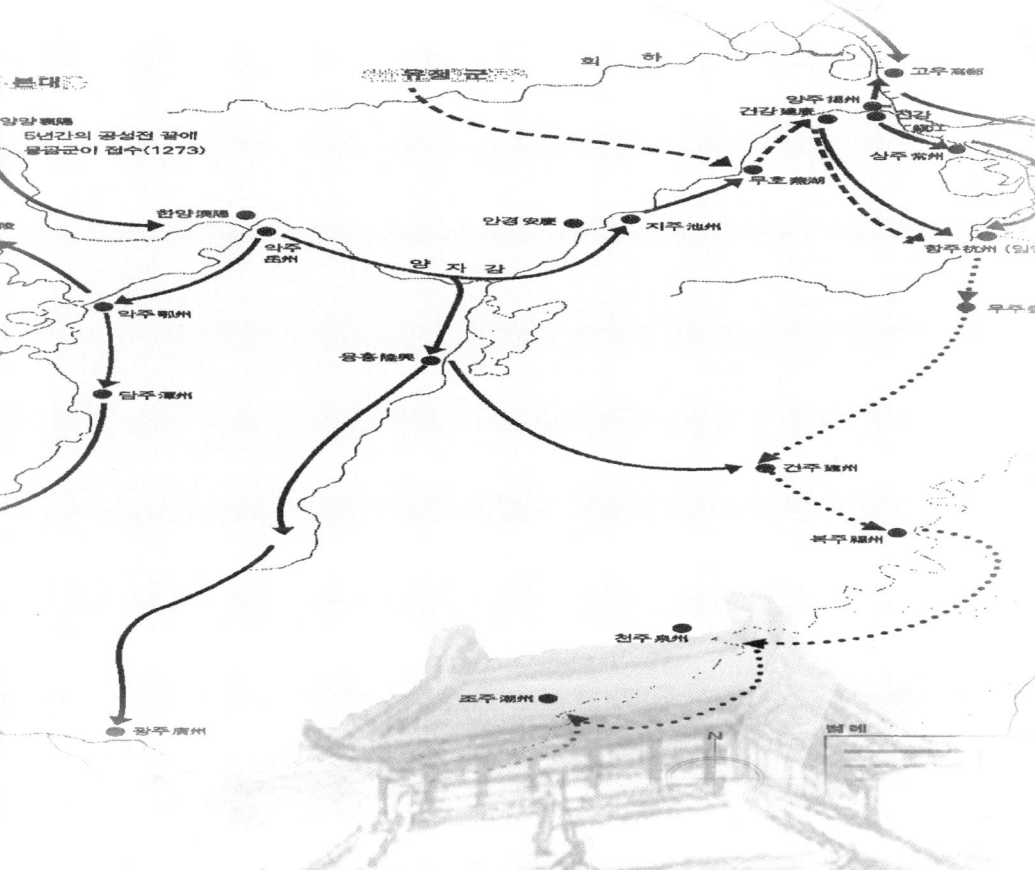

한 왕조의 붕괴를 외적의 강대함으로 설명하지만 내부의 부패를
말함만 같지 못하다. 실패자의 무덤은 대체로 자기가 판 것이다.

정월 18일 임안
송나라가 원에 항복하고 원군에게 나라를 전해 주는 옥새(玉璽)를 바치다

초이튿날, 육수부 일행과 낭지아타이는 임안으로 돌아와서 사태후에게 바얀이 화의를 거절했다는 소식을 보고하였다. 진의중 등은 원래 원 조정에 '조카'를 칭하고 화의를 맺으려고 준비했는데 거절당하자 다시 '조카손자'를 칭하려 하였으나 바얀은 조금도 움직이지 않았다. 이 소식은 재빨리 임안으로 전해졌고 조야에 더욱 큰 공포를 안겨 주었다.

태황태후 사도청(謝道淸)은 다시 양보하여 원 황제에게 칭신할 것을 결심하였다. 진의중 등은 동의하지 않았다. 고종황제가 승상 진회를 파견하여 금나라 사람들과 담판하여 소흥 8년(1138년)에 금나라와 화의를 맺었다. 남송은 금에 칭신하는 것에 동의하고 매년 금나라에 은 25만 냥, 견 25만 필을 바쳤다. 소흥 11년(1141년)에 또다시 화의를 맺었다. 이것이 이른바 '소흥화의'이다. 진회의 이런 행동에 조야의 인사들은 격렬하게 공격하였고 진회는 후에 일을 망치고 실패하였다고 비난 받았다. 진의중은 당연히 이러한 전철을 밟고 싶지 않다. 사태후가 다시 한 번 입장을 밝혔는데, 송나라가 망국을 면할 수 있다면 명성과 존비를 염두에 두지 않을 수 있지만, 진의중은 양보하고 싶지 않았다.

진의중은 삼십육계에서 달아나는 것이 상책이라고 생각했다. 당초에 금나라 병사의 추격을 피하기 위해 고종황제는 진강(鎭江)에서 정해(定海)로 도망하였고 후에 또 배를 타고 바다로 가서 금군이 퇴각하기를 기다렸다가 돌아와서 황제가 되지 않았는가? 이미 선례가 있으니 왜 그대로 하지 않겠는가? 진의중은 작심하고 바로 군신들을 이끌고 입궁하여 태후에게 천도할 것을 요청하였다. 사태후는 처음에는 동의하지 않았는데 진의중이 바닥에 엎드려 울면서 자기의 주장을 굳히자 태후는 어쩔 수 없어 응하였다. 그는 백관들에게 여비로 은 2냥을 주고, 자신도 준비를 해서 황제 등과 함께 출발하기로 하였다. 그러나 날이 저물어도 진의중의 그림자가 보이지 않고 출발하자고 재촉하는 사람도 없었다. 원래 진의중은 이튿날 출발하는 것으로 계획하였는데, 급하여 언제 출발하는지 말하는 것을 잊어버려 사태후 등이 쓸데없이 기다리게 하였던 것이다. 칭제하였던 태황태후 사도청은 정말로 화가 났다. 원래 임안을 떠나고 싶지 않았는데 지금 진의중이 자기를 속인 것이 분명하므로 이에 비녀[簪珥]를 빼어 바닥에 내던지고 화가 나서 궁중으로 돌아와 군신들의 알현에도 문을 닫고 받지 않았다.

태황태후가 고집을 부리고 경성을 떠나려 하지 않고, 화의가 조금도 진전이 없자 진의중 등은 속수무책이어서 어떻게 하는 것이 좋을지 몰랐다. 형세가 점차 불리하게 전개되었다. 초사흘에 유한걸(劉漢杰)이 가흥에서 성문을 열어 투항하자 바얀의 군대는 가흥으로 들어왔다. 초나흘에, 동첨서(同簽書) 추밀원사 황용(黃鏞)과

참지정사 진문용(陳文龍)이 경성에서 도망쳤다. 진문용은 임안성을 출발한 후에 약간 후회하여 다시 조정에 상소하여 돌아오기를 청하였으나 전해 주는 사람이 없어 불평하면서 떠나갔다. 비록 태후, 황제는 여전히 임안에 있었으나 천도를 준비한다는 이야기가 이미 온 성에 퍼져 나갔다. 또 적지 않은 관원이 관직을 버리고 도망가 스스로 살길을 모색하였다. 그날, 사당(謝堂)이 양절(兩浙)진무대사에 임용되었고, 문천상은 지임안부(知臨安府)에, 전영견(全永堅)은 절동(浙東)무유사가 되었다. 이때 진의중이 처음의 충심을 고치지 않을 수 없었다. 달아날 수 없으면 대원황제에게 칭신해야 한다. 그와 몇몇 대신들은 편지를 써서 유정서(劉庭瑞)를 파견하여 원나라 군영에 보내 바얀에게 칭신하겠다는 뜻을 전달케 했다.

초닷새, 사태후는 태주(台州) 천태사람 오견(吳堅)을 좌승상겸추밀사로 임명하고 임공(臨邛) 사람 상단(常璮)을 참지정사로 삼았다. 태후는 진의중의 행위에 불만이 있어서 그가 다시 '독상(獨相)'의 지위에 있는 것을 원하지 않았다. 전통적인 방법에 따르면 재상을 임명하는 데는 황백(黃白)의 마지(麻紙)에 조서를 써서 대내 정전 위에서 선독하므로 '선마(宣麻)'라고 칭한다. 낮에 자원전(慈原殿)에서 '선마'할 때 문신은 여섯 명만 와서 아주 처량하게 느껴졌다.

이때, 임안 주위의 각 관문의 수군이 모두 흩어졌다는 소식이 전해지면서 사람들은 상당히 두려움을 느꼈다. 사태후는 여전히 임안을 떠나려고 하지 않았고 진의중 등은 칭신하여 화의를 구해야 한다고 하였다. 이에 감찰어사 유절(劉黻)이(음은 절(節)) 명을 받들어 송 황제가 칭신한다는 표문의 부본(副本)을 가지고 바얀의 군중으로 갔다. 표문 중에 대원황제 쿠빌라이에게 '인명신무황제(仁明神

武皇帝)'라는 존호를 바쳤고 매년 은 25만 냥, 견 25만 필을 바치며 신복하는 마음을 드러내고 쿠빌라이에게 남송의 원래 국토를 보존해 주기를 바란다고 표현하였다. 진의중은 또한 장안진(長安鎭)(지금의 절강 해녕(海寧) 서쪽)에서 바얀과 만나 화의를 하는 것이 마땅하다고 의논하였다.

큰 난이 임박해도 고위직에 있는 문인들은 여전히 꿈을 꾸고 있다. 그들은 '소흥화의'의 방법으로 칭신하고 세폐를 바치며, 심지어 매년 바치는 은, 견의 액수가 같으면 몽고인들이 돌아갈 것이고 남송은 한쪽 모퉁이에서 평안하게 계속 지내리라 생각했다. 지금은 이전과 비할 수 없다. 그 해 송군은 금군을 강북으로 달아나게 할 수 있었지만 여진 사람들은 전국을 통일할 여건을 갖추지 못하였다. 지금, 일련의 군사 참패가 있은 후에 송 조정은 수중에 넉넉한 병력이 있어도 원군과 대항할 수 없다. 쿠빌라이가 과감한 개혁을 한 후에 몽고인들은 군사상 우월한 위치에 있을 뿐만 아니라 정치상으로도 점차 우세를 점하여 전국을 통일할 세력을 갖추고 있다. 이번에 원군은 휩쓸고 내려와 반드시 뜻을 이룰 것이다.

여러 해 동안, 대송의 문신과 무장들은 부지불식간에 그럭저럭 나날을 보내며 스스로 '예의의 나라'라는 명분을 가지고 형세의 변화에는 그다지 관심을 가지지 않거나 여러 가지 잘못된 판단을 하였다. 만약 몇 년 일찍 북방정치의 변화에 주의하여 미리 준비하고 치밀하게 다스림을 도모하고, 정신을 차렸으면 국가의 70만 군대를 가지고 나라 밖에서 적을 막아낼 수 있었을 것이다. 원나라 군사가 강을 건넌 후에 복주나 광주로 천도하여 강남의 지형을 이용하였으면 지구전을 전개할 수 있던 가능성이 없던 것도 아니다. 이러한 대사에 사람들은 준비도 하지 않고 모두 세월만 보내고 마침내 군대에는 군인이 없고, 신하 중에 신하가 없는 상황에까지 이르게 되었다. 단지 눈만 뜨고 상대방의 연민을 기다리고, 명분의 문제에 대해 쉬지 않고 논쟁을 벌이는 것 외에 상대의 최후의 결정을 기다렸다.

바얀과의 화의는 문제 해결의 실마리가 되었다. 작년에, 당도(當涂) 사람 맹지진(孟之縉)의 아내 조맹계(趙孟桂)가 바얀의 첩이 되었다는 소문이 전해졌다. 사태후는 이에 사신을 보내 조씨에게 금백을 보내고, 그녀에게 화의가 이루어지도록 도움을 청하였다. 사신이 돌아와 말하길 조맹계가 곧 화의가 이루어지게 하겠다고 답하였다고 보고하고, 올린 문서를 꺼내 보여주었다. 태후는 아주 기뻐 조맹계에게 손수 쓴 조서를 하사하고, 그 밖에도 금백 등의 물품을 보내 위문하였다. 그러나 이 소식은 사실 무근이며 바얀의 태도는 바뀐 적이 없었다. 누군가가 조정의 위태로움을 타고 금백을 빼앗기 위해 요언을 꾸며낸 것이다. 몇 년 후에 어떤 사람이 조맹계를 만났는데 그녀는 바얀의 첩이 되지도 않았으며 조정에서 하사한 금백을 받지 못하였고 더군다나 손으로 쓴 어떤 조서도 받은 적이 없으므로 일의 진상이 분명해지게 되었다. 이처럼 고명하지 않은 속임수가 여전히 통하였고 태황태후까지 움직였으니 남송 조정도 정말 한심하다.

같은 날, 바닷길로 남하한 동문병(董文炳)이 원군을 이끌고 염관(鹽官)에 도착하였다. 염관은 임안 동쪽의 큰 거점지역으로 지현 왕여현(王與賢)과 감포진(澉浦鎮) 통제(統制) 호전(胡全) 등이 임안에서 원군을 보내올 것을 기다리고 성문을 닫고 원나라 군사를 들이지 않았다. 동문병이 파견해 보낸 투항을 권고하는 사신이 성 아래에서 여러 차례 왔다 갔다 했으나 아무런 결과가 없었다. 어떤 사람은 동문병에게 군사를 일으켜 성을 공격하고 도성하라고 했으나 동문병은 동의하지 않았다. 염관현은 임안과 100리도 되지 않으므로 이곳에서 어떠한 행동을 하면 임안에 영향을 줄 수 있다. 남송 조정은 투항을 준비하므로 우리가 한 사람이라도 죽이면 전국이 위급할 수 있거늘 하물며 도성이겠는가? 그는 다시 사람을 보내 성에 들어가 성을 지키고 있는 관원에게 이해를 설명하였다. 왕여현, 호전 등은 기다려도 원군이 오지 않자 무리를 이끌고 원군에 투항하였다.

7일, 유정서가 서신을 가지고 가흥에 이르러 바얀을 만나 뵈었다. 9일, 유절이 도착하였다. 11일, 홍모가 또 진의중과 오견이 바얀에게 올리는 편지를 가지고 왔다. 송나라 사자가 자주 임안과 가흥 사이를 왕래하였다. 빨리 칭신하고 세폐를 바치는 화의를 재촉하여 원군으로 하여금 진공을 정지하도록 하고자 하였다. 바얀의 태도는 아주 굳건하여 화의를 구해도 동의하지 않았다. 송 조정은 반드시 무조건 투항해야 한다. 그러나 그는 군대를 이끌고 임안성을 포위하는 것을 조급해하지 않았다. 행성낭중 맹기(孟祺)가 일찍이 바얀에게 "송나라 사람들이 지금 나갈 길은 단지 복건으로 도망가는 것입니다. 만약 우리들이 너무 빨리 진공을 하면 반드시 송 조정이 남천하는 것을 재촉할 것입니다. 일단 임안이 통제를 잃으면 도적이 봉기하여 송조 3백 년의 축적은 탕진되어 남지 않을 것입니다. 송 조정을 계책으로 안무함만 같지 못하며 지나치게 두려움을 주기보다는 과일을 따는 것처럼 시간을 기다리는 것이 더욱 좋습니다."[1]고 일깨워 주었다. 바얀이 맹기의 견해에 동의하여 자주 사람을 임안으로 보내고 서신을 보내어 함부로 백성을 죽이지 않고 항복하는 사람을 우대한다는 입장을 드러내었다. 송나라 사람들의 마음이 안정되기를 구하였으며 일부 관원 내지 태황태후의 항복하려는 뜻은 확고하였다.

12일, 바얀이 군대를 거느리고 가흥을 떠나 16일에 장안진(長安鎭)에 도착하여 동문병과 회합하였다. 진의중, 오견이 약속을 어겨 이곳에 왔으나 만나지 못하였다.

17일, 일부 대신들이 다시 재촉하자 사태후는 조정의 국면을 수습하는데 착수하였다. 도종(度宗) 황제는 3명의 아들이 있었는데 장자 조시(趙昰)(음은 시(是))는 숙비양씨(淑妃楊氏)가 낳았으며 올해 아홉 살이다. 차자 조현(趙㬎)의 모친은 도종의 정후 전씨(全氏)인데 지금 전씨가 이미 황태후로 봉해졌다. 막내아들은 조병(趙昺)(음은 병(丙))인데, 빈비(嬪妃) 유씨(兪氏)의 소생으로 여섯 살이다. 몇 년 전에 도종이 죽고 가사도는 다른 대신들이 장자를 황제로 세우자는 건의를 듣지 않고 전후의 적출의 아들을 황제로 세워야 된다고 고집을 부려 조정과 조병은 길왕(吉王)과 신왕(信王)으로 각각 봉해졌다. 의외의 변고를 방지하기 위해 사태후는 조시와 조병을 잠시 복건에 거주하게 동의하였으니 송 황실에 하나의 퇴로를 마련한 셈이다. 조시는 익왕(益王)으로 봉해져 판복주복건안무대사(判福州福建安撫大使)로, 양숙비의 동생 양량절(楊亮節)을 제거왕부사(提擧王府事)로 삼았다. 조병은 광왕(廣王)으로 봉해져 판천주겸판남외종정사(判泉州兼判南外宗正事)로 유씨의 동생 유여규(兪如圭)는 제거왕부사(提擧王府事)로 삼았다.

송나라의 부·주·군·감은 동급의 관부로 조정 직속이다. 조정에서 경관이나 조관을 파견하여 주군의 일을 관리하게 하였으므로

'권지모주군주(부, 감)사(權知某州軍州(府, 監)事)'라고 칭해졌으며 한 주의 군정과 민정을 전적으로 관할함을 표시하는 것이다. 2품 이상의 관원과 양부(兩府)의 일을 맡고 있는 사람은 '판모주(判某州)혹 모부(某府))'라 칭해진다. 동시에 '통판주군사(通判州軍事)' 1명이나 2명을 두어 지주(知州)와 함께 주의 일을 같이 통치하게 하였다. 안무사는 각 로의 군대일과 치안을 책임지는 장관으로, 지주(知州)·지부(知府) 등으로 겸임케 하는데 관계(官階)가 2품 이상이면 안무대사라 칭해진다.

장세걸과 문천상은 일찍이 태황태후, 황태후와 황제(즉 이른바 '삼궁(三宮)')에게 배를 타고 바다로 들어갈 것을 건의하고 자기들은 군대를 이끌고 원군과 싸우겠다고 하였다. 진의중은 사신을 보내 화의를 구하는 데 바빠 그들의 의견에 조금도 신경을 쓰지 않았다. 바얀은 송나라 사람들이 남쪽으로 도망하는 것을 방지하기 위해 이미 준비하였다. 동문병이 배를 타고 바다로 들어간 것은 바로 송나라 사람들의 해상의 길을 막으려고 한 것이다. 동문병이 염관성을 점령한 후 병사를 나누어 임안의 성 남쪽을 에워싸 절강정(浙江亭)에 주둔하고 바다 입구를 봉쇄해 버렸다.

18일, 바얀이 고정산(皐亭山)에 도착했고 알라칸이 병사를 이끌고 와서 삼 로의 대군이 모였다. 고정산은 임안과의 거리가 겨우 30리이므로 원군이 말을 타고 임안성 아래로 출몰하였다. 성내에는 화의·전쟁·항복·도망의 쟁론이 여전히 계속되었다. 문천상은 육화탑에 주둔하고 있던 장세걸에게 건의하여 경성의 20만 의사(義士)와 수만 수군으로 한번 싸워 볼 만하다고 했으나 장세걸은 적극적인 태도를 가지지 않았다.

그날 밤, 군신들이 관아에서 최후의 대책을 의논하고 오후에도 쟁론이 계속되었다. 이때, 원나라의 사신 맹기 등이 이미 곁에서 기다리고 있었다. 맹기의 끊임없는 재촉하에 진의중은 다른 선택이 없음을 깨닫고 무조건 항복하였다. 그가 사태후를 만나 뵙고 바로 태후의 동의를 얻었다. 감찰어사 양응규(楊應奎), 지임안부(知臨安府) 가여경(賈餘慶)과 종실 성원 조윤보(趙尹甫), 조길보(趙吉甫) 등이 나라를 전하는 옥새 12개와 항복하는 표문을 가지고 고정산에 가서 바얀에게 바쳤다. 항복하는 표문에는 이렇게 쓰여 있다.

송나라의 국주 현(㬎)이 대원의 인명신무황제폐하(仁明神武皇帝陛下)에게 삼 가 몇 번이고 절을 하며 표문을 올립니다. 신이 어제 시랑(侍郎) 유악(柳岳), 정언(正言) 홍뢰진(洪雷震)을 보내 표문을 받들어 궁궐에 이르러 공경히 아 뢰게 하였으니 삼가 생각건대 이미 들으셨을 것으로 여겨집니다. 신은 지극 히 미미하고 어리며 여러 난을 만났습니다. 간사한 권신 사도가 동맹을 배반 하고 나라를 그르침을 신을 알지 못하겠습니다. 지금 군사를 발동하여 죄를 물으니 종묘사직이 위태롭고 백성들이 불쌍합니다. 신과 태황은 밤낮으로 근 심하여 양쪽 다 온전하기를 구하지 않을 수 없습니다. 실로 백만 백성의 목 숨이 신의 한 몸에 달려 있으니 오늘 천명이 돌아감이 있으니 신이 앞으로 어디로 가겠습니까? 대대로 전해진 진보(鎭寶)를 아까워하는 것이 아니라 삼 가 태황의 명을 받들어 경계하니 스스로 지위를 낮추어 황제의 호칭을 없애 고, 양절·복건·강동서·형호북·양광·사천의 현재 주군은 모두 원나라에 바치고 종묘사직과 백성들을 위하여 명을 받들기를 청합니다. 성은을 내리기 를 바라며 조모 태후는 나이가 많고 여러 해 동안 병환에 있습니다. 신은 의 지할 곳 없이 외로우니 불쌍히 여겨 조종 삼백 년의 종묘사직이 갑자기 끊어 지지 않도록 굽어 살피시고 특별히 보존케 하시면 대원 황제의 재생의 덕을 조씨(趙氏) 자손이 대대로 잊지 않겠습니다. 신은 황공한 마음을 금할 길이 없습니다.[2]

이 표문은 조현이 구술한 것을 문자로 표현한 것으로 송 조정은 어쩔 수 없이 자기의 뜻과는 상관없이 표문을 받들지 않을 수 없다. 오늘날의 말로 이야기하면 대의는 이러하다. 즉, 나는 나이가 어려 알지 못하고 또 국가가 다난한 때를 만나 실제로 권신 가사도가 동맹을 어기고 나라를 잘못되게 하여 황제가 군사를 일으켜 죄를 묻기에 이르러 우리 국가와 백성이 위급하게 되었다. 나와 태황태후는 밤낮으로 근심하고 두려워 양쪽 다 온전하게 할 대책을 구하여 천도하여 전쟁을 피하고자 하여 백만 신하와 백성의 운명이 내 한 몸에 맡겨져 있다. 오늘 천명이 이미 돌아간 바여서 항거할 수 없다. 태황태후의 명을 받들어 스스로 황제의 칭호를 버리고 나라를 전하는 옥새를 바치고 양절·복건·강동·강서·호남·호북·양광·사천 등의 로가 현재 각 주군을 관할하는데 모두 성조에 바치겠다. 조모 태후는 나이가 많고 다년간 병석에 누워 계셔 내 마음이 아주 아프다. 조종 삼백 년의 종묘를 이을 사람이 없으니 황제께서는 은혜를 내려 생명을 보존케 하시면 조씨 자손이 대대로 대원황제가 주신 재생의 덕을 잊지 않겠다는 것이다.

바얀이 기쁜 마음으로 항복하는 표문과 옥새를 받아들이고 낭지아타이와 양응규 일행은 임안으로 돌아와 진의중과 오견 등을 불러 성을 나와 구체적으로 투항일에 대해 만나 의논하였다.

낭지아타이 등이 임안으로 들어왔다. 남송의 조야, 상하가 모두 투항한 일을 알았다. 이에 사람들은 각기 생각이 달랐다. 나라가 팔린 것을 화내는 사람, 시운이 나쁜 것을 탄식하는 사람, 사직이 존재하지 않는 것을 눈물 흘리는 사람, 황당하여 어떻게 해야 할지 모르는 사람, 몰래 도망갈 준비를 하는 사람, 여러 가지 유형이 있었다. 당사자들은 이미 도망갔으니 투항은 기정사실이다. 사도청과 진의중의 행위에 대해서 후대의 남송 유민들은 불만이었다. 혹자는 "태후가 두세 명의 재집(宰執)의 의견을 듣고 조종 삼백 년의 토지와 인민이 모두 북조에게 바쳐졌다. 각 지의 대신들과 의논하지 않았으니 군신 간의 의로움이라고 말할 수 없다.……사직(社稷)을 보존하고 백성을 구하기 위해서라고 말하지만, 신민(臣民)을 속여 귀부한 것이며 군주이신 태황태후는 군주(君主)의 인(仁)을 상실한 것이다."3)고 평가하였다.

일찍이 66년 전에 저명한 시인 육유가 송군이 북상하여 중원의 실지를 수복하기를 바라며 아이들에게 낭송하였던 임종시(臨終詩) ≪자식에게 남기는 유언≫을 사람들이 모두 잘 알고 있다. 즉,

본래 사람은 죽으면 허무하다는 것을 안다. 단지 중국이 통일되는 것을 보지 못하여 아주 슬프다.
송나라 군대가 북으로 진군하여 중원을 수복하는 날, 집에서 제사를 지낼 때 너희 아버지에게 (중원을 수복한 이 일을) 알려주는 것을 잊지 말라.

는 것이다.

현재 송 조정이 원 조정에 투항하였으니, 예전에 없던 위대한 통일의 형세가 곧 나타날 것이다. 그러나 이것은 육유의 뜻과는 완전히 어긋나는 것이다. 후세 사람들이 시를 지어 탄식하기를

청산(靑山)이 아주 멀리 보이니 근심이 많고, 원군이 무기를 휘두르며 편안(偏安) 동남(東南) 한모퉁이의 남송으로 쳐들어 왔다.

후세 자손들은 확실히 중국이 통일(원나라에 의해) 되는 것을 보았다. 집에서 제사지내는 날, 어떻게 너의 집의 노인에게 알려주겠는가?[4]

라고 하였다.

2월 11일 임안

원군이 입성하여 새로운 질서를 건립하는 데 착수하다

19일, 장세걸과 유사용 등의 장령은 진의중이 이미 달아났다는 것을 듣고 황망히 부하들을 이끌고 임안을 떠나 정해(定海) 등지로 달아났다. 육수부와 문신 일부도 계속하여 임안에서 달아났다. 이 때, 익왕 조시와 광왕 조병은 여전히 성안에 남아 있었다. 비록 태후가 일찍이 그들을 복건에 가서 잠시 머물라고 배려하였지만 떠날 수 없었던 것이다. 현재 문무 관원들은 각자 빠져 나가기에 바빠 태황태후, 황태후와 황제에 대해서 신경도 안 쓰는데 누가 황제의 형과 동생을 돌볼 생각을 하겠는가?

부마도위 양진(楊鎭)과 양량절(楊亮節), 유여규(兪如圭)가 조시·조병·양숙비 일행과 함께 도망의 행렬에 끼어들었다. 무주(婺州) (지금의 절강 금화(金華)) 방향으로 달아나는데 그들을 보호할 사병이 거의 없었다.

바얀이 고정산에서 출발하여 임안과 15리 떨어진 곳에 주둔하였다. 낭지아타이가 임안에서 돌아와 바얀에게 진의중·장세걸·유사용 등이 이미 군대를 거느리고 익왕과 광왕을 모시고 남쪽으로 도망하였다고 보고하였다. 바얀은 급히 알라칸, 동문병과 송나라의 항복한 장수 범문호, 여문환 등에게 군사를 거느리고 임안성 남쪽에 가서 전당강 입구를 봉쇄하라고 명령하고 성중의 송나라 사람들이 남쪽으로 도망가는 큰 문을 닫아 버리게 하였다. 동시에 500명의 정병을 동원하여 남송의 도망가는 신하들을 추격하게 하였다. 실제로 낭지아타이가 들은 소식은 그다지 정확하지 않았는데 장세걸 등이 달아날 때 익왕과 광왕이 군중에 있었다고 오해하였던 것이다. 병란 중에 그들이 어디로 갔는지 정확하게 알 수가 없어 원나라 군사가 병사를 쫓아 강을 건넌 후에 공이 없이 돌아왔다.

진의중과 육수부는 인사도 하지 않고 이별하였고, 유몽염(留夢炎)은 임안으로 돌아오지도 않았으니 태황태후는 문천상을 의지할 뿐이다. 태후는 문천상을 우승상겸추밀사로 임명하였다. 문천상은 처음부터 화의와 투항을 반대하였다. 투항하자는 명령은 태황태후의 입에서 나왔고, 우승상 진의중과 좌승상 오견 등에 의해 항복하는 표문이 만들어졌으니 대송의 신하로서 그는 명이 있으면 받들 뿐이다. 그는 자기가 이미 나라를 위해 충성을 다하기로 결심하였으므로 자기 휘하의 막료들에게 자문하였고, 모두들 문천상과 함께 의로움을 위해 죽을 뜻을 드러내었다. 이에 문천상이 하나의 고사를 이야기하였다. 즉 "이전에 유옥천(劉玉川)이라는 사람이 있었는데, 기녀와 의기가 투합하여 늙어 죽을 때까지 변하지 않기로 맹세하였다. 이에 그 기녀는 문을 닫고 손님을 사절하고 일편단심으로 유옥천만 받들었다. 오래지 않아 유옥천이 과거에 급제하여 관직을 제수받고 나서 이 기녀는 그와 함께 임지에 나가려고 생각하였으나 유옥천은 처음의 마음이 변하였다. 그는 말로는 같이 부임지에 가겠다고 하고서 몰래 독주를 준비하여 이 기녀를 독사시키고 부임지로 나아갔다. 당신네들은 유옥천을 본받지 않겠지." 많은 사람들이 이야기를 들은 후에 크게 비웃으며 모두 문천상이 이익을 탐하여 의리를 잊어버리지 말라는 뜻을 알고 각자 조심하였다.

송군의 장령들 다수가 도망가고 병사는 흩어지고 용감한 사람들도 떠돌면서 절제를 잃어버리고, 난리를 타고 도적질하고 살인하였다. 18일, 바얀이 명령을 내려 원군 사병이 성으로 들어오지 못하게 하고 명령을 어기는 사람은 군법에 따르겠다고 하였다. 또 여문환 등으로 하여금 황방(黃榜)을 가지고 성으로 들어와 백성들을 안정시키게 하고 사람을 보내 현지 사투리로 백성들에게 대원 황제가 너그럽게 백성을 사랑하는 뜻을 설명하였다. 낭지아타이 등은 바얀의 명을 받들어 궁에 들어와 사태후와 남아 있는 종실 성원들을 위로하였다. 성에 들어온 후, 성내의 주민들이 대다수 집 문 앞에 '투항[好投拜]'이라는 글자를 써 붙인 것을 보고 성내의 질서가 점차 안정되어 갔다.

사도청은 오견·문천상·사당·가여경 등에게 명하여 바얀의 군중에 가서 일을 잘 의논하라고 하였다. 미주(眉州) 사람 가현옹(家鉉翁)을 첨서(簽書)추밀원사로 임명하였다.

22일, 오견과 문천상 일행이 명인시(明因寺)의 원나라 군영에 와서 바얀을 만났다. 문천상은 바얀에게 "대송은 역대 제왕의 정통을 이었으므로 요, 금과 비교할 바가 아니다. 현재 북조는 송나라를 속국으로 삼으려고 하는데, 이는 그 사직을 없애는 것이다. 만약 송을 부속국으로 삼는다면 당신들은 군사를 평강(平江)이나 가흥으로 후퇴시킨 후에 쌍방이 세폐와 군대를 보상하는 금백의 액수를 의논합시다. 우리 장수들이 친히 금백 등을 의논하여 결정한 액수에 따라 보낼 테니 북조의 군대는 어떠한 손실도 받지 않을 것이니 군대를 이끌고 돌아가시오. 이것이 바로 전쟁을 하지 않고도 완전히 이기는 것이니 상책입니다. 만약 대송의 사직을 없앤다고 해도, 양회·양절·복건·양광의 여러 지역이 아직 우리의 손아귀에 있으니 군사를 일으켜 친다고 해도 승패는 예측하기 어렵습니다. 만약 각지에서 의군이 일어나 전쟁이 이어지면 편안할 수가 없습니다."고 하였다.

바얀은 문천상의 기탄없는 말이 그럴듯하다고 생각하였다. 천상이 태연하게 "대송의 장원 재상으로 부족한 것은 죽음으로 나라에 보답하는 것이다. 송나라가 있어야 내가 있고, 송나라가 망하면 나도 없으니 솔선수범하여 간난을 피하지 않고 용감하게 앞으로 나갈 것이며 두려울 것이 없을 진저!"[5]라고 말하였다. 바얀은 송 조정에 이렇게 하늘을 받들고 땅을 세우려는 사내 대장부가 있는 것에 아주 놀랐다. 역경에 처하여 태연히 논쟁하고 뜻을 굽히지 않는다. 만약 문천상을 임안으로 데리고 가면 반드시 남송 조정의 투항이 진전되는 데 영향을 미칠 것이므로 그를 원나라 군대 안에 머물게 하기로 결심하였다.

오견과 가여경 등의 태도는 같지 않았다. 오견은 유유낙낙하여 완전히 원나라 사람들이 하자는 대로 했다. 가여경은 이름 있는 '미치광이'였으므로 후에 북상할 때 원나라 사람과 같이 술을 마시고 오랑캐의 말을 하며 송나라 사람들을 비난하고 원나라 사람에게 아첨하였다. 또한 유절(劉岊)은 원나라 장수로서 한 촌부와 친근하게 희롱하여 사람들에게 조롱거리가 되었다. 여문환과 같이 남송의 항복한 장수조차도 심기가 불편했고 국가가 멸망할 때 이러한 더러운 인물이 나온다고 생각하였다.

바얀은 송나라 사람이 보내온 항복하는 표문에 여전히 대송의 국호를 사용하고 칭신(稱臣)하는 글자도 없으므로 정붕비(程鵬飛)에게 오견, 가여경 등과 함께 임안으로 돌아가서 고칠 것을 명령하고 문천상은 보내지 않고 머물게 하였다. 문천상은 다시 임안으로 돌아갈 것을 요구하였으나 바얀은 웃으면서 대답하지 않았다. 문천상은 바얀이 정해진 규정에 따르지 않고 양국 통사가 일을 의논하는 것을 파괴하였다고 비난하였다. 바얀은 소리 높여 당신과 같은 남송의 대신과 함께 국가의 대사를 잘 의논하고 싶다고 하였다. 어떻든, 문천상은 원나라 진영을 한 발자국도 떠날 수 없었다.

이튿날, 바얀이 호주(湖州)(지금의 절강 오흥(吳興))로 이동하고 낭지아타이 등을 파견하여 남송의 나라를 전하는 옥새를 북으로 가져가 쿠빌라이에게 바치라고 하였다. 24일, 바얀이 원군의 주요 장령을 거느리고 지휘관의 깃발과 악기의 연주에 따라 임안성을 순시하고 전당(錢塘)에서 관조(觀潮)*하였다. 남송 도성에 머물러 있던 종실 성원과 대신들은 순서대로 와서 서명하고 알현하였다. 그날 밤 늦게 바얀은 호주로 돌아왔다.

가여경과 오견 등은 임안으로 돌아온 후에 바얀의 생각대로 항복하는 표문을 고치고 학사원으로 하여금 조서를 기초하게 하고

---

* 관상장조(觀賞漲潮)의 준말. 특히 전당강(錢塘江)의 대조(大潮)를 감상하는 것을 가르킴. 강물이 항주로 흘러 들어가는데 강 입구가 나팔 모양을 띠므로 해조가 역류하여 장관을 이룸. 음력 8월 18일이 가장 융성함.

각 주군의 지방장관들에게 성문을 열어 투항하라고 알렸다. 이때, 가여경은 우승상겸추밀사로 승진 되었고 유절은 동첨서추밀원사가 되었다. 각 참정대신은 모두 서명하여 동의하였으나 첨서(籤書)추밀원사 가현옹(家鉉翁)은 거절하고 서명하지 않았다. 함께 왔던 원나라 사신 정붕비(程鵬飛)가 가현옹을 결박하여 데려가려고 하는데 가현옹은 중서성의 관아에서 함부로 집정대신을 결박할 수 없다고 소리를 지르면서 집에 돌아가거든 다시 결박해도 늦지 않다고 하자 붕비는 어떻게 할 수 없었다. 이때, 태황태후도 천하에 친필 조서를 내려 투항함을 선포하였다.

25일, 정붕비는 오견·가여경·사당·가현옹·유절 등 남송대신을 호주로 데려왔고 바얀에게 '개정(改正)'한 항복하는 표문을 바치고 각지에 조문을 내렸다. 바얀이 술자리를 마련하여 남송에서 온 사람들을 접대하고 문천상도 참석하도록 하였다. 술자리가 끝난 후에 오견 등이 수레를 타고 임안으로 돌아가는데 문천상은 그대로 머물게 하였다. 천상은 가여경이 나라를 팔았다고 크게 꾸짖고 바얀은 믿음이 없다고 꾸짖었으나 다 쓸데없었다.

문천상이 모집해 온 근왕(勤王)*의 병사는 가여경에 의해 해산되었다. 문천상의 막료들은 어떤 사람은 강서로 돌아갔으나 대다수는 임안 등지에 남아 사태가 더 진전되기를 기다렸다. 26일, 바얀이 소드(唆都, sodo)를 파견하여 군대를 이끌고 입성하게 하고, 궁성을 수호하고 성내의 주요 지점에 나누어 주둔케 하였다. 남송의 금군은 전전도지휘사사(殿前都指揮使司)·시위친군마군도지휘사사

---

* 군왕이 어려움이 있으면 신하들이 병사를 일으켜 군왕(황제)을 돕는 것을 가르키며, 그 행위를 근왕이라고 함.

(侍衛親軍馬軍都指揮使司)・시위친군보군도지휘사사(侍衛親軍步軍都指揮使司)의 '삼아(三衙)'로 나뉘어 관할하였다. 28일, 바얀이 명령을 내려 삼아에서 관할하는 군대를 원군의 각 만호익(萬戶翼) 아래에 나누어 배치하였다.

2월 초하루(2월 17일), 바얀이 유결(劉詰) 등을 파견하여 회서제치사 하귀(夏貴)에게 항복하라고 권유하였다. 또 행서우승 장혜(張惠)와 참지정사 알라칸・동문병・여문환 등이 성에 들어가 사태후를 알현하고 위로를 표시하였다.

2월 초오일(2월 21일), 송나라 황제 조현은 문무관원을 거느리고 상희전(祥曦殿)에서 북쪽을 향하여 절을 하고 정식으로 항복하는 표문과 항복을 알리는 조서를 발표하였다. 그 후, 문무관원이 모두 임안부에 나와서 바얀과 행중서성 관원에게 절을 하였다. 바얀은 쿠빌라이의 의도에 따라 임안에 양절대도독부(兩浙大都督府)를 설치하고 몽고 타타르(塔塔儿, Tatar) 사람 몽골테이(忙古帶, Mö ngketei)와 남송의 항복한 장수 범문호를 도독으로 삼고 성에 들어가 감시하게 하였다. 장혜(張惠)・알라칸・동문병・여문환 등도 성으로 들어갔다. 남송 군민의 호적과 전곡의 수량을 조사하고, 창고를 점검하고, 남송의 각 관부를 없애고, 백관의 고명(誥命)을 받아들였다. 송 조정의 부인(符印)과 도적(圖籍)을 접수하고, 조현이 원래 거주하던 궁전에서 옮겨 별도로 거주지를 마련해 주었다. 바얀의 의중을 알려 일부 '신부관(新附官)'을 양광・사천・복건 등지에 주둔하게 하고 항복을 권하였다. 원나라의 관대함을 드러내고 송나라 사람을 위로하기 위해 바얀은 명령을 내려 송제의 침릉(侵陵)을 침해하지 못하게 하였다. 이에 이르러, 송원 간에 투항을 하고 투항을 받는 절차가 기본적으로 완비되었다. 명의상으로 말한다면 대송왕조는 이미 존재하지 않는다.

그날, 많은 원군이 절강의 기슭에 주둔하였다. 태황태후 사도청은 소식을 들은 후 궁중에서 하늘을 향해 기도하고 파도가 크게 일어 원군을 한 번에 씻어 없앨 것을 축원하였다. 그러나 과거에 성세가 대단하던 해조(海潮)가 3일이나 나타나지 않아 원군은 아무 일도 없었고 사람들은 하늘이 몰래 원군을 돕는다고 한탄하였다. 이전에 어떤 관원이 대낮에 귀신을 보았는데 몇 년 전에 죽은 비첩(婢妾)을 만났고 절강에 조류가 오지 않을 때는 곧 망국의 날이라고 예언했다고 한다. 이종 때 해조(海潮)가 점차 방향을 잃어 절강정(浙江亭) 일대가 모래밭으로 변하고 대조(大潮)는 다시 오지 않았다. 사람들이 이 현상을 '정해진 운명'이라 여겼는데, 송나라가 태후의 어린아이에게서 천하를 빼앗아, 또 천하를 태후의 어린아이에게서 잃는 것은 모두 하늘이 미리 예정한 것으로 변경할 수 없는 것과 비슷하다.

2월 초육일, 사태후는 가여경·오견·사당·유절·가현옹·문천상 등을 기청사(祈請使)로 삼고, 조약수와 양응규는 표문을 받들고 옥새를 운반하는 관료가 되어 함께 북상하여 쿠빌라이에게 송 조정의 항복하는 표문과 사태후 본인의 표잔(表箋)을 올렸다. 다음 날, 바얀이 쿠빌라이에게 강남을 평정한 것을 축하하는 표문을 올리고, 송을 공격하는 전쟁에 대해 다음과 같은 결론을 내렸다. 즉 "신 바얀 등은 대군을 이끌고 천벌(天罰)을 공손히 행하여 양한(襄漢) 상류에서 군사를 일으켜 무창에서 장강을 건너 강의 방어선을 따라 무너뜨려 전당에 이르렀습니다. 송 왕조는 여전히 스스로 역량이 없으면서 사신을 생포하여 죽이고 조서를 불태우는 사건이 발생하였습니다. 황제가 친히 명령을 받아 먼저 그 근본의 땅을 취하고자 마침내 알라칸에게 명하여 독송관으로 진군케 하고 동문병은 바닷길로 남하하고 신과 아탁치(阿塔海, Aɣtachi)가 중군을 감독하고 거느려 위도(僞都) 임안에 이르렀습니다. 파죽지세를 몰아 수륙의 대군이 함께 공격하였습니다. 상주(常洲)를 공격하여 점령한 후에 여러 군대가 격문을 정하여 여러 장수들이 군대를 이끌고 정해진 기간에 임안에 모였습니다. 송 조정이 궁지에 몰려 계속 사람을 보내와 화의를 구하였습니다. 처음에는 조카라 칭하고 세폐를 청하였고, 후에는 칭신(稱臣)하고 옥새를 받들 것을 청하였습니다. 그 귀부를 재촉하기 위해 정병을 이끌고 바로 임안 근교에 도달하여 송 조정의 집정대신을 항복하게 하고, 금군의 수위하는 무사를 해산시켰습니다. 송나라 사람들이 항쟁을 하고자 하였으나 이미 항쟁할 힘이 없고, 달아나려고 해도 불가능하여 마침내 투항하기로 결심하였습니다. 2월 초오일에, 남송 국군이 북쪽을 향하여 절을 하고 공손히 본조에 귀부하였습니다. 현재 모든 창고의 물건은 이미 봉해져서 명령을 기다리고 있습니다. 신이 삼가 관대한 명령을 받들어 관리와 백성을 안무하고 임안 성내의 질서를 정연하게 하여 이전과 같이 번화합니다."6)

2월 9일, 오견 등이 북상하여 태황태후에게 가서 그들의 최후의 사녕을 전해 주었다.

2월 11일, 쿠빌라이가 반포한 《귀부안민조(歸附安民詔)》를 임안에서 공표하였다. 강남 지역의 새로운 주인이 된 쿠빌라이는 투항한 남송의 종실 성원이 북상할 것을 요구하였고, 송 조정의 비서

감의 도서를 점검할 것을 명령하였다. 태상시(太常寺)의 제기·악기·천문지리도책과 호구서적 등을 북방으로 운송할 준비를 하였다. 새로 귀부한 신민에 대하여 관대하게 대우하고, 무릇 귀부하기 전에 범죄한 사람도 모두 사면하였다. 공사의 책무도 전부 면제하였다. 일찍이 원군과 대항한 사람도 추궁을 면해 주었다. 강남의 이름 있는 유학자·고승·명의 등과 산림에 은둔한 명사도 각지 관부가 조정에 보고를 올려 우대해 주었다. 명승고적과 사관(寺觀) 등도 보호해 주었다. 원 조정은 이미 강남 지역에 '새로운 질서'를 만들고 있었다.

2월~3월 원래 남송의 통치지역
일부 남송 군대가 투항을 거절하고 저항을 견지하다

임안의 남송 조정은 원나라에 투항하고 저항을 정지하라는 명령을 내렸다. 그러나 원래 남송의 국토는 반 이상이 송나라 사람들의 수중에 장악되어 있었다. 남송의 신민은 자기의 앞길을 준비할 기회가 있다. 결론은 두 가지인데, 하나는 원나라의 순종하는 백성이 되는 것이고, 다른 하나는 남송의 충신열사가 되는 것이다. 전자는 살길이 될 것이고 후자는 죽는다는 것은 기정사실이다. 평민 백성의 운명은 대체로 '부모관(父母官)'의 손에 달려 있고, 각급 관원의 향배는 전쟁과 평화의 다른 환경을 가져올 수 있다. 관원개인의 선택은 관할 지역에 대하여 아주 중요하다.

송나라의 지방행정 체제는 중당(中唐)이래로 정치체제 변혁의 산물이다. 조정에서는 로급(路級) 기구를 통해서 주·부를 감독하고, 부·주를 통해 지방을 관리하였다. 로에는 안무사(帥司), 전운사사(漕司), 제거상평사(倉司), 제점형옥사(憲司)를 설치하여 군정·민정·재정과 사법을 분할하여 관할하게 하고, 반감찰구와 반행정구의 특징을 갖추며 지방감찰구가 행정구로 옮겨 가는 형식이다. 남송 후기 각 로의 군정사무는 도통제사(都統制司)의 관할로 귀속되었고 안무사는 직(職)은 있으나 권(權)은 없었다. 도통제사는 지방군 지역에 상응하는 것이고, 현지의 주군(駐軍)을 관할하고 도통제(간략하게 도통(都統)이라고 칭해진다)와 부도통제 등의 관직이 설치되어 있다. 군사의 수요를 위해 송 조정에서는 로 위에 제치사사(制置使司)를 설치하였는데, 제치사를 파견하여 한 로나 혹은 몇 개 로의 모든 군대를 통솔하고 관할하는데 실제로 대군의 구역에 설치한 것이다. 원나라 군사의 도강(渡江)을 전후하여 송 조정의 로와 제치사사(制司)가 설치되었는데 다음과 같다.

양절동로(절동)·양절서로(절서)에는 연해제치사사(沿海制置使司)를 두었는데 후에 양절진무사와 절서제치사로 고쳤다. 문천상·장세걸이 제치부사에 임용되었다.

강남동로(강동)·강남서로(강서)에 연강제치사사(沿江制置使司)를 두고, 진혁(陳奕)·조보(趙潽)를 제치사에 임명하였다. 또 강서 제사를 나누어 황만석(黃萬石)을 제치사로 삼았다.

회남동로(회동)·회남서로(회서)에 원래 양회제치사사(兩淮制置

使司)를 설치하였다가 후에 동서 양사(兩司)로 나누고,
이정지를 회동제치사로 삼고, 하귀를 회서제치사로 임
명하였다.

형호북로(호북)·형호남로(호남)에 경호(京湖)·사천(四川) 선
무사를 설치하였는데, 주이손(朱禩孫)이 선무사에 임명
되었다가 후에 호북제치사사를 증설하자 고달이 제치사
에 임명되었다.

성도부로·동천부로·이주로·기주로에 사천제사(四川制司)를
설치하였는데 조정응(趙定應)과 장옥(張珏)이 제치사·
부제치사에 임용되었다.

광남동로(광동)·광남서로(광서)에 각각 경략사(經略司)를 설치
하였다.

복건로에 안무사(安撫司)를 설치하였다.

주이손·고달·진혁 등의 제치사는 이미 원나라에 항복하였다.
조보와 황만석은 도망가고, 재직하고 있는 '대군구(大軍區)의 사령
관'에는 단지 이정지·하귀·조정응·장옥 네 사람이 있었다.

남송 조정이 투항할 때 원래 15로 가운데서 호북·호남·강동·
강서·절동·절서·성도·이주 8로는 이미 원군의 통제하에 있었
고, 회동·회서·동천·기주 4로는 원군에 포위되었으며, 광동·
광서·복건 3로는 아직 원군의 직접 공격을 받지 않았다.

임안성에서 도망해 온 사람들은 각자 몸을 의탁할 곳을 찾고 서
로 연락할 수 없었다. 양진(楊鎭)·양량절(陽亮節)과 익왕(益王)·
광왕(廣王) 일행은 무주(婺州)로 도망갔다가 원군의 추격을 당하자

양진은 빠져나왔으나 붙들려 원군이 수색하는 것이 지체되었다. 양량절과 유여규 등은 두 왕을 등지고 부근의 산속에 도망하여 숨어 있다가 7일 후에 송나라 장수 장전(張全)을 우연히 만났다. 장전은 병사 수십 명을 이끌고 두 왕을 호위하여 온주로 도망하였다.

장세걸은 정해(定海)에 주둔하고 있었는데 송나라의 도통(都統) 변표(卞彪)가 가서 방문하였다. 장세걸은 변표가 와서 자기와 함께 적에 대항하는 대계를 의논한다고 생각하고 아주 기뻐 술자리를 벌여 환대하였다. 술잔이 몇 번 오가고 나서 변표가 장세걸에게 원나라에 투항하라고 권고하자 장세걸은 아주 화가 나서 변표의 혀를 잘라 죽였다. 장세걸은 아직 수중에 군대가 있고, 남방에서 잠시 버틸 자본이 있었다. 국세가 혼란하였으나 익·광 두 왕의 확실한 소식이 없어 병사만 보살피고 움직이지 않았다. 원군이 임안에 들어온 후에 항복을 받는 일에 바빠 계속 남쪽으로 대대적으로 전진할 수 없었다. 단지 각지에 항복을 재촉하는 사신을 파견하였으니 이것이 바로 남쪽으로 도망한 사람들에게 숨을 돌릴 여유를 주었던 것이다.

장주(漳州) 수비에 실패한 후, 호남(湖南) 주군의 지방장관들이 성을 떠나 항복하였다. 아리카야는 사람을 보내 정강(靜江)(지금의 광서 계림)으로 가서 송의 경략사 마기(馬墍)를 불러 항복하게 하려다 마기에게 살해당하였다. 남송 조정의 투항 조서는 승려 종면(宗勉)이 정강성(靜江城)으로 가져갔는데 마기가 종면을 죽였다. 아리카야는 호남이 막 평정되어 병력이 부족하여 광서로 진군할 수 없었다. 그는 친히 마기에게 편지를 썼는데 천여 글자나 되었다. 천시·지리·인심으로 마기를 권면하고, 아울러 광서 대도독의 자리를 주겠다고 하였으나 마기는 의연히 움직이지 않았다.

바얀이 임안으로 남하하기 전에 도원수 송도득(宋都得), 부도원수 이항 등을 보내 군사를 이끌고 강서로 진군하게 하였다. 작년 11월, 원군이 융흥(隆興)(지금의 강서 남창(南昌))을 격파하고 즉시 남하하여 무주(撫州)를 진공하였다. 강서도통 밀우(密佑)가 출군하여 대적하였으나 하루 격전하고, 밀우는 몸에 중상을 입고 송군은 전사하였다. 밀우는 수십 명을 데리고 포위를 돌파하려 하였으나 성공하지 못하고 원군에게 사로잡혀 융흥(隆興)으로 압송되어 돌아왔다. 송도득은 밀우의 용감을 높이 사서 그를 장사라고 칭찬하고 차마 죽이고 싶지 않아 가두고 사람을 보내 항복을 권유하였다. 한 달 남짓 가두었으나 밀우는 동요하지 않았다. 송도득이 최후의 히든카드로 남송의 항복한 장수 유반(劉槃)과 여사기(呂師夔)를 성 누각에 앉아 있게 하고 밀우를 데리고 와서 금부(金符)와 관직을 준다고 하였으나 밀우는 거절하고 받지 않았다. 유반, 여사기 등이 살기를 도모하고 죽는 것을 두려워하여 몸을 팔아 영화를 구한다고 비난하고 스스로 옷을 벗고 죽기를 청하여 의연히 사형장으로 뛰어나갔다. 강서지역이 이미 원나라의 수중에 들어갔으나 형세가 낙관적이지 않았고, 복건과 광서의 송군이 수시로 침략해 왔다. 원군은 성진(城鎭)을 점령하였고 향촌은 반원 민간 무장조직의 주요 활동장소가 되었다. 송도득이 형세가 불리하고 병력이 부족함을 느끼고 행성에서 군대를 증원해 줄 것을 요청하였으나 행성에서는 그에게 4,000명의 원군만 파견하여 왔다.

사천의 형세는 아주 복잡하였다. 이때 사천 경내에 합주合州(지금의 사천 합천)·중경(重慶)·배주(涪州)(지금의 사천 배릉(涪陵)),

기주(夔州)(지금의 사천 봉절(奉節)) 등 몇 고성(孤城)이 송나라 사람들의 손아귀에 있었다. 원군이 겹겹이 중경을 포위하였으므로 부제치사 장각은 성으로 들어갈 수 없어 진(鎭)에 앉아 지세가 험악하여 지키기는 쉽지만 공략하기 어려운 합주(合州)의 조어산성(釣魚山城)에서 군대를 지휘하면서 계속 항전하였다. 원군의 봉쇄를 타파하기 위해 장각은 원군의 후방을 공격하여 중경의 포위를 풀도록 하는 전략을 채택하였다. 정월에 군사를 보내어 몰래 원군의 중진(重鎭)인 청거성(靑居城)(지금의 사천 남충시(南充市) 남쪽)을 몰래 습격하여 일거에 공략할 수 있었다. 2월에 장옥이 원군의 군심이 움직이는 기회를 타고 부장 장만(張萬)이 거대한 전함과 정예병으로 원군의 포위를 뚫고 중경으로 진입하여 조정응(趙定應) 등의 수성을 도왔다. 길이 멀고 교통이 험난하여 죽음을 무릅쓰고 싸우는 장수들은 송 조정이 이미 투항한 소식을 알지 못하였다.

양주를 감독하고 수위를 굳건하게 하는 회동(淮東)제치사 이정지(李庭芝)와 부도통 강재(姜才)가 이미 여러 차례 원나라 사람들의 항복을 거절하였다. 바얀의 대군이 남하하고 아주가 남아 있는 군대를 지휘하는 책임을 맡아 양회 송군의 남하를 저지하였다. 아주가 군사들에게 긴 보루를 쌓으라고 명령하고 양주를 에워싸 오랫동안 곤혹하게 하려는 계획을 세웠다. 양주성에 양식이 끊어져 주민들 중에는 죽는 사람이 많았다. 2월에 들어와 상황이 더욱 나빠져서 사람들이 서로 잡아먹는 참상까지 나타나게 되었다. 송 조정이 다섯 명의 사자를 파견하여 항복을 재촉하는 조서를 양주에 보내고, 이정지·강재 등에게 명하여 전쟁을 정지하고 투항하라고 하였다. 이정지는 문을 닫고 사신이 성에 들어오지 못하게 하고 성에 올라가서 사신들에게 "단지 조정에서 성지(城地)를 굳게 지키라는 조칙을 받았지, 성을 바쳐 투항하라는 조칙을 내렸다는 것은 듣지 못하였다."[7]고 말하였다. 강재가 사신에게 화살을 쏘고 즉시 병사를 거느리고 성을 빠져나갔다. 소백보(召伯堡)에서 사신을 공격하여 원군과 함께 한판 싸우고, 죽어도 항복하지 않을 결심을 하였다.

이와 상반되는 것은 2월 22일(3월 9일) 회서제치사 하귀(夏貴)가 송 조정의 명령을 받아들여 회서의 여러 주군을 바쳐 원나라에 항복한 것이다. 아수드(阿速, Asud)사람 악타치와 이라-바가투르(也烈拔都儿, Yele Bahatur)가 군대를 이끌고 진소(鎭巢)(지금의 안휘 소현(巢縣))에 들어가 지켰는데 병정(兵丁)을 단속함에 위엄이 없어 군사들이 사처에서 약탈하고 소란을 부려 백성의 분노가 극에 달하였다. 송나라 진소의 웅강(雄江) 좌군의 통제 홍복(洪福)이 연회를 베풀어 악타치와 이라-바가투르를 환대하여 두 사람이 술 취하자 죽이고 성안의 원군을 다 죽였다.

하귀가 소문을 들은 후, 급히 사람을 보내 진소에 이르러 홍복에게 투항하라고 권하였으나 홍복에게 살해당하였다. 원나라의 신양군(信陽軍) 만호 앙기르(昻吉儿, Anggir)가 군대를 이끌고 성을 공격하였으나 이기지 못하였다. 하귀가 이에 친히 성 아래에 도착하여 혼자 말을 타고 성에 들어가 홍복과 면담을 청하였다. 홍복은 하귀의 가동(家僮)으로 다년간 하귀를 따라다녔고 맡은 바 관직도 하귀로 인하여 높아졌기 때문에 하귀가 친히 오니 만나지 않을 수 없었다. 그러나 성문이 열리자 복병이 몰려들어 홍복 등은 모두 원군에게 사로잡히게 되었다. 앙기르가 입성하여 수하인에게 도성(屠城)하라고 명령하고, 홍복 등을 죽음에 처하게 하고 하귀로 하여금 참수하는 것을 감독하게 하였다. 사형을 행할 때 홍복은 하귀가 불충(不忠)하고 나라를 팔아먹었다고 크게 꾸짖고 몸을 앞으로 향하여 죽어 나라의 은혜를 배반하지 않음을 표시하였다.

장세걸·밀우·마기·장옥·강재 등은 모두 무인출신이다. 장세걸은 북방 사람으로 원적은 범양(範陽)(지금 하북 탁현(涿縣)) 사람인데 소년 때 종군하였다가 얼마 안 있어 남송으로 달아나 송군에서 누차 전공을 세우고 도통으로 승진되었다. 밀우의 원적은 밀주(密州)인데(지금의 산동 제성(諸城)) 후에 노주(廬州)(지금의 안휘 합비)로 옮겼다. 다년간 전공을 세워 도통으로 승진되었다. 마기는 암창(宕昌)(지금의 감숙에 속함) 사람인데 이름 있는 장수 집안에서 출생하였다. 장각은 용서(隴西) 봉주(鳳州)(지금의 서봉현(西鳳縣)) 사람인데 18세에 조어산(釣魚山)에서 종군하여 전쟁에 용감하여 계속 승진하여 '사천효장(四川九虎將)'이라 칭하여졌다. 강재는 탁주(濠州)(지금의 안휘 봉양(鳳陽)) 사람으로 소년 때 포로로 잡혀 북상하였다가 후에 남쪽으로 도망하여 송으로 돌아왔다. 용감하고 전쟁을 잘하여 이름이 높았으나 송 조정이 북에서 돌아온 사람에게는 요직을 주지 않아 부도통에 임용되었다.

이렇게 항전을 계속하는 장령들은 한 사람도 예외 없이 강북인(江北人)이었다. 도리어 송말의 난세에 군사의 핵심으로 남송 조정에 대한 충성심이 대다수 고관으로 있던 문신보다 높았다. 송 조정은 문(文)을 중시하고 무(武)를 경시하여 무관은 조정의 대사에 직접 의견을 내는 일이 드물었다. 위기에 직면하여 문관은 대책이 없고 무관은 힘을 쓰지 않으니 몇 명의 충성스럽고 용감한 군인들이 있는 것도 조정의 복이라면 복이다. 제치사의 직함으로 끝까지 항전을 지속하였던 문관으로는 이정지가 있는데, 진사 출신으로 원적은 변량(汴梁)(지금의 하남 개봉)이고 역시 북방인이다.

　문천상의 말이 증험되기 시작하였다. 임안이 원나라 사람의 손에 들어갔으나 한 장의 조정의 조칙이 각지의 지방장관들을 항복하게 할 수는 없었다. 땅을 지키고 힘써 싸우는 사람이 항복하는 사람이나 도망가는 사람보다 원나라 군사의 행동을 지체시킬 수 있었다. 원군이 강을 건넌 후에 전선이 너무 길고 병력이 분산되는 헛점이 점차 드러났다. 이미 2년 남짓이나 전쟁이 지속되어 원군의 소모도 적지 않았고 전쟁이 끝나는 것은 요원하고 기약이 없어 진소군(鎭巢軍)처럼 이렇게 '항복했다가 다시 반란하는' 사태가 다시 발생하지 않는다고 할 수 없다. 강남의 원나라 사람들은 이미 점령된 주군에서 안정을 찾았고, 송나라의 잔여세력을 소탕하고자 원나라에 항복한 것을 전환점으로 또다시 새로운 형세에 직면하게 된다.

주석

1. 『元史』 卷160 「孟祺傳」.

2. 『元史』 卷9 「世祖紀」六.

3. 謝枋得 『謝迭山先生文集』 卷3 「上丞相留忠齋書」.

4. 林景熙 『題陸放翁詩卷後』, 『白石樵唱』.

5. 劉岳申 『申齋劉先生文集』 卷13 「文丞相傳」.

6. 『元史』 卷127 「伯顔傳」.

7. 『宋史』 卷421 「李庭芝傳」.

제3장

무공(武功)과 문치(文治)

북위 효문제가 낙양으로 천도하여 선비족의 옛 풍속을 개혁하자 선비족 출신의 비난과 반대에 직면하였다. 750년 후에 역사는 또 다시 재현되었는데 주인공이 몽고족으로 바뀌었다.

2월 25일 대도

쿠빌라이가 대도의 성을 떠나 북상하여 피서하다

대부대의 인마(人馬)가 대도의 건덕문(建德門)을 떠나 일 년에 한 번 황제가 북상하여 피서하는 활동이 시작되었다.

쿠빌라이는 번왕(藩王)이었을 때, 막부의 사람들을 안치하기 위해 중원의 군사 사무와 민정을 관리하기 편하도록 초원의 유목지역과 중원의 농경지역의 경계선 부근에 새로운 성을 만들 것을 준비하였다. 뭉케 칸 6년(1256년) 3월, 새로운 성을 만들 지역을 정해 보라는 명을 받은 유병충(劉秉忠)이 환주(桓州) 동쪽과 난수(灤水) 북안의 용강(龍岡)을 택하였다. 그 땅은 북으로는 남병산(南屛山)을 기대고, 남쪽으로는 금련천(金蓮川)에 임하며, 동서는 모두 광활한 초원으로 지세가 비교적 평탄하고 도읍으로 세우기에 적합하였다.

금련천은 요·금 두 왕조 때 이미 황제가 여름의 피서 지역으로 정한 곳이다. 그곳의 원래 이름은 갈리호(曷里滸) 동천(東川)으로, 매년 6월에 강의 중앙에 금황색의 일곱 송이 화초가 만발하였는데 자세히 보면 금색 물결이 요동치는 것 같았다. 그래서 금세종 완안옹(完顏雍)은 대정(大定) 8년(1168년) 5월에 금지옥엽이 서로 잇는다는 뜻을 취하여 갈리호(曷里滸) 동천(東川)을 금련천(金蓮川)이라고 고쳤다. 금련천이 연산(燕山) 북쪽의 고원 위에 있기 때문에 기후 변화가 아주 심하여 여름에도 야밤에 때로 서리가 내리고 하루에 여름과 겨울이 교차되어 온도 차이가 아주 크다. 수초를 따라 옮겨 다니는 유목민족의 입장에서 보면 이곳은 이상적인 여름 피서지가 되는 곳이다. 그러나 처음으로 초원에 온 한인은 도리어 잘 적응이 안 되는데 더욱이 장막(帳幕)에서 사는 것이 적응이 안 되므로 쿠빌라이는 새로운 성곽을 만들어 한인 막료의 생활 습관을 보살펴 주었다. 이곳 초원의 새로운 성은 개평성(開平城)(지금의 내몽고 정람기(正藍旗) 정부 소재지의 황기대영자(黃旗大營子) 동북)이라고 명명되었다.

금련천은 쿠빌라이의 정치 생애 중 특수한 의의가 있다. 쿠빌라이는 원래 많은 중원의 사인을 불러들였다. 남쪽에서 금련천에 주둔한 후에, 적지 않은 새로운 사람들을 흡수한 '금련천 막부'는 당시 북중국에서 인재를 많이 비축한 큰 본영(本營)이 되어 쿠빌라이가 후에 정치 혁신을 위해 기초를 다질 수 있었다. '금련천막부'의 주요 인물로는 먼저 형주(邢州)(지금의 하북 형대(邢臺)) 사람인 유병충을 꼽을 수 있다.

유병충은 박학 다예하고 역학·천문 역산에 정통하다. 그는 출가하여 스님이 되었는데 호는 '자총(子聰)'이다. 북방의 선종인 임제종의 영수 해운(海雲)의 인정을 받아 해운이 쿠빌라이에게 추천하였다. 유병충은 "말 위에서 천하를 얻을 수는 있지만 말 위에서 천하를 다스릴 수는 없다."는 이치를 이야기하였고 악정을 개혁할 것을 건의하였다. 한편으로, 자기의 지식으로 신왕조에 충성하고, 도성의 설계나 예의, 관제의 제정 등 그와 관련이 없는 것이 없었다.

심지어 '대원(大元)' 국호를 채택한 것도 그의 건의에서 나온 것이다. 이 밖에 유병충은 쿠빌라이에게 다른 유사들을 추천하였다.

그는 먼저 자기의 친구와 문생을 쿠빌라이에게 소개하였다. 형주(邢州) 사람 장문겸(張文謙), 교성(交城) 사람(지금의 산서에 속함) 장역(張易)은 일찍이 형주 남쪽의 자금산(紫金山)에서 같이 공부하였고 형태인(邢台人) 곽수경과 당현(唐縣)(지금은 하북에 속함) 사람 왕순(王恂)도 유병충에게서 공부하였다. 이 다섯 사람의 학문은 각기 뛰어난 바가 있어 쿠빌라이는 그들의 장점을 이용하였다. 유병충이 음양과 술수(術數)에 정통하여 쿠빌라이는 그가 점복에 정확한 것을 칭찬하여 더욱 중시하였고 국가 대사를 자문하지 않음이 없었다. 병충이 비록 조정에서 영향력을 발휘하였으나 그대로 승복을 입어 사람들이 그를 '총서기(聰書記)'라고 칭하였다.

지원(至元) 원년(1264년) 8월, 쿠빌라이는 병충에게 옷을 바꾸어 입으라고 명령하고, 태보(太保)로 삼고 중서성(中書省)의 일을 책임지게 하였다. 또한 추밀원(樞密院)의 일도 논의하게 하였으니 실제로는 조정의 고급 고문이었다. 장문겸, 장역은 모두 정치를 다스리는 데 뛰어나 쿠빌라이에게 중용되었다. 장문겸이 후에 중서성좌승(中書省左丞)·대사농경(大司農卿)·어사중승(御史中丞) 등의 직을 역임하였는데 주로 민정 사무를 관리하는 일을 맡았다. 장역은 연경행성참정(燕京行省參政), 중서성평장정사(中書省平章政事)를 역임하다 후에 추밀부사를 여러 해 역임하였다. 주로 군사적인 일 처리에 정력을 쏟았다. 왕순은 산술에 정통하고 곽수경은 천문과 수리에 능하였다. 쿠빌라이는 왕순에게 태자 진김(眞金)을 가르치게 하였다. 곽수경은 먼저 수리사업을 관리하는 데 임용되었다가

하거(河渠)부사, 도수소감(都水少監) 등의 직을 역임하였고 후에 전적으로 천문과 역산을 관리하였다. 이 다섯 명은 모두 형주에서 공부하였으므로 사람들은 그들을 같은 파로 분류하여 '형주학파(邢州學派)'라 칭한다.

'금련천막부'에는 두 명의 금나라 진사가 있었는데 쿠빌라이가 아주 총애하였다. 동명(東明)(지금의 산동 동명(東明))남쪽 사람 왕악(王鶚)은 금 애종(哀宗) 정대(正大) 원년(1224년)의 과거 장원이다. 다른 한 명은 진주(陳州) 서화(西華)(지금은 하남에 속함) 사람 서세융(徐世隆)으로 정대 4년(1227년)의 진사이다. 왕악은 먼저 쿠빌라이가 만나자고 하였는데(1244년) 쿠빌라이가 남쪽 금련천에 주둔했을 때 막부에 가입하였다. 왕악은 후에 또 쿠빌라이에게 광평(廣平) 영년(永年)(지금의 하북 영년(永年) 동남(東南) 사람 왕반(王磐)을 추천하였다. 왕반과 서세융은 같은 해에 급제한 진사이다.

쿠빌라이 즉위 후, 세 사람이 조정의 전제고(典制誥)의 '사신(詞臣)'에 임용되었는데, 왕악은 한림학사승지에 임용되어 쿠빌라이의 ≪즉위조(卽位詔)≫, ≪중통건원조(中統建元詔)≫, ≪지원개원칙(至元改元敕)≫ 등을 작성하였다. 지원 원년(1264년) 서세융이 한림시강학사에 임명되고, 지원 7년(1270년)에 이부상서로 옮겨졌는데 이때에 조정의 조령(詔命)과 전책(典冊)은 서세융이 만들었다. 왕반이 얼마 안 있어 한림학사에 임용되었고 여전히 한림 직무를 맡고 있어 제고(制誥)를 쓰는 일은 자연히 왕악과 서세융보다 많았다.

쿠빌라이의 막부 안에는 많은 유학대사가 있었는데 회주(懷州)(지금의 하남 심양(沁陽)) 사람 허형·광평(廣平) 비향(肥鄕)(지금은 하북에 속함) 사람 두묵(竇默)·심양(沈陽) 사람 요추(姚樞) 등이다.

그들은 쿠빌라이에게 유학의 원리와 '치국평천하'의 책략을 소개하고 쿠빌라이가 후에 '한법(漢法)을 본받는 것'에 어느 정도 역할을 하였다. 이 밖에, 몽고문에 밝은 '수재(秀才)'인 조벽(趙璧)(운중(雲中) 회인(懷仁) 사람)·역주(澤州) 능천(陵川)(지금의 산서에 속함) 사람 학경(郝經)·조주(曹州) 제양(濟陽)(지금의 동하택(東荷澤)) 사람 상정(商挺) 등도 막부에서 중요 인물이었다.

금련천에 모여든 사람들은 당시의 문인과 명사뿐만 아니라 무인도 있었다. 호성(藁城)(지금의 하북에 속함)의 동씨(董氏) 삼 형제인 동문병(董文炳)·동문용(董文用)·동문충(董文忠)은 쿠빌라이의 친신이 되었다. 동문병은 후에 밖에서 군대를 통솔하고 작전을 지휘하는데 지위가 아리카야 등과 비슷하였다. 동문충은 궁정 내에서 시위친군을 장악하고 관장하였다. 한족 중에 쿠빌라이가 가장 신임했던 사람은 동문병·동문충과 사천택이었다. 후에 다른 민족의 문인과 무인도 쿠빌라이의 중시를 받았다. '금천련막부'의 인물들은 원나라 초에 대다수가 중용되었다.

개평성을 만드는 일에 3년의 시간이 걸렸다. 유병충이 성지를 고른 후에 그곳에 용지(龍池)가 있어 쌓인 물을 뺄 수 없자 쿠빌라이에게 아뢰어 용에게 땅을 빌리자고 간청하게 하였다. 쿠빌라이는 동의하여 그날 밤 삼경(三更)에 번개가 치고 지진이 나 땅이 움직이자 용이 날아서 달아나고, 다음 날 천인(天人)들이 흙으로 성의 기틀을 다졌다는 전설이 있다.

쿠빌라이의 등극의식은 개평성에서 거행되었다. 연경을 국도로 확정함과 동시에 쿠빌라이는 개평을 제2의 수도로 삼아 양도제(兩都制)를 실행하기로 하였다. 전자는 전국의 정치·경제·문화의 중심이 되어 중원의 전통제도에 따라 천하의 인심을 굳건히 하여 중원 내지의 강남 인사와 연결하는 작용을 하였다. 후자는 '몽고본위'의 정책이 실현되도록 몽고 귀족의 특수 이익을 유지하고 몽고 종왕과 귀족을 연결하는 작용을 하였다. 이 큰 체계로 원나라 일대의 정치와 제도의 체제가 다져지게 되었다. 중통 4년 5월 초구일(1263년 6월 16일), 개평을 상도라 개명하고 '상경(上京)' 혹은 '난경(灤京)'이라고도 칭하였다.

제2의 수도로서 개평성은 원래 규모가 부족하여 확장하는 작업이 신속히 전개되었다. 가장 중요한 사업은 지원 3년(1266년) 12월에 다시 짓기 시작한 상도 궁성(宮城)의 정전 대안각(大安閣)이다. 대안각은 원래 금나라의 고도 변경(汴京)(지금의 하남 개봉)의 희춘각(熙春閣)으로 쿠빌라이가 철거하여 초원으로 옮겨 가서 상도 안에 세웠다. 전체 누각은 3층으로 나뉘어 있는데 상층에는 석가상을 설치했고, 중층은 황제가 옷을 갈아입는 곳이다. 쿠빌라이는 한 벌의 옷을 보관하여 후세 자손들에게 물려주어 항상 자신의 검소함을 기억하고 교만과 사치를 경계하였다. 하층은 황제가 종왕 백관과 모이거나 연회하는 장소이다.

상도(上都)의 성은 궁성·황성·외성으로 구성되어 있다. 황성은 전체 성의 동남 모퉁이에 있고, 궁성은 황성의 중부 북쪽에 치우쳐 있다. 외성의 북부는 황실의 원림인데 사람들은 '북원(北苑)'이라 칭하였다. 유목민족의 특색을 보존하기 위해 쿠빌라이는 상도(上都)성 밖에 몽고족 장막식의 궁전 시라오르두(失剌斡耳朶, Sira ordo)를 만들었다. 이 장막의 궁전은 '행궁(行宮)'이라고 칭해진다. 상도 부근에 있는데 전적으로 황제의 '수렵'을 위해 고정된 장소를 만들었다.

양도제(兩都制)의 체제를 확립하고 나서 쿠빌라이는 매년 대도와 상도 사이를 왕래 하였다. 2월에서 8월(혹은 3월에서 9월)은 상도에서 지내고, 나머지 시간은 대도에 거주하였다. 이러한 규정대로 행하는 북상 순행활동을 사람들은 '납발(納鉢)'(황제가 행재하여 숙영(宿營)하는 장소라는 뜻으로 옮겨 다니는 장막이나 고정된 영소(營所)든지 상관하지 않음)이라고 불렀다. '납발'은 요나라 때 이미 나타났는데 '나발(捺鉢)'이라고도 쓴다. 요나라의 황제는 가을과 겨울에는 추위를 피하고 봄과 여름에는 더위를 피하여 수초를 따라 사냥을 하고 고기를 잡는다. 해마다 그러한데 사계절에 각기 활동하는 장소가 있으므로 '사시납발(四時捺鉢)'이라 불렀다. 유목민족인 몽고족은 거란인 풍속을 계승하여 이 단어를 계속 사용하였으므로 '납발'은 '나발'의 다른 표기이다. 또한 '납발(納拔)', '납보(納寶)'라고 쓰기도 한다.

황제는 매년 상도에 가는데 후비·태자·몽고 종왕, 그리고 중요한 문무 관원들이 수행한다. 중서성·추밀원·어사대 등의 기구에는 한 두 명의 관원이 대도에 남아서 일반적인 공무를 처리하고, 우승상·좌승상·동지추밀원사·어사대부 등의 장관은 모두 황제의 곁에서 수행한다. 조정 대사의 결정은 대도 밖에서 행해진다. 각 관아의 중요한 공문과 표문을 아뢰거나 군정을 보고하는 것은 급체포(急逮鋪)를 통해서 때에 맞추어 장관과 황제에게로 전해진다. 급체포(急逮鋪)는 전문적으로 공문을 전송하는 우역(郵驛)으로 간략히 '체포(逮鋪)'라고 칭해진다. 매 10리 혹은 15리, 25리에 하나의 포(鋪)를 설치하는데 양도(兩都)의 사이에 모두 82개의 체포(逮鋪)가 있다. 규정에 따르면 포병(鋪兵)이 공문 우편물을 가지고 순서에 따라 전달한다. 포(鋪)를 따라 인도되는데 하루에 밤낮으로 400리를 달린다. 황제가 상도에 도착한 후 관원들이 각 부서의 하부 기구에서 일을 의논하고 공무를 처리한다.

　황제가 출행함에 많은 호위하는 병사와 시종들이 있다. 칭기즈칸 때 1만 명의 호위군을 만들었는데 몽고어로 '케식'(돌아가면서 숙직하고 수위한다는 뜻이다. 케식성원은 케식테이(怯薛歹, Kešigtei)라고도 칭해진다.)이라고 한다. '케식'은 네 반으로 나뉘는데, 건국 시의 4대 공신 보로굴(博爾忽, Boroghul)·보오르추(博爾術, Bo'orču)·무칼리(木華黎, Mugali)·칠라운(赤老溫, Chila'un)의 자손이 장관에 임명되었고 대칸의 곁에서 돌아가면서 호위하였다. 숙직을 서는 케식은 3일 밤낮마다 한 번 돌아가는데 대칸과 후비의 안전을 지키는 것 외에도 대칸의 기거·음식·복장·장신구 등 모두 케식 장관이 총괄하므로 때에 사람들은 '네 케식 태관(太官)'이라고 칭하였다. '케식'에 충당된 사람의 대다수는 공훈이 있는 귀한 세가들이고 대신의 자제였다. '케식'에는 각종 사무를 전적으로 관장하는 '집사(執事)'가 있고, 각자의 명칭이 있다. 중요한 '케식 집사'로는

　시바우치(昔寶赤, Siba'uchi)—매를 관장하는 사람,
　자를릭치(紥裡赤, Jarliychi)—성지(聖旨)를 베껴 쓰는 사람,
　비체치(必赤, Bichechi)—문서를 관리하는 사람,
　보오르치(博爾赤, Bōrči)—요리를 관장하고 음식을 올리는 사람,
　울두치(雲都赤, üldüči)—칼을 차고 호위하는 사람,
　쿠툴치(闊端東, Kötelchi)—말을 관리하는 사람,
　발라가치(八剌哈赤, Balagachi)—성문을 수비하는 사람,

다라치(答剌赤, Darachi)—술을 관리하는 사람,

올라치(剌赤, ulāchi)—거마를 담당하는 사람,

졸라치(燭剌赤, Julachi)—등불(燈火)을 관장하는 사람,

수구르치(速古兒赤, Sügürchi)—의복을 관장하는 사람,

헬메르치(怯裡馬赤, Kelemürchi)—번역자,

테메치(帖麥赤, Temegechi)—낙타를 치는 사람,

혼니치(火你赤, Qonichi)—목양자,

홀라간치(忽剌罕赤, Qulaɣanchi)—도적을 잡는 사람,

호르치(虎兒赤, Qūrchi)—연주하는 사람.

쿠빌라이가 즉위한 후, 이러한 숙위 조직을 그대로 남겨 두어 '케식'을 황제의 신변호위로 삼아 대도에서 궁성을 보호하고 수위하게 하였다. 상도에 출행할 때는 큰 군영의 호위를 맡게 하였다. '네 케식'은 돌아가면서 근무하고 숙직하며 쉬지 않았다. 당연히, 만 명의 '케식'이 매년 모두 황제의 출행을 수행한 것은 아니며 일부는 대도에 머물러 궁정의 일상 사무를 관장한다. 또한 많은 케식들은 상도에서 '겨울에 주둔'하면서 다음 해 봄에 황제가 올 것을 기다린다. 쿠빌라이는 필요에 따라 일부 '케식'의 집사(執事)를 늘렸는데 앞에서 말한 것과 같은 하라치, 세르비트치 등이다. 호위하는 무사들 중에서 울루치를 맡은 것은 황제의 최측근인데, 조정에서 임명한 관료로 3일에 한 번 돌아가면서 숙직해야 한다. 황제가 출행할 때 울루치는 궁거(宮車)의 앞쪽에서 걸어간다. 황제가 전(殿)에 오를 때 계단 아래에 서서 예측할 수 없는 일을 방어한다. 모든 대신의 주장(奏章)은 울루치가 황제에게 전해 드리는데 만약

울루치가 장소에 없으면 중서성의 승상 등도 감히 주절(奏折)을 올리지 못한다.

'케식' 이외에도, 쿠빌라이는 수도에 시위 친군을 설치하여 중원을 통치하는 수요에 적응하고자 하였다. 중통 원년(1260년)부터 편성하여 조직한 무위군(武衛軍)은 중원의 한군(漢軍) 중에서 3만 명의 정병을 추려서 만든 것이다. 지원 원년(1264년) 10월에 무위군을 시위친군으로 고쳤는데, 좌·우 양익으로 나뉘어 있고 병사의 수를 만여 명 증가하였다. 지원 8년(1271년) 7월, 좌·우익의 시위친군을 좌·우·중 삼위(三衛)의 친군으로 개편하였다. 각 위(衛)에는 도지휘사와 부도지휘사가 군대를 관할하게 하였다.

호위하는 군인과 '케식'이 비록 중앙의 숙위(宿衛)로 조직되었으나 직능은 상당히 달랐다. '케식'은 단지 황제의 안전을 책임지고, 궁정사무를 처리하고 조정의 일에 참여하여 결정하며, 보통 밖에서 작전을 하지 않는다. 시위친군은 모든 수도의 안전을 책임짐과 동시에 또한 조정의 상비된 정예부대로 때로는 외지에 파견되어 전쟁을 하기도 한다. 황제가 매년 상도에 순행을 나갈 때 일부 시위친군을 호위군대에 충당하기도 한다.

대도에서 상도로 갈 때에 연로(輦路)·서로(西路)·역로(驛路)·동로(東路)의 4개의 길이 있다. 역로는 가장 빨리 개통되었으며 길이가 약 800여 리이고 중간에 상간령(桑干嶺)을 가로질러야 된다. 상간령은 '창간령(槍杆嶺)'이라고 칭해지는데 천자는 창간(槍杆)에 오를 수 없으므로 황제가 북행할 때 이 길로 가지 않고 보통 사람들이 왕래할 때 이 길로 간다. 연로와 서로에는 모두 '납발'이 없다. 연로는 전체 길이가 750여 리이고 18곳에 '납발'이 설치되어 있다.

서로는 전체 길이가 1,000여 리이고 24개의 '납발'이 설치되어 있다. 황제는 매 하나의 '납발'마다 보통 하룻밤 머문다. 동도(東道)는 전체 길이가 870여 리이고, 고북구(古北區)에서 북으로 나가므로 감찰관원과 군대의 전용도로이다. 황제는 매년 동쪽에서 출발하여 서쪽으로 돌아오는데 연로를 이용하여 상도로 나갔다가 서로를 거쳐 대도로 돌아온다.

황제가 도성을 나가기 전에 '납발'에 사용되는 소와 양의 무리들이 먼저 출발한다. 대부대의 인마가 건덕문(建德門)을 나간 후, 광경이 더욱 장관이다. 앞에는 큰 기(검은 기)·낙타 북과 말 북이 길을 열고, 뒤에는 의장대가 있는데 황제 쿠빌라이가 거대한 '상련(象輦)'에 앉아 서서히 전진한다. 황후·태자·제왕·대신이 마차를 타거나 우마를 타고 전진할 때 대대의 기병이 호위하는데 수십 리를 굽이돈다.

코끼리를 황제의 교통도구로 사용한 것은 예부터 중국에서는 드물었다. 쿠빌라이가 대리를 남정(南征)하고 운남에서 큰 코끼리를 가져왔는데 후에 남방의 미얀마(緬甸, Myanmar)·점성(占城)·교지(交趾) 등의 나라에서 훈련된 코끼리를 진공하여 전문적으로 설계된 코끼리 가마가 황제의 전용 교통 도구가 되었다. 상련은 네 마리의 큰 코끼리 등 위에 큰 나무로 만든 교자(橋子)를 걸어놓는데, 매 코끼리마다 부리는 사람이 한 명 있다. 험난한 산길을 가거나 혹은 위험한 길을 갈 때 황제는 독상(獨象)으로 바꾸어 타거나 혹은 두 마리의 코끼리 등에 걸쳐 놓은 상녹(象輅)에 탄다. 코끼리의 힘은 아주 세어 시종들도 걱정할 필요가 없다. 후에 코끼리가 놀라는 일이 발생한 적이 있었으나 평정되었다. 쿠빌라이는 이 교통 도구를 아주 좋아하여 시종 그것을 포기하지 않았다. 상련 위에 높이 앉아서 호위하는 방대한 시종의 대오들이 광할한 평지와 고산(高山) 준령을 행진하는 것을 바라보는 것은 만족스러웠고 존엄한 제왕 쿠빌라이가 아주 좋아하는 정신적인 만족이기도 하였다.

대도에서 나와 첫 번째 '납발'은 대구(大口)로, 건덕문(建德門)과 20리 거리이다(지금의 북경시 해정북쪽). 수도에 남게 되는 관원도 이곳에서 작별인사를 한다. 황제가 남환(南還)할 때 그들은 마찬가지로 이곳에 와서 문안을 드린다.

올해, 상도에서 피서하는 것은 특수한 의의가 있다. 어제 쿠빌라이는 사람을 보내 바얀에게 남송의 항복한 군신들을 북상하게 하여 상도에서 황제를 알현하게 하였다. 이 밖에, 서북 몽고의 제왕이 모반하자 쿠빌라이는 초원으로 가서 몇 가지 일을 처리하고자 한다.

정월～2월 사주(沙州)

서북 몽고의 종왕 호쿠가 반란하였으나 신속히 평정되다

구육 칸의 아들 호쿠(火忽, Hoqu)가 갑자기 사주(지금의 감숙 돈황)에서 거병하여 반란을 일으켜 하서(河西)의 여러 성을 공략하였다. 쿠빌라이가 힘들게 몇 십 년 서북 지역을 경영했는데 다시 전란의 위험에 빠지게 되었다.

몽고 종왕 간의 불화는 칭기즈칸 때 두드러졌다. 칭기즈칸과 형제들은 일찍이 천하를 취한 후에 각기 토지를 나누고 부귀를 함께 누릴 것을 맹세하였다. 이 약속에 근거하여 칭기즈칸은 대몽고국을 건립한 후에 몽고의 동쪽 국경은 동생 조치카사르(搠只哈撒儿, Jochi-qasar)·카치온(哈赤溫, Qachi'un)·테무게 옷치긴(鐵木哥斡赤斤, Temüge-otchigin)·벨구테이(別里古台, Belgütei)에게 나눠 주어 봉지로 삼게 하였다. 후에 사람들은 조치카사르 등과 그들의 자손을 동도(東道) 몽고 종왕으로 삼고, 그들의 후손은 서도(西道) 몽고 종왕에 봉하였다. 칭기즈칸의 막내아들 툴루이는 막내아들이 아버지의 유산을 계승하는 몽고적인 관습에 의해 막북(漠北) 중심지역에서 봉지를 얻었다.

토지를 분봉함과 동시에 칭기즈칸은 또한 형제와 조카들에게 매한 사람마다 '분자(份子)'(몽고어로 '쿠빌'이라고 칭해짐)의 백성을 나누어 주었다. 전 몽고의 백성이 모두 '천호(千戶)' 조직 내에 편성, 조직되었기 때문에 몽고 종왕 아래에 백성의 많고 적음은 대체로 나눠 받은 천호의 숫자로 알 수 있다. 주치, 차가타이와 우구데이는 각각 4개 천호를 받고, 조치카사르·벨구테이는 1개 천호를 분봉받고, 카치온은 3개 천호를 받았다. 테무게옷치긴은 막내아들이 재산을 지키는 관례에 따라 천호가 가장 많아, 그와 칭기즈칸의 어머니 호엘룬 태후는 모두 8개 천호를 점하였다.

매 천호마다 모두 칭기즈칸이 지정한 공이 있는 신하가 천호의 '노얀(那顏, Noyan)'으로 충당되었는데 영역을 세습적으로 관할하였다. 칭기즈칸은 자신이 몇십 개의 천호를 가지고 있었는데 이러한 천호를 좌·우 양익으로 나누어 보오르추, 무칼리를 양익 만호의 '노얀'으로 나누어 맡겼다. 칭기즈칸이 죽은 후에 좌우 양익의 각 천호는 톨루이가 계승하였다.

칭기즈칸이 살아 있을 때 우구데이를 칸 계승자로 지정하였는데 이것은 주치와 차가타이가 서로 다투는 결과가 되었다. 차가타이는 주치가 칭기즈칸의 골육이 아니라 호엘룬 태후가 메르키드(蔑儿乞, Merkid) 사람에게 포로로 잡혀간 후에 태어났으므로 메르키드 족속이어서 대칸의 계승자가 될 수 없다고 생각하였다. 주치가 듣고는 몹시 화가 나서 차가타이를 꼼짝 못 하게 하고 그와 결투하여 승부를 가리려고 했는데, 보오르추와 무칼리에 의해 저지되었다. 차가타이는 우구데이가 대칸 계승자라고 제의하자 주치도 동의하여 톨루이는 반대 의견을 낼 수 없어 문제는 해결되었다. 칭기즈칸은 주치와 차가타이가 다투지 않기를 바랐다. 천하의 땅은 아주 넓고 종왕은 각기 봉국을 지키고 자신은 영토를 확장한다는 것이다. 그는 특별히 아래의 규정을 만들었다.

　―4명의 동생의 자리에 그의 자손이 각각 한 사람씩 관할하게 한다. 나의 자
　　리에 한 명의 아들로 하여금 관할하게 한다. 내 말이 틀리지 않으면 어길
　　수 없다. 우구데이의 자손은 모두 재주가 없는가, 우리 자손들은 어찌하여
　　모두 한 명의 좋은 사람을 낳지 않았는가?1)

　―만약 어떤 사람이 교만하고 마음대로 일을 하면 황제가 되고자 하여도 제왕의
　　추천을 거치지 않으면, 죽음에 처해지게 되고 결코 용서를 받을 수 없다.2)

앞의 이야기는 몽고문에서 한어(漢語) 백화문으로 번역함에 어법의 수식을 가하지 않고 원래 몽고어 순서에 따랐다. 원대의 공문 번역은 대부분 이러한 '공문번역[硬譯公牘文體]'을 채택하였다. 여기서 말의 의미는 다음과 같다. 즉, 네 명의 동생의 봉국은 각기 한

명의 자손이 관리하게 한다. 우리 중 한 명의 아들이 대칸의 자리를 계승한다. 우리들의 말을 어겨서는 안 된다. 만약 우구데이의 자손이 모두 나라를 다스릴 재능이 없다면 우리의 자손들 중에서 훌륭한 후손이 칸의 자리를 계승할 수 없다고 말하기 어렵지 않은가?

칭기즈칸의 '유훈(遺訓)'에 따라 몽고 대칸이 후에 원나라의 황제가 되려면 모두 '쿠릴타이'의 추천을 거쳐야 한다. '쿠릴타이'는 몽고어로 '집회(聚會)'라는 뜻으로, 원대에는 중국어로 '대조회(大朝會)'라고 번역되었다. 초기 몽고인의 '쿠릴타이'는 부락 혹은 부락 연맹의 일을 의논하는 회의로 수령을 추천하거나 정복전을 결정하는 등의 큰일에 이용되었다. 칭기즈칸이 건국한 이후 '쿠릴타이'는 국가의 일을 의논하는데 몽고 종왕과 귀족이 모두 때에 맞춰 회의에 참여한다. 쿠릴타이에 참가하지 않거나 늦게 도착하는 사람은 모두 처벌을 받는다. 대칸이 죽은 후에 전체 몽고 종왕과 귀족이 참석한 '쿠릴타이'에서 대칸 계승인의 문제를 토론하고 덕망이 높은 인물을 새로운 대칸으로 추대하였다. 후보자는 당연히 일찍부터 내정되었다. 모인 사람들과 함께 절차를 확인하는데 '힘을 합하여 권면하여 나간다.'는 것이다. 당선자는 몇 가지 이유를 들어 겸손하게 사양을 한 후에, 기쁘게 여러 사람들의 요구를 받아들인다. 또한 귀족들은 자기들에 대한 충성을 다할 것을 선서케 하며 군신의 명분이 확정되고 융중한 즉위의식이 거행된다.

몽고 종왕은 재주가 있고 덕이 있는 칭기즈칸의 자손이 몽고의 대칸이 되는 것은 국가가 장기간 다스려지고 오랫동안 평안한 좋은 방법이다. 그러나 실제로 자손들에게 칸위를 쟁탈할 기회를 제공하며 대몽고국을 분열하게 하는 화근이 되기도 한다. 우구데이 즉위 후, 톨루이의 아들 바투(拔都, Batu)가 서쪽으로 영토를 개척하여 자기의 봉국을 발전시켜 마지막에는 이티르강(현재의 볼가강) 하류의 사라이(Sarai)을 수도로 삼아 킵착(欽察, Qibchaq)칸국을 건립하였다. 봉지는 중앙아시아의 차가타이(察合台)에 있으며 기회를 타고 영토를 확대하였다.

우구데이가 죽은 후 칸위는 5년이나 비어 있었고 황후 투레게네카튼(脫烈哥那, Töregene qatun)이 임조칭제(臨朝稱制)하였다. 테무게 옷치킨이 난을 타고 칸 자리를 빼앗으려고 하여 군사를 이끌고 카라코룸에 이르렀으나 자신의 잘못된 행위를 후회하고 스스로 달아났다. 그러나 그는 응징을 벗어날 수 없어 사형에 처해졌다. 투레게네카튼이 구육을 태자로 세울 것을 고집하자 바투는 칭병하고 구육을 대칸으로 추대하는 '쿠릴타이'에 참가하지 않아 실제로 구육이 칸의 자리를 계승하는 데 동의하지 않음을 표시하였다. 구육이 즉위 후 바로 바투와 전쟁을 개시하여 1248년 초에 군대를 이끌고 서쪽으로 행진하였다. 바투는 톨루이의 아내 소르칵타니(唆魯和帖尼, Solgartani)(이때 톨루이는 이미 죽은 지 몇 년이 되었고 그의 봉지와 천호는 모두 소르칵타니가 관할하였음)에게서 밀보(密報)를 얻어 충분한 준비를 하였다. 구육이 쿰 셍기르(橫相乙儿, Qum Senggir)(현재 우룽구강 상류)에 이르러 갑자기 죽었는데 바투가 사람을 보내 그를 독사했는지 아니면 전염병으로 죽었는지, 종왕 간에 술에 취해서 싸우다 실해되었는지, 여러 설이 분분하며 아직도 해결되지 않은 수수께끼로 남아 있다.

1251년 바투의 창의 하에 주치계·톨루이계의 후왕(後王)과 동도(東道) 몽고 종왕이 공동으로 뭉케를 대칸으로 추대하였다. 차가타이, 우구데이 양 계통의 자손들은 불복하여 '쿠릴타이'에 참가하지 않았다. 후에 몰래 무기를 가지고 나가 '쿠릴타이'에서 난을 일으킬 것을 준비하였으나 음모가 폭로되어 모든 사람들이 다 체포되었다. 뭉케는 두 계통의 종왕의 보좌 대신들 대부분을 처단하고 밀모에 참가하였던 종왕들은 봉지(封地)와 백성들을 빼앗았다. 칭기즈칸의 유산을 주로 계승하였던 톨루이의 후손들은 실력이 충분하여 정정당당하게 대몽고국의 주인이 되었다. 그러나 이러한 대몽고국이 실제로는 몇 개로 분열되어 동도(東道) 몽고 종왕은 스스로 한 계통을 이루고, 서도(西道) 몽고 종왕은 킵착·차가타이·우구데이 3대 칸국을 건립하였다. 뭉케와 쿠빌라이의 동생 훌레구는 또 페르시아와 아랍에서 자신의 봉국을 건립하여 후에 일한국이라고 칭해졌다.

뭉케가 죽은 후 쿠빌라이가 대칸 위에 즉위하도록 지지한 것은 주로 동도 몽고 종왕이다. 쿠빌라이의 어린 동생 아릭부케는 서도 몽고 종왕과 뭉케 칸 후손들의 지지하에 막북에서 칸이라 칭하였다. 이에 막남과 막북에서 각각 한 차례 '쿠릴타이'를 열어 대몽고국은 2명의 대칸이 병존하였다. 쿠빌라이는 과감하게 군사행동을 취하여 친히 병사를 이끌고 카라코룸으로 가서 아릭부케를 공격하였다. 아릭부케가 세력이 다하자 무리들이 배반하고 친한 사람들이 떠나가, 지원 원년(1264년) 7월에 속수무책으로 항복하였다. 쿠빌라이는 아릭부케를 사면하였으나 얼마 안 있어 아릭부케는 병으로 죽었다.

쿠빌라이와 아릭부케가 항쟁하는 기회를 이용하여 서도(西道)의 몽고 종왕은 기회를 타고 일어나 영지를 회복하였다. 옛 부족들을 초납하였는데, 칩착·차가타이·우구데이 3대 칸국의 실력이 크게 늘어나 쿠빌라이에게 큰 위협을 주었다. 이러한 서도의 몽고 종왕에 대하여 쿠빌라이는 초무와 군사타격의 겸병 조처를 취하였다. 쿠빌라이와 대항한 종왕은 '반란왕'으로 간주되어 제한과 타격을 받았다. 대칸의 호령을 듣는 종왕, 이를테면 우구데이의 아들 쿠텐의 후손과 구육의 아들 호쿠 등은 조정의 지지를 얻어 서북 모퉁이에서 '반란왕'과 대치되는 상황을 이용하였다. 쿠빌라이는 힘을 다하여 일한국과 밀접한 협력 관계를 유지하여 3대 칸국의 두 날개를 견제하여 그들로 하여금 전력을 기울여 동진할 수 없게 하였다.

서북 변방의 안녕을 보증하기 위해 쿠빌라이는 많은 군대를 보내 군사 요충지에 둔전을 만들었다. 또한 자신의 아들 노무간(那木罕, Nomogan)을 보내 알말릭(阿力麻里, Almaliq)(지금의 신강 일리 카자흐 자치주)에 주둔케 하였다. 지원 12년(1275년) 쿠빌라이는 공신 무칼리의 후손과 중서성 우승상 안동(安童)을 노무간의 보좌로 삼고 그들에게 행중서성 추밀원사의 직무를 주고 공동으로 변방의 군정에 관한 주요 사항을 처리하게 하였다. 이를테면 사천택이 말하는 '조정중신(朝廷重臣)'은 안동과 바얀 두 사람으로 한 사람은 남쪽으로 원정하고, 한 사람은 서쪽으로 나가 쿠빌라이가 남송 왕조를 멸망시키고 서북변방 지역을 안정시키는데 같은 비중으로 중시하였음을 알 수 있다.

서도(西道)의 몽고 종왕은 쿠빌라이의 제한과 타격에 대해 반응을 보였다. 지원 6년(1269년) 차가타이 칸국의 국주 바락(八剌, Baraq)과 우구데이 칸국의 국주 하이두(海都, Qaidu)와 킵착 칸의 뭉케-테무르(忙哥帖木儿, Möngke-temür) 등이 서도의 몽고 제왕과 탈라스 초원(지금의 중앙아시아 탈라스강 유역)에서 모여 상호간의 전쟁과 쟁탈을 정지하기로 협의를 보고 공동으로 쿠빌라이와 일 칸국의 아바카(阿八哈, Abaqa)에 반대하여 3개 한국이 중앙아시아 지역에서 세력 범위를 구획하였다. 바락이 얼마 안 있어 일한국으로 진공하였으나 아바카에 의해 격퇴당하였다. 하이두의 동범(東犯)도 원군에 의해 저지되었다. 지원 8년(1271년) 바락이 죽고 하이두는 바락의 아들 두아(篤哇, Du-α)가 즉위하는 것을 지지하였고, 차가타이 칸국은 우구데이 칸국의 제어를 받았다. 하이두와 두아가 자기와 의견이 다른 사람을 제거하고 내부를 안정시킴에 동쪽을 돌아보고 서쪽을 막을 겨를이 없었으므로 원군이 기회를 타고 코탄(忽炭, Khotan) 등지를 회복하였다.

서북의 3대 칸국 종왕의 외부 위협에 맞서는 것을 제외하고, 쿠빌라이는 여전히 원 조정 내의 몽고 종왕의 관계를 조정해야 했다. 우구데이 칸 때 중원지역에 인구수를 등록하게 한 후에 주현에 따라 중원의 민호(民戶)를 몽고 종왕과 공신에게 분봉해 주었다. 거란인 야율초재가 당시에 칸 조정의 '비체치(必闍赤)'였는데, 그는 이렇게 '영토를 쪼개고 백성을 나누는' 조처에 반대하였다. 이렇게 하면 아주 나쁜 영향을 준다고 생각하여 민호(民戶)에게 매 2호마다 비단 1근을 칸의 조정에 나르게 하고 매 5호마다 비단 1근을 영주에게 바치게 하였다(오호사(五戶絲)라고 칭한다). 중원의 '투하(投下)'(봉지는 '탕목읍(湯沐邑)', '식읍(食邑)' 등으로 칭해지는데 몽고어로는 '아이마그(愛馬, ayimag)'라고 칭한다.) 안에 각 영주는 '다루가치'를 설치하는데 다른 관원은 조정에서 위임하여 파견한다. '다루가치'는 몽고어의 음역으로 '진수자(鎭守者)'라는 뜻으로 각지의 관아와 군대에서 장관을 감독하여 다스리는 전문적인 칭호이다. 우구데이는 야율초재의 건의를 받아들였으나 몽고 종왕과 귀족은 중원의 투하한 사람들을 자신의 사유 재산으로 간주하여 사람을 보내 남쪽으로 와서 각종 재물과 보석, 무기를 약탈하였으므로 중원에는 무수한 독립 소왕국들이 출현하였다. 이러한 상황은 경제의 회복과 발전에 장애가 되었고 적지 않은 백성들이 영주의 약탈을 견디다 못해 도망하였다. 또한 조정에서도 지방을 적절하게 관리할 수 없게 만들었다.

쿠빌라이가 즉위한 후 각 투하의 권력을 제한하여 중앙집권을 강화하는 중요한 조처를 취하였다. 그는 먼저 오호사(五戶絲)는 관부에서 통일적으로 징수한다고 규정하고 각 투하 영주들은 마음대로 부세를 징수할 수 없고, 각 투하의 '다루가치'를 폐지하였다. 이에 따라 몽고 종왕과 귀족들이 민호를 함부로 거두어 투하호로 만드는 것을 제한하고, 투하한 민호에 대해서 부분적으로 조사를 실시하였다. 북방의 로주(路州)를 만들 때에 쿠빌라이는 특별히 스물 몇 개의 투하 직예 로와 주를 조정의 로주(路州) 또는 투하 봉지에 메이게 하였다. 각 투하 봉지 내의 민정, 사법 등의 사무는 모두 현지 정부 관원과 투하관이 의논해서 처리하게 하였다.

과거의 몽고 종왕은 존비(尊卑)와 장유(長幼)의 순서가 혼란스러웠다. 칭기즈칸 가족들은 이른바 '황금가족'의 성원으로 남성은 종왕(宗王)이 되고 여성은 공주가 되므로 몇 대를 지나면서 종왕이 점차 많아지게 되었다. 조정에서 종왕에 대한 제어를 강화하기 위해 쿠빌라이는 자기 자손의 지위를 높이고자 노무간(那木罕)·망갈라(忙哥剌, Mangčala)·오그룩치(奧魯赤, Oěruqči)·후게치(忽哥赤, Hügechi)

을 북평왕·안서왕·서평왕·운남왕에 봉하여 서북·관중·토번·운남 지역에 나누어 출진하게 하였다. 이렇게 출진한 종왕은 지위가 다른 몽고 종왕보다 높아 전제할 수 있었으며 더욱이 상당한 군사 지휘 권력을 가지고 있었다. 그러나 이러한 지역의 민호(民戶)·재부(財賦)·군대는 모두 조정의 소유였고 전문적인 기구를 설치하여 관리하였다.

후에 쿠빌라이는 종왕을 왕호와 인장으로 지위의 고저를 구분하였다. 조정에서 정식으로 인장(印章)과 왕호(王號)를 사여한 종왕을 '대대왕(大大王)'이라고 한다. 조정의 인장과 봉호를 얻지 못한 종왕을 '소대왕(小大王)'이라고 한다. 대대왕 중에는 6등으로 인장을 나누어 사여하는데, 일등은 금인수뉴(金印獸紐)를 가지는 자이고 왕호는 한문으로 일자(一字)이다. 이를테면 연왕 진김(眞金)은 '일자왕(一字王)'이라고 칭해지며 종왕 중에서 지위가 가장 높았다. 금인이뉴(金印螭紐)·금인타뉴(金印駝紐)·금도은인타뉴(金鍍銀印駝紐)·금도은인귀뉴(金鍍銀印龜紐)·은인귀뉴(銀印龜紐)가 있는데 왕호는 한문으로 이자(二字)로 '이자왕(二字王)'이라고 칭해지는데 노무간 등이 바로 이자왕이다. 일자왕은 대체로 쿠빌라이의 자손이고 이자왕 중에도 쿠빌라이의 자손이 많다. 쿠빌라이의 후예가 아닌 다른 지파는 조정과의 친소에 따라 왕호와 인장을 사여해 주는데 보통 매 한 지파마다 하나의 대대왕의 명호를 주며 황제가 당선자와 계승인을 지정한다. 종왕의 등급이 같지 않은 것은 정치의 대우에서도 큰 차이가 있다. '출진(出鎭)'하는 종왕이면 반드시 일자왕 또는 이자왕이다.

몽고 종왕을 제한함과 동시에 쿠빌라이는 또한 몇 가지 위로하는 일도 하였다. 전통적인 방법에 따라 대칸은 매년 몽고 종왕에게 같지 않은 액수의 금·은·초(鈔)·단(緞) 등을 하사하는데 '세사(歲賜)'라고 한다. 쿠빌라이는 몽고 종왕에게 '세사'를 나눠 주는데 당연히 등급이 같지 않은 종왕이 얻는 물품의 수량과 질량도 같지 않다. 가령 '반왕(叛王)'이라면 그것들을 남겨 두었다가 항복한 후에 다시 나눠 준다. 쿠빌라이는 특별히 동도(東道) 몽고 종왕의 '세사'의 액수를 증가하여 그들이 그의 즉위를 지지하고 서북 반왕(叛王)에 항거한 것에 대한 고마움을 표시하였다. 또한 그들의 마음을 안정시키고 물질로 그들의 정치야심을 억제하고자 하였다.

쿠빌라이의 마음 씀씀이와 이러한 조처들은 변방 지역의 안녕을 보증하기 위해서 뿐만 아니라 더욱 중요한 것은 내부의 분열과 종왕이 권력을 빼앗는 위험 요소를 제거하기 위해서였다. 왜냐하면 철저히 종번 세력을 없앨 기회가 아직 덜 성숙하였고 더구나 송을 공격하는 전쟁을 시작한 후에는 더욱 힘들어지므로 어느 정도 타협과 양보가 필요했던 것이다. 몇몇 내부 종왕들은 불만을 표시하였다. 조정의 '한법(漢法)을 본받는다'는 것은 더욱이 적지 않은 사람들의 비난을 불러일으켰다. 서도(西道)의 몽고 종왕이 기회를 타고 문장을 지어 몇 년 전에 사신을 파견하여 쿠빌라이에게 질문하였다. 즉 "우리 조상의 옛 전통 제도와 한법(漢法)은 같지 않다. 네가 현재 오랫동안 한지(漢地)에 살면서 도성을 건립하여 각종 제도를 전부 한법(漢法)에서 채택하는데 어떠한 동기가 있느냐?"[3] 서도의 몽고 종왕은 쿠빌라이를 반전통적이라 간주하였다. 즉, 몽고인의 전통제도와 생활 습관을 바꾸고, 정복민족의 정치제도와 생활 습관을 받아들이는 것은 칭기즈칸에 대한 배반이며 몽고 국가의 종주가 되는 데도 걸맞지 않다는 것이다.

쿠빌라이는 실제로 완전히 한법으로 고쳐서 행한 것은 아니다. 원나라 제도 중에 여전히 많은 몽고의 구습을 지키고 있다. 황제가 매년 양도(兩都) 사이를 오가는데 여름에 초원에서 주둔할 때는 몽고 종왕 귀족의 알현을 받고, '쿠릴타이'의 일을 의논하는 방식을 보류하여 몽고의 전통제도에 대한 계승을 체현해 내려고 하였다. 쿠빌라이는 당연히 서북의 종왕에게 합리적인 해석을 만들어 내는 것이 어렵지 않다. 관건은 누가 더욱 강대한 군사 역량으로 뒤 방패가 되어 주느냐였다.

호쿠가 바로 원군의 대거 남하와 후방의 병력이 비어 있는 기회를 이용하여 일의 단서를 만들어 원 조정과 서도의 몽고 종왕 간에 대규모 전쟁을 일으켜 앉아서 이익을 챙기려 하였다. 쿠빌라이는 하이두와 두아가 거병하여 동쪽으로 올 것을 알고 있었으며 자기와 실력을 다툴 것이나 현재는 실력을 겨루기를 바라지 않았다. 호쿠사건이 서북 전란의 도화선이 되기를 바라지 않았다. 그래서 그는 한편으로는 안동 등에게 빨리 병사를 이끌고 가서 반란을 평정하라고 명령하고, 또 한편으로는 위구르 사람 시반(昔班, Shiban)이 하이두가 있는 곳으로 사신으로 가서 조정에서 병사를 해산시키고 역참을 통하게 할 뜻을 전달하였다. 하이두는 기병하여 호쿠를 원조할 준비를 하였는데 호쿠가 이미 안동에게 패하였다는 소식을 들은 후 잠시 행동을 멈출 것을 결심하였다. 시반을 통해 쿠빌라이에게 뜻을 전달하여 호쿠의 난은 그와 무관하다고 하였다. 이번의 위기는 잠시 피하였다.

정월 ~ 2월 선찬(善闡)

사이드 아잘이 운남에서 '문치'를 제창하여 처음으로 효과가 드러나다

서북지역에 비해서 운남의 형세는 훨씬 나았다.

쿠빌라이는 운남의 상황에 대해서 비교적 잘 알고 있다. 왜냐하면 그는 뭉케 칸 3년에서 4년(1253~1254년)에 일찍이 명을 받들어 군대를 이끌고 운남을 정복하러 대설산(大雪山)을 넘고 대도하(大渡河)를 건너 산곡 2천 리를 넘어 금사강(金沙江) 기슭에 도착하였다. 쿠빌라이군이 동물의 가죽으로 만든 뗏목을 타고 강을 건너 단씨(段氏) 대리국에 심한 타격을 주어 대리국을 무너뜨렸다. 후에 운남에 머물러 있던 우량카다이(아주의 아버지)는 계속 운남의 여러 부를 정토하여 국왕 단흥지(段興智)를 사로잡고 운남 지역의 대부분이 몽고의 손아귀에 들어갔다.

원래 대리국 통치하의 운남 지역은 서북과 토번 여러 부와 영토가 접하였다. 동북과 동방은 남송의 국토와 맞닿아 있고, 남쪽으로는 미얀마와 교지 등의 나라가 있어 지리적으로 아주 중요하다. 운남을 제어하는 것은 남송의 후방 지역에 위협을 줄 수 있어 토번 지역을 잘 통치하는 데 유리한 조건을 제공하였다. 남하하면 교지·점성·미얀마 등의 나라의 육로로 통할 수 있다. 몽고정권이 운남 지역의 통치를 확보하기 위해서 쿠빌라이는 '풍속에 따라 통치하는' 정책을 채택하고 대리왕족인 단씨 성의 신저일(信苴日)을 임명하여 그곳의 정무를 맡게 하고, 대리도원수부(大理都元帥府)를 설치하여 군대를 장악하게 하였다.

지원 4년(1267년) 쿠빌라이는 황자 후게치(忽哥赤)를 봉하여 운남왕으로 삼고 운남 지역의 제어를 강화하였다. 4년 후에 도원수 바할-딘(寶合丁, Bahal-Din)이 전횡을 기도하여 마침내 왕부의 사람과 짜고서 술에 독을 넣어 후게치를 독사시키려 하였다. 권농관 장립도(張立道)를 신문한 후에 왕부에 들어갔는데 후게치는 이미 중독이 되어 말을 할 수 없었다. 후게치는 장입도의 손을 자기의 입 속에 밀어 넣어 장립도로 하여금 자기의 입술이 헌 것을 만지게 하여 피해를 당하였음을 알게 하였다. 후게치가 죽은 후 장입도는 열세 명과 몰래 짜고서 적을 치려고 사람을 경성에 보내 변란을 알렸다. 사정이 폭로되지 않고 장입도 등은 전부 바할딘에 의해 체포되어 감옥에 갇혔다.

장입도의 족형(族兄)인 장충(張忠)이 의사를 거느리고 감옥을 습격하여 입도를 구출하여 북으로 도망가 토번 경계에 이르렀다. 조정에서 파견되어 후게치의 난을 조사하고 있던 어사대부 박나환(博羅歡)과 우연히 만나 전후의 상세한 사정을 보고하고 그와 함께 남하하였다. 바할딘은 조정에서 사람이 왔다는 소식을 듣고 후한 선물을 준비하여 일을 대충 처리하고 면밀히 조사하지 않기를 바랬다. 박나환은 바할딘이 밖에서 병사를 장악하였으므로 선물을 거절하면 병변을 일으킬 수 있어 일단 선물을 받아 바할딘 등을 마비시켰다. 곧바로 신속히 대리에 도착하여 바할딘과 그 당파들을 일망타진시켜 전부 죽였다. 대도로 돌아온 후에 박나환은 바할딘이 보낸 선물을 풀어 보지 않은 채로 중서성으로 보냈다.

쿠빌라이는 박나환의 재치를 몹시 칭찬하고 적합한 사람을 선택하여 운남으로 가서 통치 질서를 재건케 할 것을 물색하여 사이드 아잘을 결정하였다. 사이드 아잘(賽典赤 · 瞻思丁, Sayyid Ajjal)은 또 우마르(烏馬儿, Umar)라고 불리는데 부하라 사람이다. '사이드 아잘'은 아랍어 Sayyid Ajjal 두 단어의 연독으로 사이드는 이슬람교 십엽파(十葉派)의 창시자 알리(阿里, Ali)(모하메트(穆罕默德, Muhammad)의 사위)의 후예을 가리키며 자칭 선지(先知) 모하메트의 성스러운 후예라고도 한다. 아잘은 '가장 지존하다'는 뜻으로 이 칭호는 중국어의 '귀족'에 해당한다. 칭기즈칸이 중앙아시아를 정복할 때 사이드 아잘이 천여 명을 이끌고 항복하여 칭기즈칸이 동쪽으로 돌아올 때 따라와 '케식'의 성원이 되었다. 칭기즈칸은 그를 '사이드 아잘'이라고 부른 것은 총애와 신임을 나타낸 것이다. 우구데이에서 뭉케 칸 시기까지 사이드 아잘은 풍(豊) · 쟁(淨) · 운(雲) 내의 3주의 도 다루가치, 태원 · 평양 2로의 다루가치, 연경 단사관과 연경로총관 등의 직무를 역임하였다. 점차 중원문화에 익숙해졌으며 중원지역의 통치에 적응하여 풍부한 경험이 쌓이게 되었다.

쿠빌라이 즉위 후, 사이드 아잘은 그대로 중용되어 연경 선무사 · 이호예(吏戶禮) 삼부상서 · 대사농경 · 중서성평장정사 · 섬서사천행성평장정사 등의 직무를 역임하였다. 중앙관에 재임하거나 지방관직을 맡거나 간에 정치 실적이 두드러졌다. 지원 10년(1273년) 윤 6월에 쿠빌라이는 사이드 아잘을 중서성 평장정사의 직함으로 운남 행성에 임명하여 운남의 정무를 다 관할하게 하였다. 쿠빌라이는 그에게 "운남은 내가 친히 군사를 거느리고 공격했던 곳인데 사람을 쓰는 데 실수가 있어 난리가 일어나 민심이 흔들렸다. 현재 나는 경험이 많은 대신을 보내 인심을 어루만지고 이치(吏治)를 가 다듬으려 하는데 가장 적합한 사람을 선택하였다."⁴⁾고 하였다.

사이드 아잘은 쿠빌라이의 두터운 신임을 저버리지 않았다. 서둘러 운남으로 가서 선찬(善闡)(지금의 운남 곤명)에 성의 소재지를 만들고 이치에 합당하다고 여길 만한 일을 하였다.

후게치의 뒤를 이어 종왕 토쿠르(脫忽魯, Toqur)가 운남에 주둔하였다. 사이드 아잘이 남쪽으로 오자 혹자는 토쿠르의 권한을 빼앗기 위해서 왔다고 이간질시켰다. 토쿠르가 이에 군대를 소집하여 군사적인 준비를 하였다. 사이드 아잘이 소식을 듣고 그의 아들 나스르 앗딘(納速剌丁, Nasir ad-Dîn)을 보내 토쿠르를 만나게 하고 그가 온 뜻을 전달하였다. 즉 "황제는 운남의 지방장관이 직책을 잘 수행하지 않아 여러 부가 반란을 일으켰으므로 특별히 나를 보내 진정시키고자 한다. 내가 운남에 들어온 후에 민심을 안정시킬 방법을 찾으나 이 일을 마음대로 처리할 수 없으니 대왕께서는 한 사람을 보내와 함께 양책을 의논하기를 바랍니다."⁵⁾고 하였다. 토쿠르가 친신 두 사람을 보내 사이드 아잘이 있는 곳으로 가서 허실을 살펴보았다. 나스르 앗딘과 그들은 잘 알고 있어 서로 형제라고 칭하며 이 두 사람은 아들이 아버지를 만나는 예절로 사이드 아잘에게 무릎을 꿇고 절을 하고 좋은 말을 헌상하였다. 사이드 아잘은 연회를 베풀어 두 사람을 환대하고 연회 후에 또 쿠빌라이가 그들에게 금보(金寶)와 음기(飮器) 등을 선물로 주자 두 사람이 몹시 기뻐하였다. 사이드 아잘은 그들이 비록 왕부의 친신이나 정식 관작이 없어 정무를 처리하는 데 불편하므로 토쿠르에게 행성 단사관의 직무를 주는 데 동의할 것을 요구하자 토쿠르의 의심은 완전히 해소되었다. 행성과 왕부의 관계가 서로 협조하여 일치되었으므로 현지의 정령은 사이드 아잘에 의해 장악되었다.

　운남은 여러 민족들이 잡거하고 있다. 농경에 종사하고 불교를 독실하게 믿는 백인(白人)(또는 보른(僰人)이라고도 칭하는데 오늘날 백족의 선조임), 다투거나 죽이는 것을 좋아하고 죽음을 가볍게 여기는 나나(羅羅)(우만(烏蠻)이라고 칭하며 오늘날 이족의 선민), 이빨에 색칠하기를 좋아하는 진츠바이이(金齒百夷)(지금 다이족의 선민), 전쟁을 잘하고 사냥을 잘하는 무어시에만(么些蠻)(지금의 나시족의 선민), 화전 경작을 하는 투랴오만(土獠蠻)(지금의 푸랑족의 선민), 산림에 사는 우어니만(斡泥蠻)(지금 하니족의 선민) 등이 있다. 이러한 민족은 풍속이 같지 않으며 생업도 다르다. 유가의 전통관점에서 보면 예의를 모르고 혼인과 상제에 규칙을 지키지 않으며 독서를 하지 않고 농경도 아주 낙후되었다.

　사이드 아잘이 현지의 풍속과 습관을 고치기 위해 장입도와 함께 공묘(孔廟)를 건립하고 학사를 세우고 사인의 자제들에게 입학하기를 권면하였다. 또 현지인에게 예의와 혼인에는 중매쟁이를 쓰고 관곽(棺槨)과 존제(奠祭)의 예의 등을 가르쳤다. 민생을 안정하고 생산의 발전에 일련의 조처를 취하였다. 수리를 일으키고 전지(滇池)*의 물난리를 없애고 관개의 이익을 얻으며 양전을 만경이나 새로 늘렸다. 중원과 마찬가지로 메벼, 뽕나무, 삼을 심고 누에를 치고 고치를 쳐 실을 뽑는 선진경험을 현지인에게 소개하고 재배와 사육하는 방법을 고쳐 수확을 배로 늘리게 하였다. 운남은 전통적으로 패(貝)로 화폐를 삼는데 '빠즈(貝八子)'라고 칭해지며 전국

---

* 운남성 곤명시 남쪽의 西山 기슭 아래에 위치. 운남성에서 가장 큰 호수로 昆明湖, 昆明池라고도 함. "高原明珠"라는 칭호가 있음.

에서 통행되는 교초(交鈔)와 달랐다. 사이드 아잘은 조정에 상서하여 운남에 교초와 패폐(貝幣)가 통행되도록 부탁하여 비준을 받아 백성들이 아주 편리하게 생각하였다.

운남은 교통이 불편하여 사이드 아잘이 선찬로(善闡路)의 다루가치 아이루(愛魯, Ailu) 등과 함께 수륙에 모두 역전(驛傳)을 만들어 역도(驛道)를 개통함에 산로의 험준하고 도적이 출몰하는 곳에 병사를 주둔시켜 방비하게 하였다. 매 군사 거점마다 각 한 명의 현지 관리와 한 명의 백부장이 공동으로 관리하여 운남과 내지의 왕래가 편리하게 되었다.

지원 12년(1275년) 정월에 사이드 아잘은 운남 지역의 행정 관리체제와 군대 예속관계를 고치자고 요청하였다. 운남의 선위사가 행원수부(行元帥府)의 일을 겸하게 하고, 행성의 절도사에게 따르게 하였다. 각지 원래의 제도를 고쳐 몽고제도에 따라 나누었던 만호 · 천호를 로(路) · 부(府) · 주(州) · 현(縣)으로 고치고 현능자를 선발하여 책임을 맡겼다. 쿠빌라이는 사이드 아잘의 개혁조처에 동의하였다. 올해 정월 21일(2월 7일)에 사이드 아잘은 개정한 각 로의 이름을 조정에 보고하여 비준을 받았다.

행성의 아래에 37개의 로를 설치하였는데, 선찬(善闡)은 중경로라고 개명하여 그대로 행성의 소재지가 되었다. 군현의 행정관원은 모두 조정에서 위임하였다. 로의 길이 너무 멀어 6품 이하의 관원은 조정에서 매 3년마다 한 번 사신을 파견하고 행성관과 의논하여 임명하고 다시 명단을 갖추어 중서성에 보고하고 사후에 관직을 제수 받았다. 5품 이상의 관원은 중서성에서 임명하였다. 운남에 임직한 관원은 몇 가지 특수한 대우를 향유할 수 있었다. 내지에서 운남으로 오는 관원은 2등급을 올려 주고 아주 변원 지역일 경우는 3등급을 올려 주었다. 관원이 운남으로 부임하다가 죽으면 관부에서 거선(車船)을 안배하여 고향으로 돌아가서 장례를 치르도록 하였다. 또한 현지에서 많은 토관들을 임용하였고, 그 직책은 세습되어 인심을 수렴할 수 있었다. 사이드 아잘 등의 노력으로 원 조정의 운남 지역에 대한 통치는 더욱 강화되어 운남의 지방행정 기구가 내지와 거의 같은 수준에 오르게 되어 운남이 장기간 자립 하였던 역사는 종결되었다.

사이드 아잘이 운남을 통치하는 동안 한편으로는 문치를 제창하 여 무력을 남용하지 않고 현지의 각 민족의 수령들을 설복시켰다. 또 한편으로는 현지의 민속을 가능한 한 보살펴 주어 현지인들이 풍속을 보존하도록 하였다. 그것은 결국 몇 사람들의 이익에는 저 촉되었다. 더욱이 조정에서 임용한 관료가 계속 파견되어 오자 현 지 토리(土吏)가 승진하는 것이 힘들어 원망의 소리가 나왔다. 몇 몇 토관이 경성에 가서 쿠빌라이에게 사이드 아잘이 권한을 독단 적으로 행한다고 보고하였다. 쿠빌라이는 '사람을 씀에 의심하지 않았으므로' 사이드 아잘이 나라를 걱정하고 백성을 사랑해서 그렇 다고 생각하여 사실을 날조하고 양신(良臣)을 모함한다고 하여 그 들을 운남으로 압송하여 돌려보내게 하고 사이드 아잘에게 죄를 다스리라고 하였다. 사이드 아잘은 인심을 안정시키기 위해서 그들 진부를 석방하였을 뿐만 아니라 관직까지 주었다. 이들은 은혜에 감동하여 전심전력으로 충성하였다.

사이드 아잘이 반드시 무력을 써야 할 때는 신중하였다. 후에 원 강로(元江路)(지금의 운남 원강(元江))의 나반부(羅槃部)가 반란을 일으키자 사이드 아잘이 명을 받들어 군대를 이끌고 출정하였는데 얼굴에는 수심이 가득하였다. 부하들이 왜 걱정하는지 묻자 사이드 아잘은 "내 자신이 출정하여 전쟁하는 것을 걱정하는 것이 아니라 너희들을 걱정하는 것이다. 너희들이 죽음을 무릅쓰고 전쟁을 하여 죽어도 보람이 없다. 나는 너희들이 백성을 약탈하여 백성이 편안하지 못할까 걱정이 되지만 일단 사태가 발생하면 너희들은 출정해야 한다."[6]

대군이 원강성에 도착한 후 나반인(羅槃人)이 항복하지 않자 여러 장수가 성을 공격하자고 하였다. 사이드 아잘은 허락하지 않고 사신을 보내 성에 들어가 항복을 권유하였다. 나반부의 수령은 항복에 동의하였으나 며칠을 기다려도 움직임이 보이지 않았다. 여러 장수들이 시험하고자 바로 군사를 이끌고 성을 공격하려고 했으나 사이드 아잘은 동의하지 않았다. 어떤 장령은 불복하고 몰래 병사를 거느리고 성을 공격하자 사이드 아잘이 몹시 화가 나서 곧바로 징을 울려 병사를 거두라고 하고 주장(主將)의 명령을 위반하고 마음대로 행동한 죄명으로 당사자를 체포하고 군법에 따라 처리하였다. 그는 부하들에게 (황제)가 우리로 하여금 운남을 안무함에 함부로 무고하게 죽이는 것을 허락하지 않았다고 알려 주었다. 나반부의 수령은 사이드 아잘이 이처럼 관대하고 인자하며 부하를 엄격하게 단속한다는 것을 듣고 크게 감동을 받아 부하들을 이끌고 항복하였다. 이 사건이 운남에서 불러일으킨 영향은 아주 커서 각 부족의 수령들이 분분이 사이드 아잘을 배알했으며 반란사건은 그다지 발생하지 않았다.

사이드 아잘은 지원 16년(1279년)에 운남에서 근무하다가 죽었다. 일대의 명신으로 함양왕(咸陽王)에 추봉되었고 쿠빌라이는 특별히 운남행성의 관원들에게 사이드 아잘이 만든 규정을 지켜 마음대로 변경하지 말라고 명령하였다.

원 성종 대덕 4년(1300년)에 운남의 행면행성(征緬行省) 우승 유심(劉深)이 군사를 이끌고 팔백식부국(八百媳婦國)(지금의 태국 북부 등의 지역)을 칠 때 지나가는 곳에 민부들을 함부로 징집하여 백성에게 해를 가하고 각 부족의 수령들에게 재물과 마필 등을 약탈하여 민변이 일어났다. 그 이듬해 혜(奚)의 불벽(不薜)(이족언어, 물 서쪽이라는 뜻으로 지금의 귀주(貴州) 압지하(鴨池河) 서쪽을 가리킴) 토관 아나(阿那)의 아내 타절(蛇節)이 군사를 일으켜 원나라를 배반하자 운남 각 부에서 이에 응하여 전란에 빠지게 되었다. 성종이 유심(劉深)을 사형에 처하고 병사 10만을 발동하여 운남에 들어가 기의군을 소탕하게 하여 대덕 7년(1303년) 2월에야 비로소 타식을 격파했고 오랜 시간이 지난 후에 현지의 국면이 안정되었다. 유심과 사이드 아잘을 비교하면 과오와 공로가 분명하다고 어떤 사람이 시를 지어 읊었다.

옛날 선제가 남쪽을 정벌할 때를 회상하면, 소쿠리의 밥과 항아리의 국으로 신첩들을 극진히 대우해 주셨다.
관대한 덕으로서 도와주셔서, 오십여 년에 살기 좋은 나라가 되었다.
하루아침에 나쁜 신하가 마음대로 생각하여, 일을 일으켜 공을 세우고자 하여 변방에 틈이 생겼다.
불쌍하구나, 37부민(部民)이여, 어육이 어찌 옥석을 구분할 수 있으리오.
군주는 보이지 않고, 남조(南詔)의 편안함과 위태로움이 한 사람에게 달렸으니, 지금 사이드 아잘이 없다고 말하지 말라.[7]

주석

1. 『元朝秘史』 卷11 254-255쪽.

2. John of Plano Carpini 『蒙古史』, 『出使蒙古記』 25쪽.

3. 『元史』 卷125 「高智耀傳」.

4. 『元史』 卷125 「賽典赤瞻思丁傳」.

5. 『元史』 卷125 「賽典赤瞻思丁傳」.

6. 『元史』 卷125 「賽典赤瞻思丁傳」.

7. 李京 『雲南通志』 卷4, 「過金沙江」.

제4장
북상과 남하

　거대한 변혁은 사람들로 하여금 다시 생각해보게 하고 신속히
선택하게 한다. 정의와 사악, 숭고함과 하찮은 것은 한순간의 생각
차이이다.

3월~4월 임안에서 상도에 이르다

망한 송나라의 군신이 원군의 압송하에 조서에 따라 북상하다

2월 28일, 동문병(董文炳), 소도가 바얀의 명을 받들어 쿠빌라이의 조서를 가지고 남송사인인 한림학사 이반(李槃), 한림국사원편수관 왕구(王構)와 함께 임안으로 들어가 남송 태학의 상사·내사·외사의 제생들을 불러 북상하였다. 송조는 태학생에게 삼사고선법(三舍考選法)을 실행하였는데 학생을 상사·내사·외사 3등으로 나누어 처음에 입학한 학생은 외사생으로 인원수의 제한이 없다. 봄과 가을에 두번 시험 보는데 우수한 학생은 내사로 선발하여 올리며 학생의 명액은 200명으로 한정한다. 내사에서 상사로 올리는 학생의 수는 100명으로 상사생의 우수한 학생은 직접 조정에서 관직을 제수받는다. 삼사생은 '삼학생(三學生)'이라고도 칭해지며 임안 성내의 태학은 남송명장 악비의 고저(故邸)에 만들어졌다.

구주(衢州) 강산인(江山人) 서응보(徐應鑣)는 태학생이었는데 북으로 달아나지 않을 것을 맹세하고 아들 서기(徐琦)·서숭(徐崧)·딸 원랑(元娘)과 함께 불에 타 죽어 국난에 나갈 것을 맹세하였다. 서응보는 술과 고기를 가지고 태학에 가서 악비의 사당에 제사를 지내고 "하늘도 대송(大宋)을 보존하지 못해 국가가 망하니 응보는 나라를 위해 죽어 제생들과 함께 북으로 가지 않을 것을 맹세합니다. 내가 죽은 후에 대왕의 곁에 혼백을 두어 대왕과 함께 대대로 영원히 있겠습니다."고 하였다.[1] 제사가 끝나자 서응보(徐應鑣)와 자녀가 모두 사다리를 타고 누각에 올라 책 상자를 사방으로 밀어 던지고 불을 질렀다. 그러나 노복에게 발견되어 불은 꺼지게 되었다. 서응보는 죽으려고 해도 죽지 못하자 마음이 편치 않아 어디로 가야 할지 몰랐다. 이튿날 사람들이 악비 사당 앞의 우물에서 서응보 등 네 사람의 시체를 발견하였다.

서응보처럼 의리를 위해 죽는 사람도 있고 또 어떤 사람은 임안을 떠나 편벽한 주군에서 잠시 피난하였으나 대다수는 조서에 따라 북으로 갔다. 숫자를 채우기 위해 원나라 사람들은 학관의 노복을 성내에서 태학생으로 간주하여 어떤 사람은 우연히 태학에 한두 번 갔을 뿐인데도 학생이라 하여 강제로 북으로 끌려 갔다.

3월 초이일(3월 18일)에 바얀이 임안으로 들어와 행성낭중 맹기(孟祺) 등에게 명하여 이반(李槃), 왕구(王構)를 도와 송 조정의 예악, 제기, 책봉하는 글과 옥새, 의장 및 비서성·국자감·국사원·학사원·태상시의 도서장부를 파악하게 하였다. 동문병은 그들에게 "국가가 멸망하더라도 역사는 잃어버려서는 안 된다. 송 조정의 열여섯 명의 군주, 300여 년의 통치는 모두 태사가 기록하여 사관에 보존되었으니 전부 찾아서 후에 이용되도록 해야 한다."[2]고 말하였다. 그래서 사적과 각종 주기(注記) 뿐만 아니라 5천여 권 책을 모두 북으로 실어 갔다. 바얀이 또 알리백(阿里伯, Alibeg) 등에게 명하여 송 궁실이 가지고 있는 보물을 점검하게 하자 알리백이 샅샅이 찾아서 귀중한 보물들이 거의 빠트려지지 않았으며 궁인과 관원 등에게 보물을 바칠 것을 요구하자 송나라 사람들은 화가 나도 말할 수 없었다. 북행하는 궁정의 금사(琴師) 왕원량(汪元量)이 시부로서 당시 임안 성내의 상황을 기록하였다.

양회(兩淮)와 형양(荊陽) 지역이 모두 적에게 항복하고, 원나라 군대가 북을 치니, 북소리가 천지를 울리며 고도 임안으로 쳐들어왔네.
태후께서는 이미 정사를 처리할 마음이 없으니, 단지 독서인들은 상심하여 눈물만 줄줄 흘리네.
육궁의 궁녀들도 눈물을 줄줄 흘리니, 임금을 끝까지 섬기지 못하게 될 줄 누구도 알지 못했다네.
태후가 조서를 전달하여 투항하기로 하여, 바얀 승상이 친히 태후 앞에 이르러 일을 의논했다네.
의관은 고쳐 입지 않고 이전에 입었던 것과 같으나, 송나라 지폐인 관자(關子)과 회자(會子)가 통행되어 시장에 가득하다.
북쪽에서 온 객상이 남인과 함께 장사를 하고, 경사에서는 이전과 같이 동전을 사용하여 교역한다.
북쪽의 군사가 예물[撒花]를 요구하니, 남송의 관부에서는 단지 필요한 돈을 백성들에게 부담케 한다.
승상 바얀은 또한 말하길, 태학에서 우수하고 재능있는 인재를 선발하여 데려가자고 한다.
바얀 승상과 여(呂)장군이 강남을 점령함에, 함부로 사람을 죽이지 않았다네, 어제 태황태후가 차와 식사를 대접했는데, 연회에 참가한 사람은 모두 투항한 송나라의 관원들이라네.[3]

'철화(撒花)'는 페르시아어의 음역으로 '예물'이라는 뜻이다. 몽고사람들은 다른 사람의 예물을 받는 것을 좋아하고 심지어 다른 사람들이 예물을 바칠 것을 강제로 요구하는 것이 몽고국 시기 이

후로 계속되었다. 지금 원나라 사람들은 정복자의 신분으로 임안에 들어가 피정복자에게 예물을 강요하는 것은 떳떳하고 당연하다. 송나라 사람들은 원나라 사람들의 특성을 잘 이해하여 미리 준비를 하였다. 2월 9일에 이루어진 송 조정의 기청사단(祈請使團)은 예물관 두 명을 두어 관장하게 하고, 예물을 거두는 사람이 3명, 예물을 호송하는 관원이 3,000명이나 되었다. 예물을 준비하여 원나라 황제, 후비와 각급 관원에게 보냈다.

바얀이 송나라 복왕(福王) 조여예(趙與芮)에게 글을 올려 그가 의혹을 풀고 빨리 와서 국사를 의논하기를 바랐다. 3월 초구일(3월 25일) 조여예는 조서에 응하여 바얀의 군중에서 만났다.

3월 10일, 바얀이 임안을 떠나 북상할 때 후사를 처리할 임무를 동문병, 알라칸 등에게 주었다. 바얀은 윤 3월 21일(5월 6일) 대도에 도착하고, 23일에 상도에 가서 쿠빌라이를 알현하였다.

3월 12일(3월 28일) 아타카이, 알라칸, 동문병 등이 쿠빌라이의 조서를 가지고 궁에 들어가 강산과 사직을 잃어버린 송 이종의 사후(謝后), 도종의 전후(全后)와 어린 황제 조현에게 낭독하고, 그들에게 북상하여 대원황제를 알현하라고 명하였다. 조서에는 '면계경색양(免系頸牽羊)'이라는 말이 있는데 항복한 사람에게 관대하여 수갑을 채우는 범인의 방식을 취하지 않는다는 것이다. 전후와 조현은 북쪽을 향하여 무릎을 꿇고 대원황제가 자기들을 죽이지 않는 은혜에 감사하였다. 그날, 전후와 조현은 궁을 떠나 북으로 갔고, 사후는 병 때문에 잠시 임안에 머물렀다. 원나라 사람들이 궁녀·내시·악관 등을 찾아 데리고 갔는데 궁녀들이 항명하여 물에 빠져 죽거나 자살하는 사람이 수백 명이나 되고 명령에 따라 북상하는 사람도 백여 명이나 되었다. 복왕(福王) 조여예(趙與芮)·흔왕(沂王) 조내유(趙乃猷)와 사당(謝堂)·양진(楊鎭) 이하 관원과 하급관리 등 북상하는 사람이 수천 명이나 되었다. 사당은 원래 기청사에 임용되었으나 기청단이 출발할 때 동행하던 원나라 사람에게 뇌물을 주어 임안으로 돌아오게 되었지만 이번에는 도망 갈 수 없었다. 왕원량 등이 태학생과 동행하게 되었다. 원량은 시부를 지어 국운이 나빠 어린 황제가 먼 길을 가게 됨을 한탄하였다. 시에 이르길,

대원황제의 성은에 감사드리고 황궁의 내문(內門)을 나오는데, 송나라 황제의 수레 앞에서 길을 비키라고 소리치는 사람은 원나라 상장군이라네.
흰색의 모우(旄牛) 꼬리 깃발과 황색의 도끼가 두 줄로 서 있고 뒤쪽에 선홍색의 옷을 입은 사람이 어린 송나라 황제인 듯하네.
십 수 년래로 국사가 어그러져, 대신들은 계책이 없이 때에 따라 움직이는구나.
삼궁이 오늘 연산(燕山)으로 가고, 봄풀은 처량하게 계단에 뻗쳐 있구나.[4]

라고 하였다.

왕원량은 스스로 운명이 기박함을 한탄하고, 이러한 힘든 때를 만나 만리길 북쪽으로 감에 생사를 예측할 수 없어 눈물이 앞을 가리고 비참한 정경만 보일 뿐이다. 즉,

삼궁의 배는 비단으로 만든 돛을 올리니, 비빈·궁녀들의 대오에서 생황소리가 울러 퍼진다.
망국의 백성들이 길 양쪽에서 무릎을 꿇고 절을 함에 통곡을 하려고 해도 소리나 나오지 않는다.[5]

북상하는 송나라 사람들은 이렇게 처참한 심경으로 길에 올랐다. 왕원량과 같은 나약한 서생은 곤궁에 빠지는 괴로움을 겪지 못했으므로 성을 떠나 오래지 않아 걸음이 느려 앞으로 가려고 해도 나가기 어려운데 압송자는 조금도 개의치 않고 곤봉으로 세 번이나 때렸다. 운하에서 배에 오르자 압송자들은 그들에게 한 통의 죽을 주었으나 숟가락이 없었다. 굶주림을 참기 어려운 태학생들은 지식인이라는 것도 돌아보지 않고 강가에서 조개껍질을 주워 다투어 죽을 먹었다. 태학생이 황제의 외척이나 고위 관료에 비할 수 없지만, 투항 후에 기댈만한 재산이 있는 사람은 선물이나 뇌물로 비교적 좋은 대우를 받을 수 있다. 그들은 대체로 책이든 상자나 옷을 가지고 가 압송자들의 비웃음을 샀으나 참을 수밖에 없었다. 이처럼 어려운 상황에 어떤 사람은 더 이상 버틸 수 없어 길에서 죽는 사람이 생겨나 시체는 압송자들에 의해 황야에 버려졌다. 5월 초팔일(6월 21일) 대도에 도착했을 때 100명의 북상하던 태학생이 단지 46명만 남았다.

전후, 조현 일행은 강을 건너 과주(瓜洲)(지금의 강소 양주시(揚州市) 남쪽)에 도착하였다. 사람을 보내 태황태후 사도청의 서신을 가지고 양주성 아래로 가서 이정지, 강재 등에게 항복하라고 명령하였다. 성 위에서 답하지 않자 화살을 쏘아 사신 한 명을 죽이자 나머지 사람들이 도망하여 왔다. 이정지, 강재가 울면서 죽음을 무릅쓰고 양궁(兩宮)을 탈회하겠다고 맹세하였다. 4만 명의 장사들이 집합하여 강재의 영도하에 밤에 도망가 과주에 도착하였다. 그러나 원나라 군사가 미리 방비하여 사람을 보내 조현을 호송하여 북으로 데려갔다. 진주(眞州)(지금의 강소 의정(儀征)) 지방장관 묘재성

(苗再成)도 발동하여 어가를 구하려고 준비하였으나 성공하지 못하였다.

전후, 조현을 따라 북상하는 사람들, 특히 궁녀들은 남쪽으로 돌아간다는 희망이 없어 가는 동안 비통해 하였다. 소의(昭儀) 왕청혜(王淸惠)는 한 수의 '만강홍(滿江紅)'을 관역(館驛)의 장벽에 썼는데 자신의 감정을 대표하기에 충분하였다. 사에 이르기를,

황궁의 지당(池塘)의 연꽃은 조금도 과거의 색깔처럼 선명하지 못하다. 일찍이 기억하노니, 옛날에 임금의 은총을 받아 백옥으로 장식된 작은 누각과 황금으로 장식된 궁전에 살았다. 난초 향기가 후원에 퍼지고, 연꽃같이 불그스름한 얼굴로 군왕을 모셨다. 갑자기 하루아침에 전쟁이 일어나 번화한 모습이 사라졌다. 옛날의 제왕과 장상이 용과 호랑이처럼 도망가고, 그들의 권리와 기세도 바람과 구름처럼 사라졌다[남송의 군신이 흩어지고 정치상의 위세가 사라짐을 의미함] 천고의 한을 누구에게 하소연 하리오? 송나라의 강산을 생각하니 눈물이 옷깃을 적신다. 역관(驛館)에서 밤에 잠을 자다 날아오는 흙먼지로 악몽에서 깨어났다. 이른 아침에 궁중의 수레는 달빛을 따라 출발한다. 월궁의 상아(嫦娥)에게 묻노니, 조용하고 편안하게 달이 둥글고 이지러지는 것을 대면할 수 있겠는가?[6]

라고 하였다.

2월 상순에 출발한 송 조정의 기청사단(祈請使團)은 문천상이 중도에서 도망한 것을 제외하고, 윤 3월 10일(4월 25일)에 모두 대도에 도착하였다. 수도에 머물러 있던 관원들은 회동관(會同館)에 들어가 쉬게 하였다. 기청사 네 사람과 좌승상 오견·우승상 가여경·참지정사 유절·가현옹은 관내의 목빈당(穆賓堂) 근처에 나누어 머물렀다. 표문을 올리고 옥새를 바치며 토관(土官)을 납부하는

일은 감찰어사(監察御使) 양응규(楊應奎)와 대종승(大宗丞) 조약수(趙若秀)가 하였고 일기관은 종승 조시진(趙時鎭), 관찬(閣贊) 엄광대(嚴光大)이다. 양응규 이하의 관원과 시종 등은 관내의 양 복도에 있는 객방(客房)에 나누어 거주하였다. 가여경은 대도에 도착하기 하루 전에 병이 들었는데 입성한 후에 병이 심해져서 14일 관내에서 죽었다. 다음 날 회동관 후문에서 장례를 치르고 간소하게 상을 치렀다. 가현옹은 밤낮으로 울고 음식을 먹지 않았다. 원나라 사람들은 그의 고상한 절개를 높여 쿠빌라이에게 관직을 줄 것을 아뢰어 남인이 북인에게 굴복하였음을 드러내고자 하였으나 가현옹은 충신은 두 군주를 섬기지 않는다고 하면서 거절하였다.

원나라에 항복한 회서(淮西)제치사 하귀(夏貴)는 쿠빌라이의 조서를 들고 북상하였는데, 윤 3월 12일(4월 27일)에 고급무관 300여 명을 이끌고 대도에 도착하였다.

윤 3월 24일(5월 9일), 전후와 조현 등 일행은 대도에 도착하였고 오견, 가현옹 등은 성에서 5리 밖에 나가 맞이하였다. 가현옹은 땅에 엎드려 눈물을 흘리며 기청사의 무능을 아뢰었으나 원나라 황제의 마음을 움직여 사직을 보전할 수 없자, 방관자들은 탄식하며 눈물을 흘리지 않을 수 없었다. 전후와 조현 등은 회동관 중당에 머물도록 적절하게 배치되었다.

4월 12일(5월 26일), 기청사 일행이 상도를 향해 출발하였다. 15일, 전후·조현·복왕·기왕과 사당 등이 대도를 떠나 상도로 출발하였다. 22일(6월 5일) 기청단이 상도에 도착하였다. 28일(6월 12일) 조현 등이 상도에 도착하여 쿠빌라이의 접견을 기다렸다.

송나라 왕이 어쩔 수 없이 궁정을 떠난 후 많은 진주보석과 도적(圖籍) 등이 모두 압송되어 북으로 날라졌다. 양절 대도독부를 제외하고, 바얀이 2월 12일(2월 28일)에 설치한 절동서 선무사도 직책을 행사하기 시작하였다. 선무사를 장악하고 관리하는 것은 원래 원 조정의 이부상서 맥귀(麥歸), 비서감 초우직(焦友直)과 이부시랑 양거관(楊居寬)이었는데 그들이 지임안부(知臨安府)의 일도 겸하였다. 중대한 변고를 겪은 임안성은 짧은 혼란과 처량함을 거친 후 빠르게 옛날의 번영을 회복하였다. 오래지 않아 쿠빌라이는 명령을 내려 임안을 항주라 고치게 하고 송 왕조는 '망송(亡宋)'이라 칭하였다.

북상하는 송인과 역행하는 것은 남으로 와서 관직에 나갔던 몽고인·색목인·상업에 종사하는 회회인 및 라마교를 전파한 '서승(西僧)'이다. 가장 주목을 끄는 사람은 후에 강서제로(江淮諸路)의 불교 도총섭(都總攝)에 임용된 탕구트(唐兀, Tangut) 사람 양련진가(楊璉眞加)이다. 송 조정의 궁실은 사람들이 떠나가 비게 되었고, 양련진가는 라마교의 영향을 확대하기 위해 주술을 써서 불법으로 남송의 망령을 진압하려고 하였다. 그는 지원 15년(1278년)에 여러 황제의 '찬궁(攢宮)'(제왕을 잠시 묻어 둔 곳. 송이 남도한 후에 제후(帝后)의 무덤은 '찬궁'이라 칭했다. 송 조정의 능침이 모두 하남에 있었으므로 이곳에 잠시 관을 머물러 두었으므로 이 명칭이 있다.)에 여러 황제의 유골을 한 곳에 모아 위에 탑을 하나 만들어 귀신을 살게 했으므로 '진남탑(鎭南塔)'이라고 칭한다.

양련진가는 남송의 궁실을 사원으로 개조하였으며 존승탑(尊勝塔)과 보국(報國)·흥원(興元)·반야(般若)·선림(仙林)·존승(尊勝)의 5개 사원을 만들었다. 존승탑의 모양은 항아리와 같았으며 높이는 200장(丈)이고, 송의 고궁의 각종 화석과 진사(進士) 제명석비(題名石碑) 등을 사용하였다. 양련진가는 송 고종 조구(趙構)가 쓴 《구경(九經)》의 석각을 주춧돌로 쓸려고 했는데 항주총관부추관 신도치원(申屠致遠)에 의해 저지되었다. 존승탑 안에는 수 십만 권의 불경이 소장되어 있는데 외벽은 눈처럼 희게 칠하였으므로 현지 사람들은 '백탑(白塔)', '일병탑(一瓶塔)' 또는 '서번불탑(西番佛塔)'이라고 불렀다. 양련진가는 항주의 여러 산에도 굴을 파서 조상(造像)을 만들었는데 비래봉(飛來峰) 아래에 아주 많다. 남방 사람들은 이러한 추악하고 눈이 찢어진 라마교의 불상에 익숙하지 않다. 그러나 토번사람과 몽고사람들이 신봉하는 신령으로, 그 중에 위엄과 이름이 두드러진 대흑천신(大黑天神)도 적지 않다.

남송 유민들은 능을 파고 탑을 세우는 행위를 몹시 싫어하고 가슴 아파했지만, 불법으로 마귀를 이기는지에 상관없이 가능한 한 선제의 유골이 모욕받지 않게 보호하고자 하였다. 능을 지키는 환관 나선(羅銑)은 관 안에서 불태워진 모든 유골을 주워 모았다. 또 송의 태학생 임경희(林景曦)는 은 두 냥을 서승(西僧)에게 주어 고종과 효종의 유골을 얻어 동가(東嘉)에 묻었다. 더 기이한 이야기는 유사 당각(唐珏)이 가산을 팔아 돈을 마련하고 또 돈을 빌려 시골의 소년을 고용하여 서교(四郊)의 다른 유골과 송 황제의 유골을 몰래 바꾸어 자기가 있는 곳에 묻었다. 또 몰래 송 조정의 상조전(常朝殿)에서 동청수(冬靑樹)를 파 와서 무덤 주위에 심었다. 이듬해에 당각이 밤에 잠을 자는데 꿈에 신인이 나타나 의로운 행동에는 반드시 선한 보답이 있을 것이라 하였다. 당각은 당시 집이 가난하고 아직 아내도 없었다. 신인이 천제에게 알려 그에게 아내와

세 명의 아들을 주고, 또한 3경(頃)의 토지가 있을 것이라 했는데, 후에 과연 말대로 되었다.

'높고 높은 천목산에 왕기가 오늘 이미 멈추었다.' 선제의 '찬궁'은 파헤쳐졌고, 궁전은 사원으로 바뀌었는데, 비분한 남송의 유민들은 힘으로 저지할 수 없어 단지 긴 노래에 곡을 할 뿐이며 시를 지어 심경을 전하였다. 즉,

> 내가 고적(古蹟)을 회고하려고 하나, 해가 지니 슬픈 바람이 윙윙 분다.
> 말없이 한 잔의 술을 받쳐드니, 이 때 쓸쓸한 바람이 알 수 없는 근심을 불러일으킨다.[7]

라는 것이다.

3월 24일 통주(通州)
문천상 등이 천신만고 끝에 위험에서 벗어나다

2월 29일(3월 16일) 밤에 문천상이 남송의 기청사단에서 탈출하여 진주(眞州)로 달아났다.

태황태후 사도청이 임명한 북상하는 기청사에는 원나라 군영에 구류되어 있던 문천상은 포함되지 않았고, 좌승상 오견도 나이가 많고 병이 많아 임안에 머물러 있게 하였다. 2월 초팔일(2월 25일) 가여경·가현옹·유절·사당 네 사람이 임안을 출발하여 배를 탔

다. 바얀이 갑자기 오견, 문천상에게 기청사단 일행과 함께 북상하도록 이튿날 배에 오르게 하였다. 문천상을 수행하던 사람으로 천태(天台) 사람 두호(杜滸)와 진주(眞州)사람 여원경(余元慶) 등이 있다. 두호는 문천상의 곁에 남아서 문천상이 도망하는 것을 도울 준비를 하였다.

2월 10일(2월 27일) 배가 사촌(謝村)에 도착하자 문천상과 두호가 밤에 도망할 계획을 하였다. 그러나 밤 12시경 압송을 책임진 원나라 군사가 그들을 배에서 내리라고 하였다. 원래 가여경이 압송관에게 문천상이 도망갈 것이라고 알려주어 원나라 사람의 주목을 끌었는지 관리를 강화하여 천상의 계획은 수포로 돌아갔다.

2월 18일(3월 4일) 기청사단이 진강에 도착하였다. 투항조서를 이정지에게 보내기 위해서 아주가 사단에게 명하여 진강에서 10여 일을 머물게 하였는데, 문천상에게 도망칠 기회를 만들어 주었다. 그러나 문천상의 행동은 감시를 받았는데, 왕(王)이라는 성을 가진 원군 천호가 한시도 천상의 곁을 떠나지 않았다. 진강에서 빠져나오면 수로를 따라 가므로 원군이 양주를 포위하기 때문에 백성들의 배가 모두 압류될 것이다. 가령 배를 찾아낸다고 해도 밤에 성문을 빠져나가는 것이 아주 힘들다. 원나라 사람들은 '통행금지'를 실시했으므로 백성들이 밤에 외출할 수 없다. 길거리에는 모두 기병이 문을 지켜서 원군의 '관정(官灯)'을 손에 들고 있지 않으면 통과할 수 없다. 장강에는 진부 원군의 병선이 수십 리나 이어져 있어 야간에 강에서 배를 타고 가는 것이 더욱 위험하다.

문천상이 도망할 계획을 세웠다. 그는 일단 진강을 떠나 강을 따라 북상하면 더욱 벗어나기 어렵다는 것을 알았다. 그는 두호·여

원경과 기회를 타서 도망할 계획을 의논하고 또 비수를 몸에 준비하여 만약 일이 발각되면 스스로 목숨을 끊어 순국하려고 하였다. 원군이 남송 재집(宰執)의 시종들을 엄격하게 관리하지 않았으므로 그들은 자유 활동을 할 수 있다. 두호와 여원경 등은 밖에서 움직이면서 지형을 살펴보고 선박을 찾아보았다. 여원경의 옛날 친구 한 명이 이때 마침 원나라 군대에서 배를 관리하였으므로 원경이 설득하여 배 한 척을 몰래 마련하여 송나라를 위해 한 명의 승상을 구해 주었다. 두호는 자못 능력이 있어 문천상이 머무는 곳에서 강변까지 가까운 길을 찾았을 뿐만 아니라 길을 안내하는 사람을 구하고 '관정[등불]'도 하나 구하였다. 29일 정오에, 원군의 압송관이 갑자기 기청사에게 강을 건너라고 하였으므로 가여경 등은 명령에 따라 배를 타고 갔다. 문천상은 일이 있다고 핑계를 대고 오견과 일을 의논하여 다음 날 함께 강을 건넜는데 의심을 받지 않았다. 그렇지 않았다면 모든 계획이 수포로 돌아갔을 것이다.

밤이 되어 문천상은 술에 취한 척하고 왕 천호를 속여 떠날 수 있었다. 두호는 함께 도망할 12명과 약속을 하였는데 두 사람은 이미 배 위에 있었다. '관정[등불]'이 손에 있고 또 길을 안내하는 사람이 있어 문천상 등 10명은 순조롭게 강변에 도착하였다. 길모퉁이를 통과할 때 길을 막는 전마에 놀라 소리가 났지만 수위하는 사병은 모두 깊이 잠이 들어 깨지 않아 위험은 없었다. 그러나 강변의 약속한 곳에 배가 보이지 않고 오래 기다려도 배가 오지 않았다. 조급해진 문천상은 강으로 뛰어들어 죽으려고 하였다. 작은 배가 원군의 병선(兵船)을 가로질러 순풍을 타고 와서 날이 밝기 전에 문천상 일행은 진주(眞州) 부근에서 배를 버리고 기슭에 올라 바로 진주성 아래로 달아나 성을 지키고 있던 송군이 맞이하였다.

문천상이 천군만마에서 도망할 수 있었던 것은 정말로 기적이다. 원나라 사람은 3월 초일일(3월 17일)에야 문천상이 도망하였음을 확신하고 진강 성안을 3일이나 수색하였으나 찾지 못하자 왕 천호 등을 처벌하였다.

진주의 지방장관 묘재성(苗再成)이 문천상을 보고 아주 반가워하였다. 그는 문천상에게 최근에 한 명의 나무꾼이 한 그루의 큰 나무를 잘라 나무 안에 '천하조(天下趙)'라는 세 글자를 파 넣었는데 조송 왕조가 아직 희망이 있고 하늘이 장차 우리가 나라를 되찾는 것을 도울 것이라 설명하였다. 묘재성은 회서제치사 하귀와 회동제치사 이정지가 문천상의 협조하에 이전의 혐의를 버리고 손을 잡고 작전을 세웠다. 하귀는 강변으로 출군하여 허세를 부리고 건강(建康)을 공격하려는 상태로 원나라 군사를 견제하였다. 회동 제군도 출두하여 진강(鎮江) 등지를 수복하고 사면에서 과주(瓜州)를 포위하여 아주를 사지로 몰았다. 만약 이 움직임이 성공했다면 송군은 임안에서 원군이 북으로 돌아가는 길을 끊어 원군의 주력을 섬멸시킬 수 있었을 것이다.

문천상은 이 계획이 아주 훌륭하며 중흥이 전적으로 여기에 달려 있으므로 이정지·하귀·강재 등에게 편지를 보내 계획에 따라 행동할 것을 희망하였다. 그러나 묘, 문 두 사람이 하귀가 이미 원나라에 항복한 깃을 알지 못하였으므로 이 계획은 실현될 수 없었다.

3월 초이일(3월 18일) 밤에 양주에서 전해 온 소식을 듣고 나서 묘재성은 크게 놀랐다. 이정지가 사람을 보내 묘재성에게 원나라 사람이 한 명의 송나라 승상을 진주의 염성(賺城)으로 보냈는데 이

승상이 아마도 문천상일 것이므로 빨리 죽여야 한다고 알려 주었다. 묘재성은 진위를 가리기 어렵고 문천상을 차마 죽일 수 없어 다음 날 일행 12명을 진주에서 나오게 하여 성 밖에 가두었다. 두 명의 의군 두목에게 명하여 천상을 반복적으로 염탐하여 간첩인지의 여부를 분명히 가리고자 하였다. 문천상은 강개하게 말하였고 심지어 목숨을 바쳐 순국할 것이라고 하자, 두 명의 두목이 감동을 받아 그가 충신이라는 것을 믿고 실정을 알려주었다. 진주로는 갈 수 없으므로 2명의 의군 두목이 그들에게 살길을 열어 주어 양주로 가게 하였다.

문천상 등이 밤에 양주 성 아래에 도착하였지만 성으로 들어갈 수 없었다. 천상이 두호의 건의를 받아들여 잠시 시골로 피할 준비를 한 후에 길을 찾아 통주(通州)(지금의 강소 남통(南通))에 도착하여 바다를 건너 강남으로 가 두 왕을 찾아 따르기로 하였다. 그러나 여원경 등 네 사람이 금을 가지고 어디로 도망갔는지 알 수 없다. 초사일, 남은 8명이 평지와 산간의 토담이 둘러 쳐진 곳으로 숨었는데 마침 기청사단을 압송하는 대부대의 원나라 군대가 곁을 지나감에 말 발굽소리와 화살통이 서로 부딪치는 소리가 너무나 크게 들려왔다. 때마침 큰바람이 불어 먹장 구름이 짙게 깔리고 산색이 어두워 천상 등이 발견되지 않았다. 초오일, 천상 등이 다시 위험을 만나 순찰하던 원군에게 거의 붙잡힐 뻔했는데, 다행히 큰바람이 사방에서 일어나 원군이 한 사람만 붙잡아 총총히 떠나갔다.

천상이 도망하여 성명(性命)을 보전하였으나 고욱성(高郵城)으로 들어갈 수 없다. 왜냐하면 이정지가 이미 회서 제군에 명령하여 염성의 간첩을 체포하라고 했기 때문이다. 천상은 송, 원의 양쪽 군대의 체포 수색으로 피신해야 되어 마침내 계가장(稽家莊)에 잠시 거주하였다. 장주(莊主) 계총(稽聳)이 3월 11일(3월 27일)에 사람을 보내 태주성으로 들어가게 해 주어 문천상은 위험에서 벗어났다.

3월 24일(4월 9일) 문천상이 배를 타고 통주에 이르렀는데 마침 원군이 사방에서 달아난 문승상을 체포하려고 하였고, 원나라 사람들의 이간책이 파탄을 가져와 수장 양사량(楊師亮)이 천상을 맞아 입성하였다.

약 한 달 내로, 문천상 등 몇 사람은 송원 군대의 대치 지역을 넘나들어 결백하지 않다는 원한을 받아 송나라 사람들의 신임도 받을 수 없었다. 그가 강남으로 돌아오고 싶어도 원나라 사람에게 체포될까 두려웠다. 마침 하늘이 도와서 큰 난에도 죽지 않고, 송나라 신하로서 국가에 충성할 수 있었다. 그의 처지는 원군에 의해 북상해 가는 기청사·태학생·전황후·어린 황제와 극명한 대조를 이루었다. 문천상은 시가로서 이 어려운 여정을 기술하였으며 ≪지남록(指南錄)≫이라 통칭하였다. 그는 자신을 북상하는 문인과 비교하였다. 즉,

나는 북상하여 주금사(朱金沙) 상류에 있는데, 사람들은 과주(瓜州)를 지나 강을 건넌다.
회수의 구름은 한 조각도 서로 막힘이 없이 보이는데, 남북의 다른 방향으로 생사가 이 길에서 나뉜다.
공경(公卿)은 북으로 가서 모두 눈썹을 낮추고, 세상 일의 흥망을 알지 못한다.
조씨(趙氏)에게 돌아갈 것을 전적으로 도모하는 것은 아니나, 동남 지역에서 누가 사내 대장부인가?[8]

무주(婺州)에서 도망 온 익왕(益王) 조시와 광왕(廣王) 조병 일행은 온주의 안둔(安頓)까지 도망 왔다. 소유의(蘇劉義), 육수부(陸秀夫) 등이 모였고 조금 있다가 또 사람을 보내 장세걸, 진의중 등을 불러왔다. 온주의 강심사(江心寺)에는 고종황제가 금나라를 피난할 때 사용했던 의자가 있었는데, 이 의자를 보자 가슴이 아파 여러 대신들이 앉아서 통곡하였다. 감상에 젖은 후에 또 현실에 직면해야 했다. 여러 신하들이 조시를 받들어 천하병마도원수(天下兵馬都元帥)로 삼고, 조병은 부사가 되어 병마를 모았다. 온주는 임안과 멀지 않으므로 원군이 올 수 있는 거리여서 오래 머물면 안 된다. 그래서 장세걸, 진의중 등이 수왕(秀王) 조여고(趙與睾)를 복건찰방사겸안무(福建察訪使兼安撫)·지서외종왕(知西外宗王)으로 삼고, 조길보(趙吉甫)를 지남외종정겸복건동제형(知南外宗正兼福建同提刑)으로 삼아 먼저 복건에 들어가 민심을 안무하고 두 왕을 위해 계속 남쪽으로 옮겨 갈 준비를 하라고 하였다.

남쪽으로 도망간 두 왕과 신하들이 온주에서 만났는데 병 때문에 잠시 임안에 있던 태황태후 사도청은 급히 두 명의 환관에게 병사 100명을 보내 조시와 조병을 임안으로 모셔오게 하였다. 진의중은 오는 사람들을 강물안에 밀어 넣고 즉시 무리를 이끌고 남하하여 복주를 향해 갔다.

멀리 통주(通州)에 있던 문천상은 두 왕이 온주에서 여러 신하들과 모여 있다는 소식을 들은 후, 곧 해선을 찾아 윤 3월 17일(5월 2일)에 통주를 떠나 온주로 달려갔다. 배가 양자강 입구에 이르렀을 때 문천상은 즉흥 시부를 지었다. 즉,

며칠 동안 바람을 따라 북쪽에서 거닐다가, 양자강으로 돌아왔다.

신의 마음은 하나의 자성이 있는 돌로, 남쪽을 가리키지 않으면 쉬지 않는다.[9]

라 하였다.

시 속에서 그가 험난함을 두려워하지 않고 남쪽으로 돌아와 나라에 보답할 결심을 표현하였는데 앞에서 말한 《지남록》은 이 첫머리 시의 함축된 뜻을 내포하고 있다. 안타깝게도 문천상이 늦게 와서 4월 초팔일(5월 22일) 온주에 도착한 후에야 조시와 조병이 이미 한 달 전에 떠났다는 것을 알았다. 문천상은 잠시 온주에 있으면서 한편으로는 부근 지역에서 호걸과 의사들을 소집하여 침범해 올 원군을 막을 준비를 하였고 또 한편으로는 복건에서 올 소식을 기다렸다.

3월~4월 임안(臨安)
원 조정은 일련의 금령(禁令)을 실시하여 통치를 유지하다

3월 3일(3월 19일) 행성의 관원이 쿠빌라이의 조칙을 받들어 강남에서 이미 귀부한 주군의 민간의 병기, 이를테면 화살·칼과 창·철갑·막대기, 심지어 새총, 갈고리 등을 거두어 들여 모두 등록하고 관부에 바쳐야 한다고 명령을 내렸다.

이 명령이 내려지자 강남은 흔들렸다. 더욱이 흥국군(興國軍)(지금의 호북 양신(陽新)) 등지에서 사람들이 모여 반항하였다. 권지홍

국군사(權知興國軍事)인 진천상(陳天祥)은 행성의 명을 받들고 사병 10명을 이끌고 황급히 흥국성으로 가서 현지 주민들에게 잠시 무기를 가지고 향리를 방위하라고 선포하자 인심이 점차 안정되었다. 진천상이 행성에 보고하기를,

간사한 사람을 저지하고 근본에 힘써야 한다. 안에서 막을 준비를 하지 않으면 밖에서 틈을 엿보는 불화가 생겨나니, 이 이치와 형세는 반드시 그러하다. 이 군인들이 반란을 일으키는 까닭을 추론해보면 바로 당시의 조처가 적절함을 잃어 밖으로는 소원하고 안으로는 급하기 때문이다. 무릇 군중에 있는 사람은 작은 쇠붙이와 막대기도 손에 넣지 못하는데 간사한 사람들은 몰래 얻을 수 있으니 공사가 모두 그 피해를 입는다. 지금 군중에 다시 문제가 있고 약하기가 이와 같으니 서로 방어하는 것 같지만 믿지 못한다면 어찌 바깥의 적을 걱정하리오. 배를 탄 사람이 모두 적국일까 두려워한다. 사람들에게 진심을 알려 힘을 합하고 마음을 같이하여 재앙과 복을 고르게 하면 사람은 내 사람이고 병사는 나의 병사이니 난을 평정하고 간사함을 그치게 함에 시행하지 않으면 안 된다.[10]

라 하였다.

진천상의 뜻은 아주 분명하다. 그는 민심을 안정시킬 방법으로 문제를 해결하고자 하여 민간의 병기를 거두어 가지 않았다. 흥국군의 변란은 조처가 적절하지 못해서이다. 밖은 느슨하고 안은 긴장하여 성안의 사람들이 손에 조금의 쇠붙이도 없으면 돌발 사태에 대응할 수 없어 관부와 백성이 모두 심한 해를 받는다. 현재 흥국군의 내부는 심한 손해를 입었는데, 성안의 백성을 믿지 못하거나 도적을 방비하는 것처럼 방어를 강화하면 바깥 적이 걱정될 뿐만 아니라 같은 배를 탄 사람도 적으로 변할 것이다. 성심으로 사

람을 대하고, 백성들이 힘을 합해 달고 쓴 것을 같이하고 환난을 함께 한다면 사람은 우리 사람이고, 병사는 우리 병사여서 모든 반란은 평정될 수 있다.

행성도 진천상이 기회에 따라 흥국군의 일을 처리하는 것이 마땅하다는데 동의하였다. 진천상은 주민들에게 10가(家)가 1갑(甲)이 되고, 10갑(甲)에 1장(長)을 두도록 편성하고 병기를 금하는 것을 느슨하게 하여 백성들이 편리하게 하였다. 부근의 산채에서 무리들이 모여 병사라고 칭하는 사람들이 점차 와해되었다.

진천상의 조처는 경내를 편안하게 하고 백성을 보호하는데 장점이 있었으나 조정의 뜻과는 서로 괴리되었다. 시간이 흐름에 따라 각지의 관원들이 병기를 제어하는 것이 날로 엄격하고 금지가 더욱 심해졌다. 일 년 후에, 흥국군을 로(路)로 고치고 진천상은 다른 곳으로 옮겨졌다. 후임자가 병기를 숨긴 죄를 추궁하자 민변이 일어나게 되어 대강(大江)의 남북 여러 주군이 세력을 타고 동조하는 사람을 죽이고 악주(鄂州)로 육박하였다. 어떤 사람은 악주성 내의 남인들을 모두 죽여 내응의 근심을 끊자고 건의하였으나 진천상의 권유로 정지되었다.

비록 사람들이 반항하였으나 민간에서 병기를 최종적으로 금지하는 것이 유효한 법령이 되었다. 남인뿐만 아니라 한인도 사사로이 무기를 만들어 소장하거나 매매하는 것을 허락하지 않으며, 어기는 사람은 엄격하게 죄를 묻기로 하였다. 흩어져 있는 갑옷 조각이나 이미 사용할 수 없는 칼과 창, 화살을 소장하다가 발각되면 곤장을 맞거나 장형(杖刑)을 받아야 했다. 무기가 개인의 집에 있다고 밝혀지면 당사자는 유배되거나 사형에 처해졌다. 관부에서는 밀고자에게 상을 내렸는데 어떤 사람이 기회를 타고 재물을 모으기 위해 혹은 사사로운 원수를 갚고자 다른 사람이 무기를 소장하고 있다고 무고하였다. 이것이 화근이 되어 집이 파산하고 사람들이 도망하는 사건이 종종 발생하였다.

무기를 엄격하게 제한하는 것 외에 강남 사회의 각종 '모임'도 정치하는 사람들의 주의를 불러일으켰다. 무리를 모아 신에게 기도하는 모임, 돈이나 재물로 도박하는 등의 활동이 금지되었다. 시장을 활동장소로 신들린 무당이 노래하고 춤추는 것이나 기예를 팔아 생활하는 사람이 제한을 받아 남방전통의 밤에 모이고 새벽에 흩어지는 습관이나 연회, 사(詞)를 읊는 것 등이 모두 금지되었다.

원나라 사람들이 전대의 통금제도를 이어받아 종소리를 신호로 하여 초경에 세 번 종을 친 후에 외출을 금지하였다. 오경에 세 번 종이 울린 후에 비로소 나갈 수 있었다. 야간에 공무로 외출하는 사람은 관부의 '신패(信牌)'와 '관정(官灯)'을 가져야 한다. 의사를 구하거나, 상례를 알리는 사람은 반드시 등불을 들고 가야 한다. 이 제도는 빠른 속도로 강남에서 실시되었고 그 밖에도 하나의 등으로 관리하는 것이 추가되었다. 밤이 된 후, 순찰하는 사병은 정해진 시간에 등불을 끄지 않은 사람이 발견되면 그 집 문 입구에 표시를 해 두면 다음 날 관부에서 사람을 보내와서 체포하고 죄를 물었다. 지원 28년(1291년) 6월에 쿠빌라이는 강남이 이미 귀부한 지 오래되고 인심이 안정되었으므로 은혜를 내려 정금(灯禁)을 취소하였다. 이에 종을 쳐서 금지하기 전에 시정에서는 등불의 심지를 돋구어 매매하거나 새벽을 알린 후에 등불을 밝혀 독서하거나 생계를 유지하는 등 정상적인 활동으로 돌아왔다.

강남사회가 안정되자 고압적인 제한 조처를 채택하는 외에 어느 정도 경제상의 조처도 필요하였는데 화폐사용 문제가 아주 두드러졌다. 쿠빌라이가 즉위하던 해에 '중통원보교초(中統元寶交鈔)'를 발행하기 시작했다. '중통보초(中統寶鈔)' 혹은 '중통초(中統鈔)'라고 간략히 칭해진다. 화폐 면적의 가치는 10문·20문·30문·50문·100문·200문·300문·500문·1관문성(貫文省)·2관문성의 10 등으로 관습상 10문은 1분이 되고, 100문은 1전이 되고, 1관은 1량이고, 50관은 1정(錠)이다. 통행되는 지폐는 백은으로 만들었으므로 '초본(鈔本)'이라고 한다. 법률로 규정한 태환비율은 중통초(中統鈔) 2관(貫)은 백은 1냥(兩)에 해당한다. 민간의 소액 교역에 편리하게 하기 위해, 지원 12년(1275년)에 '리초(厘鈔)'를 발행하였는데, 2문·3문·5문 세 등급으로 나뉜다. 원 조정의 통치구역 내에서 중통초는 이미 주요 화폐가 되어 백은과 함께 유통되었다. '초본'이 충족되었으므로 발행량도 적당히 억제하여 중통초의 화폐 가치는 비교적 안정되었다.

남송 조정은 소흥 30년(1160년)부터 '회자(會子)'를 발행하기 시작하여 동전을 화폐가치 본위로 하였는데 액면 가격은 1관(貫)이 1회(會)가 된다. 후에 200문·300문·500문의 세 종류를 증가하여 만들었다. '회자'는 동남 각 로에서 주로 통행되던 지폐로, '동남회자(東南會子)' 또는 '행재회자(行在會子)'라고 칭해진다. 회서, 회동 지역에서 '양회교자(兩淮交子)'가 통행되있는데 철전으로 화폐 제도의 기초를 삼으며 액면 가격은 200문·300문·500문·1관(貫)의 네 종류가 있다. 사천지역에서는 '천인(川引)'이 통행되었는데 500문·1관 두 가지 종류가 있다. 이종, 도종 이래로 재정곤란을 해결하기 위해 송 조정에서는 지초(紙鈔)를 찍는 것을 계속 늘렸는데, '회자'와 '교자'는 값이 떨어지기 쉽고, 물가는 부단히 올라 민간에서는 지폐를 사용하고자 하지 않았다. 가사도 전권 때에 또 '금은관자(金銀關子)'를 발행하였는데, 지초의 값이 떨어져 생기는 사회문제를 해결할 수 없었다.

원나라 군대가 강을 건넌 후 쿠빌라이는 먼저 정비된 화폐를 입수하고자 원나라의 지초를 교자와 회자로 교환하고 강남 지역에서 통행하는 화폐로 삼아 남송의 경제체제가 점차 원나라의 통치의 수요에 맞춰지게 하였다. 지원 12년(1275년) 2월 쿠빌라이가 중서성 평장정사 아흐마드(阿合馬, Ahmad)와 요추(姚樞)·도단공리(徒單公履)·장문겸(張文謙)·진한귀(陳漢歸)·양성(楊誠) 등에게 강남의 화폐문제를 토론하게 하였는데 아흐마드가 토론결과를 천하에 공표하였다. 즉,

추(樞)가 "강남에 교회(交會)가 행해지지 않으니 반드시 백성들이 잃는 바가 있을 것입니다."라고 하였다. 공리(公履)는 "바얀이 이미 교회(交會)를 바꾸지 않을 것이라고 방을 내걸었는데 지금 갑자기 바꾸면 백성들에게 신임을 잃게 됩니다."라고 하였다. 문겸은 "행할지의 여부는 바얀에게 여쭈어 보아야 합니다."고 하였다. 한귀(漢歸)와 성(誠)은 모두 "중통초(中統鈔)를 교회와 바꾸는 것이 무슨 어려움이 있겠습니까."라고 말하였다.

요추와 도단공리는 중통보초로 남송 지폐를 교환하는 것을 반대하고 계속해서 교자, 회자를 강남 지역에서 유통하게 해야 한다고 주장하였다. 진한귀와 양성은 화폐를 교환하는 데 동의하였고, 장문겸은 의견을 표시하지 않았다. 아흐마드 본인은 진과 양의 의견

에 찬성하였다. 쿠빌라이는 아흐마드에게

추와 공리는 정세를 알지 못한다. 짐이 이 일을 진암(陳岩)에게 물었더니, 암
도 송나라의 교회(交會)는 속히 바꾸는 것이 마땅하다고 하였다. 지금 의논
이 이미 정하여졌으니 마땅히 너의 말에 따라 행할 것이다.[11]

라고 선포케하였다.

쿠빌라이는 요추와 도단공리가 정세를 알지 못한다고 비판하고,
송나라의 항복한 장수 진암에게 물어보았는데 진암도 신속히 중통
초를 교자·회자로 바꾸어야 한다고 하였으므로 쿠빌라이는 아흐
마드의 의견에 따를 것을 결심하고 중통보초를 송나라 화폐와 교
환할 것을 준비하였다.

쿠빌라이의 선택은 정확하였다. 막 통일한 국가의 화폐는 마땅히
통일되어야 한다. 그렇지 않으면 지역 간의 경제 교류에 큰 불편을
가져온다. 남송 지초의 가치가 떨어지는 폐단은 확실히 고쳐져야
한다. 지원 12년 원 조정에서 찍은 중통초는 398,194정(錠)이었는
데, 본년도 인초(印鈔)는 1419,665정(錠)이다. 원 조정에서 몇 배의
지초를 많이 찍었으니 바로 교자, 회자를 교환하는 데 사용하고 강
남에서 유통시킬 준비를 한 것이다.

새로운 질서를 유지하기 위해 반포한 각종 금지 명령은 남인의
생활·습관·오락 등과 자못 위배되는 것이다. 강남에서 북방의
화폐를 사용하는 것은 빨리 적응하기 어려웠다. 짧은 시간 내에 강
남 백성의 적대 의식을 해소하는 것은 쉬운 일이 아니다. 원나라
통치자들에게 빨리 해결해야 할 많은 문제들이 기다리고 있다.

4월 18일 강서(江西) 용호산(龍虎山)

도교(道敎) 정일도(正一道)의 천사(天師) 장종인(張宗演)이 부름을 받고 북상하다

강서 용호산의 정일도(正一道) 36대 천사(天師) 장종연(張宗演)은 작년 4월에 원 조정의 병부낭중 왕세영(王世英), 형부낭중 소욱(蕭郁)이 보내온 북상하라는 조서를 받았다. 지금 쿠빌라이는 또 사람을 보내 그가 강남에서 주인이 바뀐데 의혹을 품지 않고 빨리 북쪽에서 황제와 만날 것을 바라며 다시 이유를 들어 사양하지 말라고 재촉하였다. 장종연은 제자 장유손(張留孫)을 데리고 먼 길을 갈 결심을 하였다.

정일도는 동한시대의 장릉(張陵)을 조사(祖師)로 받들며 ≪정일경(正一經)≫을 주요 경전으로 한다. 부적을 만들고, 주술을 외우며, 귀신을 쫓고, 요술을 부려 복을 구하고, 재앙을 물러나게 하는 것이 일상적인 종교활동이다. 쿠빌라이는 군사를 이끌고 악주를 공격할 때(1259년) 일찍이 왕일청(王一淸)을 보내 장종연의 아버지(정일교를 신봉하는 사람은 결혼을 금하지 않음)를 방문하게 하였다. 왕일청이 돌아와 20년 후에 천하가 통일될 것이라고 보고하였다. 쿠빌라이는 시종 이 말을 기억하고 있었는데, 지금 '신선(神仙)'의 예언이 증험되어 통일될 날을 손꼽아 기다리고 있으므로 그는 당연히 천사(天師)와 만나 강남의 도교를 통솔할 권력을 장종연에게 줄 준비를 하는데 급하였다.

처음으로 몽고지역에서 '신선(神仙)'의 칭호를 얻은 것은 북방

전진교의 영수 장춘진인(長春眞人) 구처기(邱處機)였다. 칭기즈칸이 일찍이 구처기를 특별히 초청하여 중앙아시아에서 만났다. 1221년 봄에 처기가 제자를 데리고 서쪽으로 갈 때 여정이 아주 힘들었다. 다음 해 봄에, 대설산(지금의 아프간 흥도(興都) 고십산(庫什山))에서 칭기즈칸을 알현하였다. 당시 칭기즈칸은 서정 중에 있어 전쟁이 빈번하였는데 구처기가 "천하를 통일하고자 하면 반드시 살인을 좋아해서는 안 됩니다."고 말하였다. 칭기즈칸은 구처기에게 나라를 다스릴 좋은 방책을 질문하자, 처기가 "경천애민(敬天愛民)을 근본으로 삼으십시오."라고 대답하였다. 양생의 도를 묻자 "마음을 깨끗이 하고 욕심을 적게 하는 것이 요체입니다."고 하였다. 이러한 회답은 대칸에게 칭찬을 받았다. 이후 전진도는 일시에 풍미되어 세력이 아주 성하여 중원의 불교를 억누르고 적지 않은 사원들이 도관으로 개조되었다. 석가모니와 관음의 상이 파괴되고 도교의 시조인 노군상(老君像)으로 바뀌어졌다. 칸의 조정에서 불교의 ≪노자화호경(老子化胡經)≫, ≪팔십일화도(八十一化圖)≫ 등은 더욱 배척되었다.

몽고의 상층인물들은 본래 불교와 도교를 다 중시하였는데, 두 종교의 모순이 이처럼 첨예하자 간섭을 하지 않을 수가 없었다. 뭉케 칸 5년(1255년) 8월에 카라코룸 성의 대내 만안각(萬安閣) 아래에서 불, 도 양가가 격렬한 변론을 벌였다. 불교의 대표는 하남 숭산(崇山) 소림사(少林寺)의 장노(長老) 복유(福裕)였고, 도교의 대표는 구처기의 제자 이지상(李志常)이었다. 변론의 결과 뭉케 칸이 도사의 이치가 짧다고 판정하여 그들에게 점거되었던 사원을 돌려주고 불상을 수복하라고 명령하였다. 도사들은 진 것을 달갑게 여기지 않아 꾸물거리고 사원을 돌려주려고 하지 않았다. 이에 다음 해 많은 불교 상층인물들이 카라코룸에 도착하여 다시 도사와 변론을 요청하였다. 그러나 도교 무리들이 미루어 변론은 진행되지 않았다.

뭉케 칸 8년(1258년) 여름에, 쿠빌라이의 주최로 구류(九流)의 명사와 승려, 도사들이 개평성에 모여 변론을 하였다. 이번에 불교 승려는 300여 명이 모였는데 그 중에 파스파도 있었다. 도사는 200여 명이 모였는데 전진교는 새로 임용된 장교(掌敎) 장지경(張志敬)을 수뇌로 삼았다. 변론의 중심은 ≪노자화호경≫의 진위였다. 유사와 관원 200여 명도 변론회에 참가하였다. 스님들은 주동적으로 나서서 노자화호성불순계허참(老子化胡成佛純系虛譏)설을 배척하였는데, 그중에 파스파의 말이 예리하고 표현력도 뛰어났다. 즉 도사의 변명이 부족하였으며 쿠빌라이의 요구에 따라 '불에 들어가도 불타지 않고', '대낮에 하늘로 올라가는' 등의 본성을 드러낼 것을 따르지 않았다. 그래서 해가 질 무렵 쿠빌라이는 도교의 실패를 선언하고 사전 약속에 따라 변론에 참가한 17명의 도사를 삭발하여 중이 되게 하고, 도사들로 하여금 절의 재산을 돌려주고 ≪노자화호경≫ 등의 위경(偽經)은 불사르게 하였다.

이러한 두 차례의 석, 도 변론을 거쳐 불교가 도교보다 위에 놓이는 형세가 형성되었고, 전진교는 거듭 타격을 받아 성세가 크게 줄어들었다. 그러나 불교를 중시한 것이 도교를 철저히 억압한 것은 아니므로 정치를 하는 사람들은 도사의 도움을 받을 필요가 있어 전진교 · 북방의 태일(太一) · 대도파(大道派)는 쿠빌라이 즉위 후에 보살핌을 받게 되었다. 통일이 진척됨에 따라 쿠빌라이는 자연히 강남의 도교 무리를 끌어들였다. 장종연이 조정에 오게 된 것은 아주 좋은 기회이다. 그래서 장종연의 북상으로 전진교가 쇠퇴한 기회를 타고, 정일교가 새로운 주인의 지지하에 발전하게 된 것이다. 후의 일에서 쌍방의 선택이 모두 정확했음을 증명해 준다.

회동(淮東) 한 모퉁이의 전쟁도 사람들의 왕래를 막을 수 없다. 오늘날도 원래 송나라 사람들이 북상하는 것을 스스로 원했는지 모르겠다. 그러나 정치적인 목적을 가지고 황급히 북으로 간 사람들도 분명히 있었다. 4월 초육일(5월 20일), 쿠빌라이는 명령을 내려 강남의 상인이 경사에 와서 장사하는 것을 허락하였으니 이때 실리에 밝은 사람들에게는 큰 매력이 있었다. 스스로 원나라 사람들의 통제에서 벗어나 동남 연해로 도망가 두 왕의 휘하에 들어갔던 송나라 사람들은 북상하는 사람보다 많았다. 그러나 더욱 많은 사람들은 고토를 떠나지 않고, 어떤 사람은 송나라를 고수하고 어떤 사람은 원나라의 신하가 되었다. 소용돌이치는 일 년이 이미 반 이상이나 지나갔고 앞으로 7개월 안에 많은 사람들의 운명이 정해질 것이다.

주석

1. 『宋史』 卷451 「忠義傳六·徐應傳」.

2. 元明善 『淸河集』 卷7 「槁城董氏家傳」.

3. 汪元量 『增訂湖山類稿』 卷1 「醉歌」.

4. 汪元量 『增訂湖山類稿』 卷2 「湖州歌九十八首」.

5. 汪元量 『增訂湖山類稿』 卷2 「北征」.

6. 文天祥 『文天祥全集』 卷14 「指南後錄·王夫人詞」.

7. 葉顒 『元詩選』 初集, 「江南懷古」, 「樵雲獨唱」, 2253쪽.

8. 『文天祥全集』 卷13 「指南前錄·眞州雜賦七首」.

9. 『文天祥全集』 卷13 『指南前錄·揚子江』.

10. 『元史』 卷168 「陳傳」.

11. 『元史』 卷205 「阿合馬傳」.

제5장

나라가 망하여 상심할 때

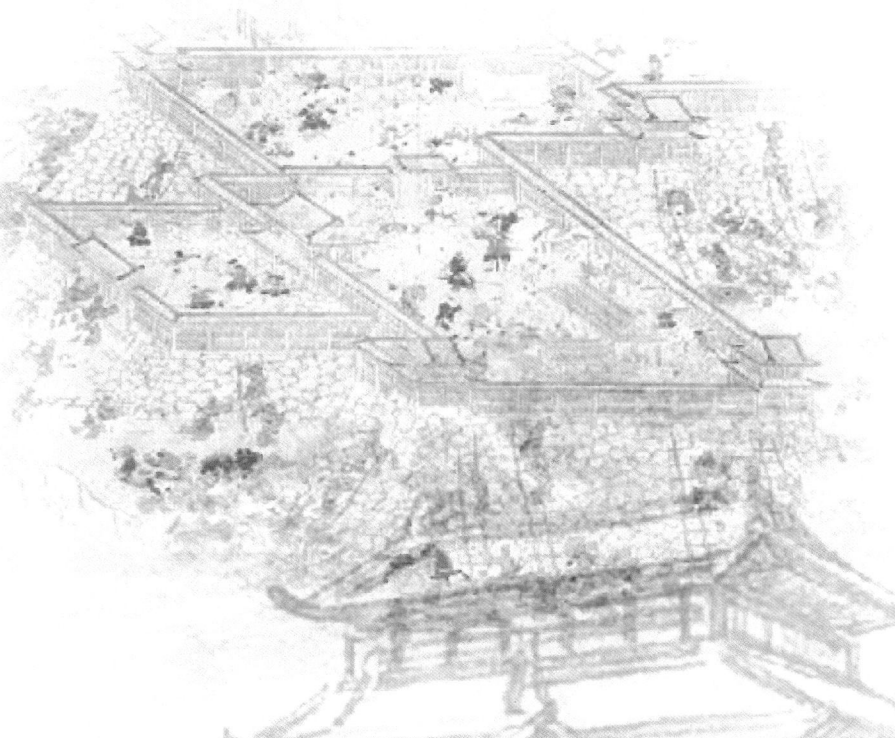

옛사람은 개혁과 왕조 교체는 '천명'이 옮겨 가는 것이라 생각하
였다. 이것은 아주 절묘한 해석이다. 즉 정복자 손 위의 피비린내
를 씻고 또 피정복자 마음속의 공포를 줄일 수 있다.

5월 초하루～초이틀 상도(上都)

망한 송나라의 군신이 원나라의 태묘(太廟)를 향해 절을 하고 쿠빌라이를 알현하다

바얀과 망한 송나라의 폐제(廢帝) 조현, 전후와 기청사단 등은 4월을 전후하여 상도에 도착하여 쿠빌라이를 만나 뵐 것을 기다렸다.

바얀은 쿠빌라이의 뜻을 받들고 송 조정으로 하여금 항복하게 하여 전쟁을 하지 않고 임안으로 들어갔다. 큰 공이 이루어졌음을 알린 후에 바얀은 영예를 지니고 북으로 돌아갈 때, 큰 깃발을 만들어 '천하태평(天下太平)'이라는 네 글자를 써 북상하였다. 쿠빌라이는 백관들에게 명령하여 상도에 나와 바얀이 돌아오는 것을 영접하게 하였는데 이것은 조정의 가장 높은 예우이다. 중서성 평장정사 아흐마드는 걸음을 재촉하여 먼저 왔다. 10여 리를 더 달려와 바얀을 영접하였다.

바얀은 보자마자 이 사람이 이재에 밝고 황제의 신임을 얻은 회회인이라는 것을 알았고, 그가 온 뜻도 알았다. 송나라 사람의 궁정에는 보물을 감추어 놓은 것이 많다. 탐욕스런 아흐마드는 바얀의 손에서 몇 가지 얻을 것이라고 생각했을 것이다. 그러나 바얀은 조정의 법도를 알아 적국에서 얻은 보물은 모두 황제에게 바쳐야 되며, 사사로이 감추었다가 조사해 내면 반드시 벌을 받게 된다는 것을 안다. 칭기즈칸 때 쿠투쿠(忽都忽, Autuqu) · 웅구르(雍古儿, Ünggür) · 아르카이-카사르(阿儿海哈撒儿, Arqai-Qasar) 세 사람이 금나라의 중도(中都)(지금의 북경)에 들어가 궁정의 국고에 숨겨 놓은 것을 찾아냈다. 웅그르와 아르카이-카사르가 금나라 사람의 선물을 받았다가 쿠투쿠에게 고발되어 대칸의 중책을 받았다. 지금의 제도가 개국 초에 비해서 더욱 완비되었으니 누가 일을 신중하게 하지 않겠는가! 바얀은 아흐마드에게 자기가 남송 궁정에서 보물을 하나도 취한 것이 없다고 말하고 옷 위의 옥으로 된 갈고리 모양의 끈으로 상견례를 하였다. 아흐마드는 자연히 믿지 않았고 도리어 바얀의 말은 그에 대한 경시라고 여겨 이때부터 마음속으로 싫어하여 기회를 보아 보복할 준비를 하였다.

조현, 전후와 기청사단은 상도에 도착한 후 사람을 보내 도착하기로 된 바얀과 연락하여 만나려고 하였으나 바얀은 거절하였다. 바얀은 쿠빌라이가 그들을 접견하기 전에 사사로이 그들과 만날 수 없다고 생각하였다.

4월 30일 추밀원에서 사람을 보내와 다음 날 송나라에서 항복한 군신들이 성을 나와 원나라의 태묘에 인사드리러 갈 것이니 그들에게 준비하라고 알려 왔다.

5월 초하루 새벽에, 송나라 사람이 상도의 서문 5리 밖으로 나와 원 조정의 태묘를 향해서 절을 함에 전후, 조현과 복왕 조여래 등이 앞에 서고, 오견 · 사당 · 가현옹 · 유절 등이 한 반열이 되어 앞뒤에서 예의를 갖추어 절을 하고 담당자가 연설을 하였다. 쿠빌라이는 조정 대신을 보내 도성을 나와 태묘에 절을 하고 천지에 제사하여 천지와 조종에 송나라를 멸망시킨 기쁜 소식을 보고함에 바얀이 의식을 주관하게 하였다.

5월 초이틀, 황제는 정식으로 항복한 군주를 접견하는 의식을 거행하였다. 전후, 조현 등은 일찍이 상도의 남문을 나가 10여 리 밖의 행궁(行宮)에서 기다렸다. 쿠빌라이는 알현하러 온 송나라 사람들은 옷을 바꿔 입을 필요가 없으며, 이전에 입었던 과거의 복장을 하게 하여 송의 군신들에게 모두 지난날의 관복을 입고 배열에 따라 궁 밖에 엄숙하게 서라고 명령하였다.

쿠빌라이와 황후 차비는 궁중의 어탑 위에 나란히 앉고, 몽고 종왕들은 좌우 양쪽으로 나누어 앉았다. 쿠빌라이는 먼저 바얀을 궁정으로 불러 공로를 표창하였다. 바얀은 송나라를 멸망시킨 것은 모두 폐하가 미리 세운 계획에 의한 것이며 아주 등이 전쟁에서 공로가 크고 자기는 공로가 없다고 하였다. 이렇게 겸손한 대답을 하자 쿠빌라이는 아주 기분이 좋았다.

이어, 쿠빌라이는 사람을 보내 조현을 대안각(大安閣)으로 들어오게 하였다. 겨우 일곱 살 된 아이에게 너무 많은 예절을 강요할 필요는 없다. 단지 항복한 군주가 승리자를 배알하는 의식을 행하면 될 뿐이다. 쿠빌라이는 조칙을 내려 조현에게 개부의동삼사(開府儀同三司)·검교대사도(檢校大司徒)를 제수하고 영국공(瀛國公)으로 봉하였다. 조서의 작성은 사신(詞臣) 왕반(王磐)의 손에서 만들어졌는데 그 대략적인 내용은 다음과 같다.

우리 국가가 천명을 받아들여 많은 지역을 차지하였다. 무더운 바람이 부는 남방과 많은 눈이 내리는 북방도 모두 때에 따라 조공을 바친다. 해가 뜨는 동방이거나 해가 지는 서방도 내조하지 않음이 없다. 천지 사방을 포용하여 일가가 되니 어느 한 지역이라도 우리나라의 통치를 받아들이지 않는 곳이 있다고 말하기 어렵지 않은가? 우리들은 전함을 배치하여 재빨리 어느 한 곳의 수역을 건너게 하였으므로 호한(浩瀚)한 장강도 다시 천연의 장벽이 아니며, 철갑을 실은 전마가 멀리 달릴 수 있으니 험준한 송관(松關)도 다시는 천연의 장벽이 아니다. 송의 군주 현(㬎)은 인심의 향배를 살피고 천도의 변화를 알아, 나라를 그르친 간사한 사람을 죽이고 바다로 피난가자는 건의를 물리쳤다. 궁정에서 책략을 확정하여 우리쪽 군대의 진영문 앞에 이르러 투항하고 상주문을 올려 연민을 구하고 종실 친족을 이끌고 (대원에) 알현하였다. 최대의 성신을 명확히 드러내기 위해 옛날의 제도에 위배하여 조현에게 재보와 같은 존귀한 관위를 주고, 상등공(上等公)의 존귀한 작위를 하사한다.[1]

조서의 작성에서 원나라는 천하를 통일한 것은 천의를 대표하고 민의에 순종하여 승리할 수 있었다는 것을 강조하였다. 남송의 국주 조현은 천도의 변화와 인심의 향배를 보아 나라를 그르친 간신을 징벌하고, 해상으로 도망하자는 건의를 거절하고 원나라에 투항하기로 결심하였다. 친히 종친을 이끌고 와서 조근(朝覲)하니 진실로 기특하다고 할 만하다. 그래서 쿠빌라이는 관대함을 드러내어 조현을 비롯하여 송나라 종실의 자손을 잘 대우하였다.

태조가 진교병변을 발동하여 후주(後周)를 취하고, 송조를 건립하여 300여 년 지속되고 나서 송 조정은 원나라에 항복하였으니 이 일을 비유하여 어떤 사람이 시를 지었다. 즉

그날 진교역에서, 과부와 고아를 기만하였다.
300여 년이 지난 후에 과부와 고아가 또 기만당할 지 누가 알았으리오.[2]

라는 것이다.

송나라는 후주 현덕 7년(906년)에 흥하여, 덕우 2년에 망하였는데 망군의 이름이 현(㬎)인데, '현(顯㬎)덕(德)' 두 글자는 우연히 합쳐진 것이다. 주(周)는 태후와 유주가 선위한 것이고, 송나라는 태후와 유주가 나라를 망하게 한 것이다. 이것은 모두 하늘의 뜻이 미리 정해진 것이며 인과응보가 아니겠는가?

사람들이 어떻게 생각하든지 간에 송조의 투항 수속은 이렇게 완성되었다. 우구데이 칸국부터 송을 공격하는 전쟁으로 계산한다면, 40여 년을 거쳐 이렇게 완강한 적수가 마침내 머리를 숙이고 칭신하였다. 소수민족이 건립한 왕조가 전 중국을 통일하는 것은 기정 사실이 되었고 쿠빌라이는 열조(列祖), 열종(列宗)에게 면목이 선 것이다. 남송의 전황후·복왕 조여래·기청대신 오견·사당 등이 황제를 뵙고 선물을 헌상하는 접견 의식이 끝났다. 쿠빌라이는 예에 따라 '대연회'로 경축을 표시하였다. 새로 온 송나라 사람들도 연회에 참가하였다. 상도에서 후에 대도로 돌아옴에 이러한 연회가 모두 열 차례나 열렸는데 왕원량은 시가(詩歌)로 연회의 상황을 상세히 기록하였다. 즉,

황제가 첫 번째 연회를 엶에, 황제는 연회에 참가한 사람들의 노고를 묻는데 정이 애틋하다.
대원황후도 함께 차를 마시고 식사를 하고, 연회가 끝나고 돌아올 때는 이미 하늘에 달빛이 가득하다.

두 번째 연회는 대원황제의 후궁(後宮)에서 열리는데, 군왕이 친히 삼궁에게 술을 권한다.

낙타 고기를 먹은 후에 소유(酥油)와 유지식품을 먹고, 또 채색을 입힌 그릇에 담긴 여린 부추와 파를 먹는다.

세 번째 연회는 봉래궁(蓬萊宮)에서 열리는데, 승상이 술잔을 들어 술을 올린다.
칼로 말고기를 잘라 먹고 통채로 구운 양고기를 먹는데 죽도 있으니, 삼궁이 연회가 끝나고 은혜에 감사드리고 돌아간다.

네 번째는 넓고 광한궁(廣寒宮)에서 열리는데, 마시는 포도주의 색깔이 아주 붉다.
칼로 닭고기를 가늘게 잘라 먹으며, 연회가 끝나고 돌아옴에 달이 말안장을 가득 비춘다.

다섯 번째 연회는 정대궁(正大宮)에서 열리는데, 도르래로 술을 끌어 연회석상은 하늘의 무지개를 방불케 한다.
황금으로 만든 접시에는 오랑캐의 양고기를 쌓아 놓고, 황제가 기원하는 목소리가 창공을 울린다.

여섯 번째 연회는 대원의 조회하는 곳에서 열리는데, 찐 고라니와 구운 키용고기로 서로 술잔을 권한다.
삼궁이 술잔을 가득 채워 마신후 아주 기쁘니, 달빛 아래서 생황을 불고 노래를 부르면서 거주하고 있는 옛 성으로 돌아온다.

일곱 번째 연회는 안배하기를 아주 정치 있게 하니, 삼궁이 교자에 앉아 좌석에 나간다.
새로 만든 살구술을 마시고 구운 곰 고기를 먹으며 메추라기와 야생 꿩도 있다.

여덟 번째 연회는 북쪽 정자에서 열리는데, 삼궁이 풍성한 연회를 즐긴 후에 영광스럽다고 생각한다.

여러 가지 오락에 기예를 드러내는데, 음악을 관장하는 부서의 관원이 이름을 불러 순서에 따라 공연하게 한다.

아홉 번째 연회의 참가자는 황제와 후비로, 삼궁이 단정히 앉아 금술잔에 술을 마신다.

얼마 안있어 대전 위에서 연회에 참석한 사람들이 모두 취하고, 일제히 박수를 치고 고성으로 노래하고 춤을 춘다.

열 번째 연회는 대원의 조회하는 곳에서 열리는데, 연회석 양쪽에서 대원의 승상이 술병을 잡고 있다.

군왕이 친히 삼궁에게 술을 올리고, 옥으로 만든 병풍 옆에는 또한 미녀가 노래하고 춤을 춘다.[3]

연회에 참석한 사람들과 기쁘게 술을 마시는데 황후 차비는 기쁘지 않았다. 쿠빌라이가 놀라서 그 이유를 묻자 차비는 "나는 자고 이래로 천년 왕조가 없다는 것을 안다. 우리의 자손이 이러한 경우를 만나지 않게 되면 다행이다."고 답하였다. 궁전 앞에는 송 조정에서 실어 온 각종 보물이 진열되어 있는데 쿠빌라이가 차비에게 보물을 보게 하였으나 차비는 슬쩍 본 후에 떠나갔다. 쿠빌라이는 급히 사람을 보내 황후가 어떤 것을 가질지 물어보자 차비는 사람을 보내 "송나라 사람이 이러한 물건을 숨겨놓은 것은 그들의 자손에게 주기 위해서이다. 자손들이 지킬 수 없어 모두 우리 조정에 왔는데 내가 어찌 하나라도 가질 수 있으리오!"[4]라고 대답하였다. 황후의 이 이야기는 의미심장한데 편안함에 거하여 위태로움을 생각한다는 것을 나타내 준다. 쿠빌라이도 황후의 뜻에 동조하였다.

연회장소에서 쿠빌라이는 오견에게 "당신은 나이가 많은데 왜 아직도 승상으로 국정을 관리했느냐?"고 묻자 오견이 "진 승상(의 중) 이하 관원이 모두 도망가서 조정에 관직을 맡을 사람이 없습니다. 승상을 맡으려는 사람이 없어 제가 승상이 되었는데 기간도 아주 짧았습니다. 청컨대 황제께서는 제가 이렇게 늙었으니 고향으로 돌아가 쉬게 하십시오."[5]라고 대답하였다. 쿠빌라이는 오견의 의견에 동의하지 않았으며 투항한 남송의 군신에 대하여 어떻게 해야 할지 모두 안배하였다.

북방에 온 송나라 사람들은 자기들의 보금자리를 찾기 시작하였다. 소수의 사람들은 순절을 택했다. 진과 주 두 명의 궁인은 두명의 비희(婢姬)와 함께 목욕하고 옷을 갈아 입고서 스스로 방에서 목 졸라 죽었다. 주씨는 옷깃 속에 한 수 4언의 절명시(絶命詩)를 남겼다. 즉,

나라를 욕되게 하지 않아, 다행히 몸이 욕되는 것을 면하였다.
대대로 송나라의 녹을 먹고서, 북쪽의 신하가 됨을 부끄럽게 생각한다.
첩이 죽는 것은 정절을 지키고자 함이다.
충신과 효자는 스스로 잘못을 고친다.[6]

는 것이다.

'만강홍(滿江紅)'을 쓴 왕청혜(王淸惠)는 스스로 불교로 은둔하는 것을 허락받아 후에 여도사가 되어 '총화(沖華)'라고 불리워졌다. 왕원량 등은 그녀와 왕래가 빈번하여 시를 짓고 거문고 소리를 들었다. 어떤 궁녀는 비구니가 되었다. 적지 않은 궁인은 어쩔 수 없

이 현지의 공장(工匠) 등에게 시집갔다. 또 일부 궁녀는 원나라 궁정에 머물게 되었다. 원 조정은 후에 과거제를 실시하였는데, 입궁한 남쪽 여자들이 고토를 잊지 못하는 것을 "몰래 남인(南人)이 장원에 선발됨을 기뻐한다."[7]라고 표현하였다.

원 조정에서는 전황후 등에게 아주 극진히 예우하여 그들의 생활을 안배함을 아주 구체적으로 기록하고 있는 시가 있다.

매월 식량 만석 균(鈞)을 지급하고, 날마다 양고기 6천 근을 준다.
주방에 포도주를 공급해 줄 것을 청하고, 또 별도로 백조와 야생 노루를 하사한다.
삼궁이 거주하는 침실은 특이한 향내가 나고, 담비의 모피로 만든 문발은 비단으로 수를 놓아 장식한다.
꽃문양의 담요와 요가 3만 개이고, 금실로 봉제하고 봉황 문양을 띤 이불이 8천 개다.
객으로 북방에 있으면서 바쁘게 또 중량절을 맞이하게 되고, 포도주를 가득 채워 국화주라고 생각하고 마신다.
사후(謝后)는 새로운 성지(聖旨)를 말하고, 사가(謝家)의 토지에서 양식을 운반하지 않아도 된다.
삼전(三殿)의 몸이 적응하지 못할까봐, 태감은 매일 안부를 묻는다.
원나라의 황후가 와서 방문하고, 특별히 비단 200폭을 하사한다.[8]

황후 차비는 여전히 마음속으로 불안하다. 그녀는 전씨가 남방 사람이고 북방의 물과 토양에 익숙하지 않을 것이니 쿠빌라이에게 강남으로 돌려보내 살게 하라고 요청하였다. 쿠빌라이는 동의하지 않았는데 전씨 등의 생활을 보살펴 주는 것 뿐만 아니라 더욱 중요한 것은 망한 송나라 황후의 정치적 영향 때문이다. 그는 차비에게

"당신 생각은 부녀자의 짧은 견해이다. 만약 전씨를 석방하여 강남으로 돌려보냈다는 말이 퍼지면 멸족의 재앙이 있을 것이니, 그녀에 대한 보호가 아니다. 그녀를 보호한다면 자주 위로해 주고 안심시켜 편안한 생활을 하게 하는 것이다."[9]고 대답하였다. 쿠빌라이는 전씨를 남쪽으로 돌려보내지 않았을 뿐만 아니라 사람을 보내 남쪽으로 가서 남송의 원래 태황태후 사도청도 경성에 거주하게 하고 수춘군부인(壽春郡夫人)이라 강봉(降封)했다.

전씨는 후에 정지사(正智寺)의 비구니가 되었는데 그가 임안을 떠날 때 이미 결심을 했던 것이다. 당시 자기의 화상을 친척들에게 보냈는데 이미 도복을 입고 있었다. 전씨는 정지사에서 죽었는데 쿠빌라이가 사신에게 명하여 애도하는 시를 짓게 하였다. 그 가운데 "번화함이 꿈과 같아 불경을 배운다. 한때 자명비전존(慈明秘殿尊)이었다. 머리를 돌려 전당강 위의 달을 보니, 밤이 깊은데 누구와 ≪초혼(招魂)≫을 더불겠는가?"[10]라는 구절이 있다.

사도청은 대도에서 7년 머물고 74살 때 병으로 죽었다. 망국의 난에 대해 사도청은 스스로 책임감을 느끼지 않았다. 그녀는 대도에서 강남에 백서(帛書)를 보내왔는데, 각지의 장수들을 대표하여 성명을 갖추어 원나라에 귀부한 것은 사직을 보존하고 백성을 구하기 위해서였기 때문이라고 하였다. 이러한 행위는 당연히 남인을 비난하는 것으로 되었지, 그녀 본인은 남들의 동정을 받았다. 왕원량이 지은 사후를 축수하는 시에, "연산(斷燕山)의 계수(薊水)를 바라보아도 끝이 보이지 않고 만리를 달려 유주(幽州)에 이른다. 원한으로 병든 두 눈에 차가운 눈물이 흘러내린다."[11] 등의 구절이 있다. 사도청이 죽은 후 원량은 또 시부를 지어 애도하였다.

북소리가 오성(吳城)에 크게 울리는데, 나라가 망하여 가슴이 아프구나.

비가 그쳤으나 꽃은 도리어 눈물을 흘리고, 안개가 자욱한 버드나무도 미간을 찡그린다.

일이 천년처럼 길고 빠른 속도로 지나가니, 근심이 이름에 (사태후가) 너무 늦게 죽었다.

과거 송나라의 대신들이 조문한 후에, 차가운 달이 연지산(燕支山)에 떨어진다.[12]

영국공 조현은 원래 대도에 살도록 배려하였다. 지원 19년(1282년) 12월에, 복건의 스님 혜당(慧堂)이 수도에 이르러 성상(星象)을 이야기하고자 중서성 관원을 뵙기를 청하였다. 근래에 토성이 제좌(帝座)를 범하여 대도에 이변이 있을까 두렵다고 이야기하였다. 이때 문천상이 대도성 안의 감옥에 갇혀 있었는데 성안에서 익명의 편지가 발견되어 성을 에워싸고 있는 위초(葦草)(대도성의 흙담장은 비가 오면 무너지기 쉽기 때문에 매년 위초를 덮어 비에 침식되는 것을 방지하고자함)를 불사르고, 양쪽 진영의 병사가 성안으로 들어와 문천상을 구하여 출옥할 것이라고 주장하였다. 마침 중산(中山) 사람 설보주(薛保住)가 자칭 송왕이라 칭하고 수천 명을 거느리고 문천상을 구하고자 하였다. 중서성 관원이 급히 쿠빌라이에게 조현 등의 송나라 종실을 상도로 옮겨 거주하게 하자는 허락을 얻어 냈다. 다음 해 정월, 설보주는 잡혀서 죽었으니 그가 바로 익명 편지의 주인공이었다. 쿠빌라이는 이로 인해 이후에 익명으로 일을 고하는 사람은 심한 경우는 죽음에 처하고, 경미한 경우는 먼 지역으로 유배 보낸다고 규정하였다.

이 사건은 쿠빌라이에게 경각심을 불러 일으켰고, 이로부터 조현의 운명도 바뀌었다. 조현은 원래 도성 안에서 일생을 보내야 되는데, 지원 21년(1284년)에 원 조정에서 많은 남송의 대신을 옮긴 후 25년 10월 24일(1288년 11월 19일)에 쿠빌라이는 조현을 토번의 사캬 절에 가서 '불법'을 익히도록 하였다. 이렇게 한 목적은 망한 송나라의 유주를 인적이 드문 지역으로 보내 황제가 신임하는 스님으로 하여금 그의 행동을 감시하게 하여 남송 유민의 구국운동을 소멸시키려는 목적이 있었다. 또한 조정에서 항복한 사람들을 계속 우대한다는 미명(美名)을 유지하기 위해서이다.

이미 성년이 된 조현은 도를 닦는 것과 인연이 있었다. 그는 장어(藏語), 장문(藏文)을 배웠을 뿐만 아니라 ≪인명입정론(因明入正論)≫, ≪백법명문론(百法明門論)≫ 등의 불학 저작을 번역하여 사캬 절의 '본파강사(本波講師)'(주관하여 경전을 강의하는 사람)가 되었다. 토번 사람들은 조현을 '만자합존(蠻子合尊)', '합존법보(合尊法寶)'라고 존칭하였다. 몽고인이 송나라 사람을 '만자(蠻子)'라고 칭하였는데 토번 사람들도 그 영향을 받았다. '합존(合尊)'이라는 것은 세상 사람들이 왕실 자손이 자리를 버리고 출가하여 스님이 된 것에 대한 존칭이다.

지치(至治) 3년(1323년) 4월에 재난이 갑자기 닥쳐왔다. 원(元) 영종(英宗) 시데발라(碩德八剌, Sidibala)는 조서를 내려 영국공 조현을 죽게 하였다. 시데발라는 이상한 사람이 아니다. 그는 재위기간에 치적이 있었는데 남송이 멸망된 지 이미 40여 년이 되었고 불문에 의탁한 지 몇 년이나 된 조현을 죽일 생각을 했는가? 이 수수께끼는 원나라 후기에도 완전히 풀리지 않았는데 몇 가지 설이 있다.

가장 널리 전해지는 이야기는 조현의 죽음은 한 수의 시 때문인데 시에는 이렇게 적혀 있다.

화림정(林和靖)에 전하노니 매화가 몇 번이나 피었는가?
황금대(黃金臺)의 하객은 마땅히 돌아오지 못할 것이다.[13]

이것은 원래 조현의 감회시이다. 시 중의 화림정(林和靖)은 북송의 고사(高士) 임포(林逋)인데 전당 사람이고 시문으로 이름이 알려졌다. 처음에 강회(江淮)에서 노닐다가 후에는 서호의 고산(孤山)에 들어가 은거하였는데 20년 동안 시장에도 가지 않았고 종신토록 결혼하지 않았다. 황금대(黃金臺)는 대도성의 8경 중의 하나이다. 조현은 고향을 그리워하여 이곳에서 시를 지었는데 어떤 사람이 영종에게 보고하여 조현이 강남의 인심을 움직이려는 뜻이 있다고 말하자 이에 영종이 명령을 내려 조현을 죽이게 하였다. 이 이야기는 자못 의심스럽다. 왜냐하면 시문(詩文)의 어조로는 대도에 있을 때 지은 것이고 조현이 출가 후에 다시 경사에 들어가지 않았는데 영종이 몇 십 년 전의 일을 들추어서 사형을 내렸다고 추측하기 어렵지 않은가?

장문(藏文)의 사서에는 다른 이야기가 있다. 즉 "이전에 만자(蠻子) 궁전이 몽고인에 의해 불태워졌을 때, 만자 유제(幼帝)가 몽고 황제에게 귀순하였으나 신임을 받을 수 없어 사캬 지방으로 쫓겨나 불법을 닦았는데 적지 않은 사람이 그의 주위에 모여들었다. 이때 몽고황제의 점복사가 서방의 승려가 반란을 일으켜 황위를 빼앗으려 한다고 하였다. 황제가 사람을 보내 조사하니 많은 사람들이 만자를 따라 합존하고 있는 상황을 황제에게 보고하자 황제는 명을 내려 참수하였다. 형장에 나갈 때, 그는 '나는 모반하지 않았으나 마침내 죽게 되니, 다음 세상에서 이 몽고황위를 빼앗고자 한다.'고 하였다. 이 바램으로 그는 한인의 대명황제로 다시 태어나 몽고황위를 빼앗은 것이다."[14] 지치 3년 3월에 토번의 음도-캄스(朶甘思 , mDo- khams) (지금의 사천 이당북(理塘北))의 참복랑(參卜郞)의 여러 족속들이 병사를 모아 왕래하는 사자를 죽였기 때문에 시데발라는 진서(鎭西)의 무정왕(武靖王) 주시박(搠思班, Jûshbâk) 등에게 명하여 군사를 발동하여 토벌하게 하였다. 이 사건과 조현의 죽음이 연관이 있다고 보는 장문 역사서의 설명이 더욱 믿을 만하나 전하는 이야기는 진실성이 부족하다.

중국에서는 후에 또 새로운 견해가 나타났다. 조현의 안건은 명청대를 지나 근대에 이르기까지 의문이 많다.

원나라 말기에 은사(隱士) 권형(權衡)이 ≪경신외사(庚申外史)≫를 저술하였는데 원 순제 토곤 테무르 대의 역사를 기록하고 있다. 토곤 테무르는 경신(庚申)년(1320년)에 출생하였으므로 경신제(庚申帝)라고도 칭해진다. 영국공 조현이 감주(甘州) 사원에서 한 명의 회회여성을 맞이하였는데, 연우(延祐) 7년 4월 16일(1320년 5월 24일)에 자식을 낳았다. 마침 명종과 세련(世球)이 이 절을 지나가는데 절 위에 용무늬의 오색 기운이 있는 것을 보고 절에 들어가 까닭을 물어 영국공이 막 아들을 얻었다는 것을 알았다. 자기의 아들로 삼고자 하여 그의 어머니도 함께 데리고 갔다. 이 갓난 아이가 바로 후의 경신제이다.

이 이야기는 명나라 홍무(1368 ~ 1398년) 초년에 이르러 복건 정화현(政和縣)의 유학훈도(儒學訓導) 여응(余應)에 의해 비약적으로 발전되었다. 그는 한 수의 상상력이 풍부한 시를 지었다. 즉,

황송의 제16대 천자가 원나라에서 영국공(瀛國公)으로 강봉되었다.

원나라 황제는 조서를 내려 영국공에게 원나라 공주를 아내로 맞이하게 하고 명광궁(明光宮)에서 연회를 베풀었다.

술이 거나하게 취해 영국공이 손을 뻗어 금으로 도금을 한 기둥을 붙잡으니, 그의 손이 갑자기 용의 발로 변하여 원나라 황제를 놀라게 한다.

원나라 황제가 미소를 머금고 군신에게 말하길, 봉황의 어린 것이라도 보통 짐승과 같겠는가?

원나라 대신이 계책을 바쳐 영국공을 죽이려고 하자 공주가 밤에 너무나 슬피 울어 흘리는 눈물이 희고 풍만한 젖가슴을 적신다.

다행히 위험한 처지에서 벗어나 막북으로 와서, 합존(合尊)이라고 개명하였다.

이때, 명종이 사막에 머물고 있었는데 합존과 친구가 되어 사이가 좋았다.

행궁으로 돌아가 후사로 삼고자 하니, 부친이 죽을 때 나이가 아직도 어렸다.

문종이 조서를 내려 이 아이를 남해로 옮겨 가 살게 하다가 5년 만에 궁중으로 돌아와 제위를 계승하였다.

원나라의 수덕(水德)이 시들고, 대송(大宋)의 화덕(火德)이 다시 왕성함에 원 순제가 《서강월(西江月)》 한 수를 읊고 생애를 마쳤다.

지금 (대송의) 자손들이 사막을 통치하고 있으니, 아아! 조송(趙宋) 왕조가 얼마나 대단한가!

옛날 조송(趙宋)이 주나라에서 선양을 받음에, 인애(仁愛)하고 관후(寬厚)함에 삼대의 유풍이 있었다.

비록 (송나라가) 방탕한 자식으로 중국을 잃었으나, 그의 후손이 계속 전해져 내려옴이 끝이 없다.[15]

라 하였다.

영락(1403～1424년) 연간에 점성과 관상을 보는 가문에서 태어난 원충철(袁忠徹)이 황제를 모시고 역대 제왕의 형상을 보았다. 영락제는 원 순제의 생김새가 원나라 황제와 같지 않고 송나라 황제와 비슷함을 발견하고 그 이유를 물으니 원충철이 대답할 수 없었다. 오래지 않아 원충철이 황윤옥(黃潤玉)으로부터 순제가 조현의 아들이라는 이야기를 들었다. 또 여응(余應)의 시에서도 찾아내었다. 게다가 자기의 상상력을 발휘하여 그의 ≪부대외집(符台外集)≫에서 더욱 그럴듯하게 서술하였다.

후세 사람들이 이러한 견해를 답습하여 더욱 황당하게 만들었다. 순제가 조현의 아들이라는 견해를 만들어 낸 사람은 원 문종이 일찍이 토곤 테무르가 명종의 적자가 아니라고 말한 학설에 날개를 달아 행방이 묘연한 조현을 토곤 테무르의 부친으로 거론하였으니 실제로는 남송 유민들이 나라를 다시 일으키고자 하는 마음인 것이다. 이야기를 만들어 낸 것이 훌륭하지 않으나 명나라 사람들의 윤색 과정을 거쳐 점차 영향력이 커져서 만청(晚淸)의 일부 사학가들도 믿었다. 20세기 80년대에 이르러 잘못을 바로잡았다.

조현과 함께 북상한 송나라 종실 성원으로는 복왕 조여래와 기왕 조내유 등이 있다. 조여래는 임안을 떠나기 전에 북방에서 온 중요 관원에게 후한 선물을 주었는데 동문병은 받지 않고 다른 사람들은 부끄러움 없이 받았다. 쿠빌라이는 사람들에게 조여래 등을 대도 성내에 거주하게 하였다. 시원 14년(1277년) 정월, 여래의 재산을 경성으로 날라 왔는데 쿠빌라이는 명령을 내려 여래에게 돌려주게 하였다. 재물을 조사할 때 여래가 선물을 한 책자(冊子)가 있었는데, 명부에 동문병의 이름은 없어 쿠빌라이는 동문병을 더욱 중용하게 되었다. 다음 해 정월, 쿠빌라이는 조여래에게 금자광록대부(金紫光祿大夫)·검교대사농(檢校大司農)을 제수하고, 평원군공(平原郡公)이라는 명호(名號)를 주었다. 지원 19년(1282년) 12월에 송 종실 성원들을 상도로 옮겼는데 조여래는 나이가 많았으므로 대도에 머물 것을 허락하였다. 여래는 지원 24년(1287년)에 죽었고 아들 맹규(孟桂)가 평원군공의 칭호를 이어받았다.

쿠빌라이는 바얀에게 조씨 자손 중에서 현능자(賢能者)를 추천하라고 하자, 바얀은 쿠빌라이에게 악주(鄂州)의 교수 조여표(趙與票)의 상황을 소개하였다. 바얀이 대군을 이끌고 강을 건너 조여표가 군문에 이르러 살인을 즐겨하지 않는 것이 천하를 통일하는 도리라고 진언하고 조씨 종당(宗黨)을 보전할 것을 요청하였다. 쿠빌라이는 이 사람을 등용할 만하다고 여겨 사람을 보내 악주에 가서 여표를 데리고 북상하라고 하였다. 9월, 조여표가 대도에 이르러 한림대제(翰林待制)의 직책을 제수받고 후에 한림학사로 승진되었다. 성종 대덕 7년(1303년)에 여표가 병사하였는데 집이 가난하여 장례를 치를 수 없자 황제는 특별히 관부에 명하여 수레를 준비하라고 하여 태주(台州)의 황암(黃岩)으로 보내 안장하게 하였다. 송 종실 성원이 이렇게 특수한 영예를 향유할 수 있는 사람은 많지 않다.

조현, 전후와 함께 북상하였던 궁정의 환관(원나라 사람들은 '화자(火者)'라고 칭함)들은 대다수 원나라 궁중에서 하급관리로 일하였다. 그 중에 전당 사람 나태무(羅太無)는 후에 병이 들어 출궁하는 것이 허락되어 대도 성내에 거주하고 독서하며 손님을 접대하는 것을 즐거움으로 삼았다. 그의 조카도 환관이었는데 태정제(泰定帝)연간(1324~1328년)에 세력을 얻어 공경 관료들이 그와 왕래하지 않음이 없었지만 나태무는 문을 닫고 이 사람을 만나지 않았다. 어느 날 조카가 또 와서 문을 두드리며 만나자고 하자 태무는 문을 사이에 두고

너의 삼촌이 병이 나서 조용히 앉아있을 것을 요한다. 너는 무슨 일로 와서 나를 괴롭히는가? 네가 몇 번 절하는 것을 받는 것이 무슨 소용이 있겠는가? 사람들은 너를 태산이라고 말하나 나는 너를 빙산이라고 칭한다. 나는 항상 너에게 '이렇게 하지 말라, 나를 의지하지 말라.'고 말하였다. 네가 만약 나를 공경한다면 태후의 궁에 가서 나는 늙고 병이 들었다고 분명히 말하고 고향으로 돌아가기를 간청해 주어라. 만약 나를 항주로 돌아가게 한다면 그것이 바로 나를 구하는 것이다.

라고 말하였다.

조카가 궁으로 돌아와 아뢰어 비준을 받았다. 나태무는 수레에 책을 싣고 조카에게 세력을 믿고 사람을 속이지 말라고 부탁하였다. 수레를 몰아 대도의 제화문(齊化門)을 나가 망성루(望城樓)에 올라 웃으면서 "제화문이여, 이곳에서 이별하는구나. 나는 다시 너를 보지 못할 것일진저!"[16]라고 말하였다. 태무가 항주로 돌아와 얼마 안 있어 병사하였는데 그 조카는 후에 뇌물을 받은 죄로 먼 지역으로 유배되었다.

북상하는 송 종실의 성원과 양궁의 태후와 궁인, 내관 등도 비교적 관대한 대우를 받았다. 쿠빌라이는 항복한 사람을 우대하여 원나라의 도량을 드러내는 것 외에도 먼 지역 사람들을 불러들일 의향도 있었다. 그러나 멀리 동남 연안에 있는 작은 군체인 송나라 사람들은 여전히 움직일 수 없었다.

5월 초하루 복주(福州)

도망 중의 남송 익왕(益王) 조시가 등극하여 '경염(景炎)'이라고 개원하다

조시와 조병을 호송하여 복주에 가게 한 진의중과 장세걸 등은 오늘 새로운 황제를 받들어 즉위시키기로 선택하였다.

고종황제 조구(趙構)는 바로 휘종 조길(趙佶), 흠종 조항(趙桓)이 금나라에 포로로 잡혀간 후, 정월 초하루(1127년 6월 12일)에 황제위에 즉위하였다. 후에 남도하여 임안을 도읍으로 정하고 편안(偏安) 강남에 기틀을 다졌다. 그의 후손들이 역사를 재연할 수 없다고 말하기 어렵지 않은가?

새벽에 황제의 궁전을 준비하던 대도독부 내에 갑자기 큰 소리가 울려 부내의 사람들이 모두 놀라 어쩔 줄 몰라 땅바닥에 엎드렸다. 이것이 불길한 징조이지만 사람들은 다시 계획에 따라 즉위 의식을 거행하였다. 9살의 익왕 조시를 황제의 보좌에 앉히고 그의 모친 양숙비는 황태후로 책립하여 수렴청정을 하게 하고 '경염(景炎)'이라고 개원하였다. 복주는 복안부(福安府)로 개명되고 대도독부는 수공전(垂拱殿)이 되고, 변청(便廳)은 연화전(延和殿)이 되었다. 광왕(廣王) 조병(趙昺)은 위왕(衛王)으로 진봉(進封)되었다.

새로운 조정은 여전히 진의중(陳宜中)을 좌승상겸추밀사(左丞相兼樞密使)·도독제로군마(都督諸路軍馬)로 삼았다. 이정지(李庭芝)는 우승상이 되었는데 이것은 형식적으로 관직을 제수 받은 것이다. 진문용(陳文龍)과 유불(劉黻)은 참지정사가 되고 장세걸(張世

杰)은 추밀부사에 임용되고, 육수부(陸秀夫)는 첨서추밀원사, 소유의(蘇劉義)는 전전사를 주관했고 왕강중(王剛中)은 지복안부가 되었다. 문천상(文天祥)은 관문전학사시독을 제수받았으므로 사람을 보내 그를 복안부(福安府)로 오게 하였다.

군주는 새로 교체되었으나 조정의 신하들은 그대로 옛사람들이다. 진의중은 막 복귀되어 등용되었으나 마음속으로 의심을 가지고 장원한 계획이 없다. 진문용은 어려움에 직면하여 도망하려고 했으므로 마음속으로 다른 생각이 있다. 유불은 부임도 하지 못하고 도중에 죽었다. 육수부는 바른 군자의 모습으로 규거에 따랐으며, 매번 조회 때 반드시 홀(笏)을 바르게 하고 똑바로 섰으나 의논하기를 너무 좋아하여 진의중과 의견이 맞지 않았다. 이들은 장세걸 군대의 지지에 의지하였으며 장세걸이 비록 북인은 믿을 수 없다고 하였으나 결코 항복할 뜻이 없었다. 그러나 원군과 여러 차례 싸워 많이 패하고 적게 이겼으므로 군사를 지휘하여 반격하였으나 실지를 회복하려는 신심이 부족하였다. 그가 급하게 생각하는 것은 어떻게 더욱 많은 해선을 제조하여 남쪽으로 도망할 때 사용하도록 준비하느냐 하는 것이다. 장세걸은 문신 간에 서로 간사하다고 공격하는 것에 불만이었고 진의중은 사람을 시켜 탄핵하여, 육수부의 직책을 파면하고 조정에서 내쫓으려고 하였다. 장세걸이 의중을 책망하였는데, 이때 여전히 이전의 방법으로 자기와 다름을 배척하였다. 진의중은 당황하여 급히 육수부를 불러오게 하였다.

원나라 사람들이 임안을 점령하고 항복한 군주와 신하 등이 북상하고 궁중에서 거둔 보물을 날라 가기에 바빴다. 일부 정병과 맹장들은 북쪽으로 돌아가게 조정하였으므로, 남은 군대가 다시 배치되고 부서를 정한 후에야 겨우 남송의 잔존한 군사역량에 새로운 공격을 가할 수 있었다. 회동(淮東)의 이정지(李庭芝)·사천(四川)의 장옥(張珏)·광서(廣西)의 마기(馬墍) 등은 송 조정을 위해 얼마 안 되는 땅을 그대로 지키고 있다. 그러나 새로 건립된 작은 조정과는 너무나 멀리 떨어져 서로 지원할 수가 없어 원군이 잠시 진공을 멈춘 것은 시간을 끄는 데 기회를 주지만 군사적 실패의 그림자는 벗어날 수 없다.

동남의 한 모퉁이에서 새로운 군주를 옹립한 송나라 사람들은 멀리 있는 충신의 운명을 고려할 수 없고 새로운 조정 내부의 위기도 외부의 압력과 비교할 수 없이 가벼웠다. 강서제치사 황만석(黃萬石)과 광동경략사 서직량(徐直諒)은 사람을 보내 아리카야, 이항(李恒)과 연락하여 투항을 준비하였다. 새로운 군주가 즉위했다는 소식을 듣고 황만석의 부하 유준(劉浚)·송영(宋彰)·주문영(周文英) 등이 군대를 이끌고 와서 새로운 조정을 위해 힘을 다하였다.

동남의 정국을 안정시키기 위해 진의중 등은 조보(趙溍)를 강서제치사로 명하였고, 오준(吳浚)은 강서초무사로, 사방득(謝枋得)은 강동제치사로 삼아 병사를 나누어 출진하게 하고 병마를 모으고 민심을 안정시켰다.

20일 후에 황만석이 정식으로 원나라 군사에 투항하였다. 서직량이 새로운 군주가 세워졌다는 소식을 듣고 항복을 요청하기 위해 보내온 사자 양웅비(梁雄飛)를 거절하고 광주로 돌아왔다. 양웅비는 이미 원나라의 강서도원수부에서 초토사로 임명했으므로 군대를 이끌고 광주로 갔다.

26일(7월 9일), 문천상이 해로로 복안부(福安府)에 이르렀다. 그는 복주에서 조시가 즉위했다는 소식을 듣고 아주 분개하였다. 이른바 '행도(行都)'에 도착하기를 기다렸는데, 진의중이 크고 작은 일들을 결단하고 조금도 장기적으로 항전을 하려는 계획이 없다. 그는 마음속의 불쾌함을 숨길 수 없어 의중 등이 승상겸추밀사, 도독제로군마를 맡으라고 했을 때 완강히 거절하였다. 얼마 안 있어 문천상은 온주로 돌아가기를 청하여 군대를 집합하고 나갈 것을 도모하였다. 진의중은 이미 온주를 포기하고 장세걸의 군대에 의지하여 복건을 지킨다는 이유로 문천상의 건의를 받아들이지 않았다.

이러한 전횡과 무능한 관료에 대하여 문천상이 뭐라고 말할 수 있겠는가? 몇 년 후에 천상은 두보의 시구로 새로운 시를 지어 자기의 힘든 생애와 국운이 나쁨을 묘사했는데, 그중에 복안부에 도달하기 전후의 심정을 읊은 것이 있다. 앞의 한 수는 조시가 즉위하는 것을 묘사하였고, 뒤의 한 수는 장세걸이 해상으로 도망하는 것이 대계라고 한 것을 비난한 것이다. 시에 이르기를,

한나라의 운명이 처음에 중흥(中興)할 적에(《述懷》),
넘어진 것을 일으켜 세움에 동량과 주춧돌이 바로서기를 기다렸다네
(《入衡州》).
누가 능히 하늘이 새는 것을 메울수 있으리오?(《寄岑參》),
조당(朝堂)의 계단에 올라 천자의 명을 받들 뿐이네(《往在》).

천왕이 태백(太白)을 지키고 있네(《九成宮》),
나라를 세우니 저절로 강역이 있다(《前出塞》).
이곳을 버리고 다시 어디로 가리오(《後游修覺寺》),
이미 바다에 떠 피할 배가 준비되었다네(《壯遊》).[17]

라고 하였다.

주석

1. 王磐 『國朝文類』 卷11 「降封宋主爲瀛國公制」.

2. 『西湖遊覽志』.

3. 汪元量 『增訂湖山類稿』 卷2 「湖州歌九十八首」.

4. 『元史』 卷114 「後妃傳一・察必傳」.

5. 嚴光大 『錢塘遺事』 卷9 「祈請使行程記」.

6. 『西湖遊覽志』.

7. 楊維禎 『鐵崖先生詩集』 戊集, 「宮辭十二首」.

8. 汪元量 『增訂湖山類稿』 卷2 「湖州歌九十八首」.

9. 『元史』 卷114 「後妃傳一・察必傳」.

10. 『西湖遊覽志』.

11. 『增訂湖山類稿』 卷5 「婆羅門引・四月八日謝太后慶七十」.

12. 『增訂湖山類稿』 卷3 『太皇謝太后挽章』.

13. 陶宗儀 『南村輟耕錄』 卷20 『宋主詩』.

14. 『漢藏史集』158쪽.

15. 『寰宇通志・政和縣誌』.

16. 孔齊 『靜齋至正眞記』 卷1 「羅太無高節」.

17. 『文天祥全集』 卷16 「集杜詩・景炎擁立・幸海道」.

제6장

흥학(興學)과 수력(修曆)

　불교도는 관부에서 기세가 당당하고, 도가는 세속에 따라 공명을 이룬다.

　세속 사람은 채찍을 잡아도 귀하고, 서생은 쓸모없는 것이 분명하다.

6월 6일 대도(大都)

태학생들이 상소를 올려 유학 교육을 강화하자고 건의하다

지원 6년(1269년) 8월에 어떤 사람이 공자사당에 제사가 끊어지고 국가에 부세를 내니 성인의 도가 폐해질까 염려된다고 지적하였다. 오늘, 쿠빌라이는 명을 내려 공자의 53세손 곡부현윤(曲阜縣尹) 공치(孔治)로 하여금 공묘 제사 등의 여러 일을 관리하라고 하였다. 그는 강남에서 연성공(衍聖公)으로 습봉(襲封)되었던 공주(孔洙)가 북상하기를 기다린 후에 공주에게 정식으로 명분과 권력을 주었다.

태학생 부쿠무(不忽木, Buqumu)는 동사생 견동(堅童), 타이닥(太答, Taidag), 돌로(朵魯, Dolo) 등과 함께 쿠빌라이에게 상소하여 국학을 확대할 것을 건의하였다. 즉,

신 등이 들으니 ≪학기(學記)≫에 "군자가 백성을 교화하고 풍속을 이루고자 한다면 반드시 배움으로 말미암을 것일진저!" "옥을 다듬지 않으면 그릇을 만들 수 없고, 사람이 배우지 않으면 도를 알지 못한다."라 하였다. 그러므로 옛날의 왕들이 나라를 세움에 교학을 우선으로 하였다. ……하물며 우리 당당한 대국이 강령(江嶺)의 땅을 보유하고 망한 송나라의 호수가 천만을 내려가지 않으니 이것은 폐하의 신령스러운 공로로 자고로 있지 않았습니다.

진·수·당나라에 비할 바가 아닙니다. 그러나 학교의 정령이 아직 완전히 실시되지 않으니, 신이 안타깝게 생각합니다.

신 등은 성은을 입어 유학을 학습했습니다. 성스러운 뜻을 받듦에 제색(諸色)의 사람으로 관직에 나가는 사람이 많은데 몽고인으로 관직에 나가는 사람은 적으니 신 등이 세상의 힘씀을 잘 알아 폐하의 명령을 시행함을 맡지 않을 수가 있겠습니까? 그러나 학교제도가 아직 정해지지 않아 공부하는 사람의 수가 적습니다. 비유컨대 마치 몇 묘(苗)에서 좋은 싹을 나오게 하고, 몇 마리 말에서 좋은 천리마를 구하는 것과 같으니, 신 등은 쉽게 얻지 못할까 두렵습니다. 지금의 계책으로 인재를 많게 하고 한법을 익히고자 한다면 반드시 옛날처럼 학교를 두루 건립한 후에야 가능합니다. 만약 겨를이 없다면 대도에 국학을 세워야 합니다. 몽고인으로 나이 15세 이하, 10세 이상으로 자질이 있는 사람, 백관의 자제와 평민 중에서 우수한 사람 100명에게 녹봉을 줌에 각기 정해진 제도가 있어야 합니다. 덕이 있어 스승이 될 만한 사람을 선발하여 사업(司業)·박사(博士)·조교(助敎)에 충당하여 이들을 교육함에 그 가르침은 반드시 인륜에 근본하고 물리에 밝으며, 경전을 강론하게 함에 수신·제가·치국·평천하의 이치로써 가르쳐야 합니다.[1]

부쿠무 등은 유학의 선성(先聖) 공자의 말을 인용하여 교육과 학습의 중요성을 설명하였다. 역대 군주가 건국하여 백성을 통치할 때 교학으로 임무를 삼았다. 황제가 무공이 현저하여 송을 멸하고 전 중국을 통일하여 진(晉)·수(隋)·당(唐)보다 업적이 뛰어나다. 그러나 학교를 일으키고 교육을 실시함에 제도가 아직 많이 완비되지 않아 안타깝다. 몽고 태학생들이 황제의 뜻을 받들어 유학을 학습하니 바로 황제가 다른 민족의 입사자가 많음을 고려해서이다. 몽고인의 입사자는 아주 적으므로 태학생들에게 글을 알고 예의에 통달하게 하고 학식을 두루 갖추어 황제를 위해서 죽음을 바칠 수 있도록 하기 위함이다. 그러나 현재 학교제도는 확정되지 않았고 태학생의 학생수도 아주 적다. 현재 역대 왕조와 마찬가지로 각지에 학교를 설립함에 적어도 대도의 국자학을 확대하여 연령이 10~15세 사이에 있는 몽고인 100명을 선발하고, 백관과 평민자제 100명을 입학하게 하여 학제를 확정하는데 덕행과 학식을 겸비한 사람을 스승으로 삼는다. 사업, 박사와 조교를 나누어 임명하여 교육을 실시함에 학생들에게 유가경전을 강의하게 하여 수신·제가·치국·평천하의 도리를 전하게 해야 한다.

공자를 존숭하고 학교를 일으키는 것이 몽고의 상층 인물들에게 생소한 일은 아니다. 칭기즈칸은 야율초재에게서 일련의 유학과 관련된 정보를 얻었다. 우구데이 칸이 즉위한 후에 어떤 사람이 한인은 무용하다고 하여 그 땅을 모두 비워서 목장으로 만들자고 하였다. 야율초재는 많은 북방의 명사를 이용하여 부세를 거두어 우구데이의 요구를 만족시켰다. 또한 이것은 중원의 농경지역이 몽고정권에 대한 중요성과 유생을 이용하여 나라를 다스릴 가능성이 증명되었다. 얼마 후에 야율초재는 몽고인의 손에 들어간 금나라의 수도 변량(汴梁) 성내에서 공자의 51대 후손 공원조(孔元措)를 찾아내었다. 우구데이의 동의를 거쳐 공원조는 연성공(衍聖公)에 습봉(襲封)되었고 공자가 살던 마을의 임묘(林廟)를 수리하라고 많은 돈을 얻었다. 공원조는 예악 기구를 수집할 것을 건의하고 태상례악생(樂生) 등을 불러 모으는 것도 우구데이에 의해 받아들여졌다.

야율초재는 앞으로 한 걸음 더 나아가 유생들을 선시(選試)할 것을 허락해 달라고 하여 우구데이 10년(戊戌年, 1238년)에 시험을 실시하였다. 그러나 이번의 선시(選試)는 실제로 유교·불교·도교

'삼교'의 일부분을 선택적으로 변용한 것이지 중원 전통의 과거 시험을 회복한 것은 아니다. 다수 몽고인은 유학을 일종의 종교로 여겼고 칭기즈칸 때 만들어진 규정에는 불교, 도교를 함께 우대해 주었으며, 심지어 법의 형식으로 석가모니, 노자와 공자를 동일한 사당에 모시기까지 하였다.

유학 그 자체가 바로 중요한 변혁 시기에 속한다. 송나라 사람들의 이학은 조정의 천도에 따라 강남에서 신속히 발전하였다. 북방에서는 비록 전통은 있으나 영향이 아주 미미했다. 몽고가 북방을 통치하는 초에 북방의 유사들이 남방의 이학에 대하여 별로 이해하지 못하였다. 우구데이 7년(1235년), 몽고군이 송성 덕안(德安)(지금의 호북 안능(安陸))을 공격한 후 성안을 다 도살함에 몽고군에서 직무를 수행하던 유사 요추(姚樞)는 포로 가운데서 송유 조복(趙復)을 구해 내었다. 조복은 오래지 않아 연경에 태극서원을 세우고 정주이학을 전수하였다. 20여 년이 지나 북방에 허형·요추·두묵(竇默)·학경(郝經)·유인(劉因) 등 일대 이학 대사가 출현하였다. 이학이 옛날의 전주(傳注)의 학문을 대신하게 된 것은 막을 수 없는 추세였다.

우구데이가 죽은 후 다음 해(1242년), 쿠빌라이는 해운(海雲) 스님을 초청하여 막북으로 가서 도를 논하자고 하였다. 그는 해운에게 유교·불교·도교의 삼교에서 어느 가르침이 높고 어느 법이 위인지, 불법의 대요 등의 문제를 질문하였다. 해운이

불성(佛性)은 모든 곳에 있는데 감염되지 않고 가만히 있지도 않고, 생겨나지도 멸하지도 않으니 어찌 같고 다름이 있겠습니까. 전하께서 친히 황제가

되어 번왕들을 중임하니 마땅히 옛것을 살펴 득실을 조사하고, 어진 사람을 등용하고 굽은 사람은 바로잡고, 군주를 높이고 백성을 보호하는 것을 임무로 삼으십시오. 불법의 요체가 무엇이 이것보다 크겠습니까?[2]

라고 말하였다.

이것은 불법을 토론하는 것 뿐만 아니라 유가의 전통 치도를 말한 것이다. 불성(佛性)은 항상 있어 생(生)하지도 않고 멸(滅)하지도 않으며 황제(皇弟)의 번왕(藩王)으로 고금을 살펴보면 알 수 있다. 성현을 등용하여 오류를 바로잡고, 군주를 높이고 백성을 아끼는 것으로 요체를 삼으면 불법의 대요가 바로 여기에 있다. 쿠빌라이는 이것에 대해 깊은 관심을 보여 자신의 곁에 머물게 한 자총(子聰) 스님(유병충)과 계속 다가온 유사들에게 유학의 '제가·치국·평천하'의 도리를 강론하라고 하였다.

쿠빌라이와 장덕휘(張德輝)가 공자와 유학의 역할에 관해 토론한 것은 아주 흥미진진하다. 쿠빌라이는 "공자가 죽은 지 이미 오래되었는데, 현재 그 성(性)이 어디에 있는가?"라고 물었다.

장덕휘가 "성인과 천지는 처음과 끝이 같아서 있지 않는 곳이 없습니다. 대왕이 성인의 도(道)를 실천하고자 하면 성(性)이 바로 그 안에 있습니다."라고 대답하였다.

쿠빌라이가 또 "어떤 사람이 요나라가 불교에 빠져 망하였고 금나라는 유사들이 나라를 그르치고 망하게 하였다고 하는데 그러하냐?"고 묻자

장덕휘가 "저는 요나라의 사정을 알지 못하나 금나라 말년의 일은 제가 친히 보고 들었습니다. 조정의 재상 중 비록 한 두 명의 유신

이 있지만 다른 사람들은 모두 무인이거나 세습 귀족입니다. 국가의 대사를 토론할 때 유신들은 종종 배제되었습니다. 대체로 금나라의 관원 중 유사 출신은 $\frac{1}{30}$에 불과합니다. 국가의 존망은 사람들마다 책임을 져야지 하필 유자에게 책임을 물을 것인가요!"라고 답하였다.

쿠빌라이는 장덕휘의 견해에 동의하여 한 걸음 더 나아가 "선조가 법도를 창립한 것을 현재 실시할 수 없는 것이 아주 많은데 어떻게 하면 좋은가?"라고 질문하였다.

장덕휘가 은반(銀盤) 하나를 들어 비유하기를 "창업의 군주는 이 접시를 만드는 것과 같아 숙련공을 골라 교묘하게 고안하고, 설계 제조하여야 후대 사람에게 끝없이 전해집니다. 충후(忠厚)하고 믿을 만한 사람을 선택하여 관리하여야 영원히 보기(寶器)의 작용을 할 수 있습니다. 그렇지 않으면 은반이 손상될 뿐만 아니라 다른 사람들이 훔쳐 갈까 두렵습니다."

쿠빌라이는 장덕휘의 견해를 이해하였다. 그들은 또 농상문제를 토론하였다. 쿠빌라이가 "농가에서 힘들여 경작하는데 왜 의식이 부족하냐?"고 질문하였다.

장덕휘는 "농상은 천하의 근본이고, 의식은 모두 농상에서 나옵니다. 남자가 밭을 갈고 여자가 직물을 짜는데 일 년 동안 바쁘나 상등의 양식과 비단은 관부에 납세를 내고, 남은 거친 양식과 포백으로 위로는 노인을 봉양하고 아래로는 어린아이를 양육합니다. 관리는 제멋대로 폭정하여, 한 번 약탈하면 창고가 빕니다. 농민들은 자연히 굶주리고 추위에 떨게 됩니다."라고 대답하였다.

마지막으로 또 공자에 대한 태도로 돌아와 쿠빌라이는 "어떻게 공자를 사당에 모시고 예의로 대우해야 하느냐?"고 질문하였다.

장덕휘는 "공자는 역대 제왕의 스승으로 공자를 높이는 위정자는 모두 공묘를 수리하고 정돈하여 때에 맞추어 제사를 지냈습니다. 공묘와 예의의 좋고 나쁨은 성인에게 손해가 없지만, 제왕이 유교를 높이고 도리를 중시하는 것이 진심에서 우러나는 것인지의 여부는 알 수 있습니다."3)라고 대답하였다.

쿠빌라이는 장덕휘의 의견을 아주 중시하였다. 공원조(孔元措)가 죽은 후 그의 아들과 족인들이 연성공을 습봉(襲封)하는 것으로 다투어 쿠빌라이 앞에서 문제를 제기하였다. 쿠빌라이는 "모두 가서 열심히 공부하여 정말로 재목이 되거든 내가 임명해 주겠다."4)고 입장을 밝혔다. 연성공의 봉증(封贈)은 이렇게 연기되었고 공자를 제사 지내고 높이는 예의는 융중하지 않을 수 없었다. 쿠빌라이는 몽케 칸 2년(1252년)에 유교 대종사(大宗師)의 명호(名號)를 받아들였으며 특별히 사람을 보내 연경(燕京)에 파손된 문묘를 수리하라고 하였다.

쿠빌라이의 거동은 요추·허형·두묵과 같은 이학 종사(宗師)의 주의를 끌었다. 그들은 쿠빌라이를 알현한 후, 삼강오륜이나 정심성의(正心誠意)의 도(道)(두묵)를 선전하였고 혹자는 치국평천하의 수신(修身)·역학(力學)·존현(尊賢)·친친(親親)·외천(畏天)·애민(愛民)·호선(好善)·원영(遠佞)의 8대 요체를 힘써 거론하였다(요추). 혹자는 학교를 세우고 민풍을 순화할 것을 건의하였는데(허형) 모두 쿠빌라이의 중시를 받았다.

허형이 쿠빌라이를 만난 것에는 아름다운 이야기가 전해 온다. 허형·요추·두묵은 일찍이 함께 정주이학을 학습하였다. 요추는 가장 빨리 쿠빌라이 막부에 들어갔는데 쿠빌라이에게 한지(漢地)를 다스릴 계책을 바쳤고 쿠빌라이가 중원 지역으로 보내 권농사로 삼았다. 요추는 허형을 경조제학(京兆提學)으로 추천하자 관중에 가서 학교를 세우고 생도를 모집하여 영향이 자못 컸다. 중통 원년 (1260년) 쿠빌라이는 허형을 불러 수도로 오게 하였는데 허형이 오는 길에 명유 유인(劉因)을 만나 뵈었다. 유인이 왜 이렇게 급히 황제를 뵈러 가는가? 너무 빨리 가는 것이 아닌가라고 묻자, 허형이 이렇게 하지 않는다면 도가 행해질 수 없다고 대답하였다. 20여 년 후에 유인이 부름을 받고 도성에 들어가 관직을 제수받았다가 빨리 사직하고 고향으로 돌아왔다. 사람들이 이유를 묻자 이와 같이 하지 않으면 도가 존숭받을 수 없다고 하였다. 두 명의 명유가 한 사람은 조정에 가서 유학의 지위를 세우는 데 바빠서 쿠빌라이가 부르자 곧 바로 왔다. 다른 한 사람은 유사의 청고(淸高)와 공명에 냉담함을 유지하여 유가의 존귀(尊貴)한 지위를 표시하고자 조정에 들어간 후에 빨리 떠나 왔다.

문인들의 이러한 염두에 쿠빌라이는 관심이 없었고 그가 바라는 것은 유사들이 빨리 조정을 위해 실행할 만한 전장(典章) 제도를 계획하는 것이었다. 허형·요추·유병충 등은 쿠빌라이를 실망시키지 않았으며 국호를 고치기 전후에 많은 제도가 만들어진 것은 대체로 이들의 건의에서 나왔으며 그들은 또한 쿠빌라이에게 더욱 중시되어졌다.

허형 등의 건의로 지방의 관학이 빨리 회복되었다. 중통 2년 (1261년) 8월에 쿠빌라이는 아래와 같은 조칙을 반포하였다.

제로(諸路)의 학교가 폐해진 지 오래되어 인재를 양성할 수 없다. 지금 박학하고 식견이 넓은 선비를 선발하여 가르치고 인도하여야 한다. 무릇 제생의 진수자(進修者)는 학업이 뛰어난 유생을 교수로 선발하여 가르침을 엄격하게 하여 인재를 이루는 데 힘써 훗 날에 선발될 수 있도록 준비해야 한다. 이에 각 로의 관사(官司)에서 책임지고 맡아서 돈독히 권면하기 바란다.[5]

조서에서는 각 로의 학교를 흥기할 것을 명확히 규정하고, 박학한 유사를 선택하여 학생들을 잘 교육시키고 인재를 배양하여 이후에 쓰임이 되게 각 로의 관부에서 항상 관리하고 감독할 것을 요하였다. 어사대가 건립된 후 학교를 권면하는 것이 감찰 일의 중요한 내용이 되었다.

지원 8년(1271년) 3월에, 국자학을 설립하여 허형이 주관하게 하였다. 허형은 몽고 학생은 질박하고 말을 잘 들으므로 좋은 학자를 곁에 두어 3년이나 5년을 배양하면 반드시 인재가 되어 앞으로 국가의 동량이 될 것이라고 아주 기뻐하였다. 그는 입학한 몽고 대신의 자제를 성심껏 가르쳤으며, 많은 옛 제자를 선택하여 그들과 함께 공부하게 했을 뿐만 아니라 여러 가지 통속적이고 쉬운 방법으로 학생들이 입문하도록 이끌었다. 몽고의 메르키드부 사람 견동(堅童)과 캉글리 사람 부쿠무는 국자생 중에서 뛰어난 인물이었다. 이 두 사람은 모두 케식 출신으로 원래는 왕악(王鶚), 왕순(王恂)을 각기 스승으로 모셨다. 국학에 입학한 후 부쿠무는 더욱 두각을 드러내게 되었다. 허형이 학생들을 위해 편찬한 역대 제왕의 명호(名號) 세계(世系)와 기년(紀年)을 부쿠무가 잘 암기하였다. 쿠빌라이가 국자학업을 시찰할 때 부쿠무가 필사한 ≪정관정요(貞觀政要)≫

수십 일을 헌상하였는데 간언하는 뜻이 담겨 있어 쿠빌라이의 칭찬을 받았다.

국가를 확립하는 전장제도와 학교를 창립하는 데 있어서 유사의 작용은 두드러졌다. 그러나 계속되는 전쟁과 종왕에게 하사해주는 경비로 국가는 거액의 지출이 필요하였다. '인정(仁政)'으로 치국을 제창하는 유사들은 국용(國用)의 부족을 긴급히 해결할 대책을 세우지 못하여 쿠빌라이와의 '허니문'도 에필로그를 맺게 되었다. 쿠빌라이는 이재를 중심으로 하는 시정방침을 채택하였고 회회인 아흐마드는 '취렴(聚斂)'을 잘하여 신임이 두터웠으므로 그가 중서성을 장악하였다. 유사들의 항쟁이 누차 좌절되었다. 후에 심지어 국자학 제생의 일상비용도 모두 문제가 되어 '한법(漢法)'을 계속 실시하는 것이 힘들었다. 사람들이 의논하는 것도 이상하지 않았다.

국조에서 중통(中統) 원년 이래로 대학자와 훌륭한 덕을 가진 사람들이 많이 등용되었다.……지금은 저들이 쓸모없으며 도움이 안 된다고 한다. 어찌 중통 초에 지혜로웠던 사람들이 지원(至元) 말에는 어리석어졌는가?[6]

이것은 유사들이 중통연간에서 지원시기까지 정책의 변화에 대한 불만을 드러낸 것이다. 중통 원년 이후로 명유(名儒)와 재사(才士)를 많이 선발하였으나 현재 유사가 무용하여 천하에 도움이 안 된다면 이러한 명유들이 중통연간에는 지혜로운 사람이었는데 지원연간에 어리석은 사람으로 바뀌었단 말인가?

이러한 상황하에서 어떤 사람은 환상을 품고 쿠빌라이가 다시 과거제를 실시하기 바랐다. 국자학을 설립함과 동시에 시강학사(侍

講學士) 도단공리(徒單公履)가 과거 시험을 실시하자고 건의하였다. 그는 술수를 썼는데, 쿠빌라이가 불학에서 교(敎)를 중시하고 선(禪)을 경시한다는 것을 알고 유학에도 교(敎)와 선(禪)이 나뉘어 있다고 주장하고, 과거(科擧)는 교(敎)와 같고 도학(道學)은 선(禪)과 유사하다고 하였다. 이 비유는 쿠빌라이에게 효과가 없었고 도리어 화나게 만들었다.

허형도 과거시험에 대해서 적극적인 태도를 가지지 않았다. 한인 시신(侍臣) 동문충(董文忠)이 도단공리(徒單公履)를 배척하면서 "폐하께서 유사는 경전을 열심히 읽지 않고, 공맹의 도를 중히 여기고 시를 읊조리고 부를 짓는다. 수신양성(修身養性)에 무슨 도움이 될 것이며 어떻게 국가를 다스릴 수 있을 것인가라고 말하셨습니다. 이 때문에 사풍에 변화가 있어 유사들이 실학을 궁구하기 시작하였다. 내가 현재 읽은 것은 모두 공맹의 말인데 도대체 도학이 무엇인지 모르겠다. 부패한 유학자들이 망국의 구습에서 도학을 제창하여 황제를 미혹시키고 황제가 사람을 가르치는 수신치국의 뜻에도 부합되지 않는다."[7] 양공의(楊恭懿)도 "황제의 조칙에도 유사들이 열심히 유가경전을 공부하지 않고 공맹의 도를 강구한다고 하면서 종일 시부를 읊고 공론을 발표한다고 비판하였다. 이 비판은 정말로 만세의 치안(治安)을 보증하는 언론이다. 현재 유사를 선발하여 쓰고자 하면 각급의 관부에 명하여 품행이 뛰어나고 경사에 정통한 선비를 추천해야지 과거로 선비를 뽑을 필요가 없다. 유사들이 실학을 강구하면 사풍이 과장되는 데서 실속이 있는 곳으로 옮겨 가고 민속도 바꿀 수 있어 국가에서 인재를 얻는 것이 어렵지 않다."[8]고 지적하였다.

그들의 의논은 모두 과거제도의 폐단에 대해서 말한 것이다. 당, 송 이후로 시험으로 인재를 선발하는 표준이 주소(注疏)를 암기하게 하기도 하고, 사부문학(詞賦文學)으로 시험하기도 하였다. 유생들은 과거 시험장의 정문(程文)에 전심하여 경전 중의 한 구절이나 백 구절 내지 천만 마디의 말을 해석하므로 요령을 장악하기 어렵다. 공허한 사장(詞章)과 고상하고 허황된 의논을 조야에서 배척하며 일단 국난을 당하면 조금도 쓸모가 없다. 쿠빌라이는 바로 이러한 폐단을 알기 때문에 피폐된 사풍을 고치고자 쉽게 과거를 회복하지 않았다. 동(董)과 양(楊)의 도단공리(徒單公履)에 대한 비판은 실제로는 쿠빌라이의 관점을 피력한 것이다. 과거제의 회복은 쿠빌라이 대에는 실현될 수 없었다.

과거로 인재를 선발할 수 없자 민첩하고 능숙한 소리(小吏)가 입사하는 아주 좋은 기회가 되었다. 조정의 유사들은 군심을 바로잡고, 인재에게 맡기고, 보고 듣는 것을 신중히 하고, 옳고 그른 것을 변론하고, 옛 폐단을 혁신하고 요역과 부세를 줄이자는 의논도 쿠빌라이의 관심을 끌지 못하였다. 허형은 지원 10년(1273년)에 고향으로 돌아왔는데 쿠빌라이도 억지로 붙잡지 않았다. 지금 몽고 태학생에게서 나온 이야기처럼 유학의 영향을 확대하기 바라지만, 간청하여도 조정의 기풍과 어긋나 쿠빌라이의 중시를 받지 못한다. 강남에서 온 문인은 상당히 민감하였다. 왕원량의 한 수의 ≪자소(自笑)≫는 다른 유사들의 자조가 되기에 충분하였다. 시에 이르기를,

불교도는 관부에서 기세가 당당하고, 도가는 세상에 따라 공명을 이룬다.
세속의 사람은 채찍을 잡아도 귀한데, 서생은 쓸모없음이 분명하다.[9]

6월 11일 대도(大都)

사상 최대의 수력(修曆)과 측천(測天) 활동에 박차를 가하다

송나라가 원나라에 항복하고 국내가 통일되자 쿠빌라이는 유병충이 생전에 제기한 ≪대명력(大明曆)≫을 고치자는 건의를 실시하기로 결정하였다. 수력(修曆)은 장문겸과 장역이 주관하고, 왕순과 곽수경 등이 구체적인 계획을 짜는 책임을 맡았다. 왕순은 쿠빌라이에게 "지금의 역산가(曆算家)는 역술만 알고 역의 이치가 명확하지 않으니 명유 허형 등을 청하여 공동으로 새로운 역을 의논하게 하십시오."[10]라고 아뢰었다. 쿠빌라이는 동의하여 허형에게 경사로 돌아와 신력을 만드는 데 참여하라고 하였다.

천문과 수리를 정밀하게 연구한 저명한 곽수경(郭守敬)은 자기의 실력을 펼칠 수 있었다.

> 역의 본체는 측험하는데 있고 측험하는 기계는 의표(儀表)가 중요합니다. 지금의 사천혼의(司天渾儀)는 송나라 황우(皇祐)(1049～1054년) 때 변경(汴京)에서 만든 것으로 이곳의 천도(天度)와 부합되지 않아 남북의 두 극을 재어 보면 차이가 대략 4도입니다. 또한 표석(表石)을 세운 지 오래되어 다시 기울어졌습니다.[11]

라고 지적하였다.

수력(修曆)은 반드시 측험(測驗)하는 것으로 기초를 삼고 의표(儀表)는 가장 중요한 측험(測驗) 의기(儀器)이다. 현재 사천대(司天臺)에서 쓰는 '혼의(渾儀)'는 송나라 황우연간에 변경에서 만든 것으로 대도의 도수와 맞지 않아 남북의 두 극을 측량하는데 대략 차이가 4도이다. 규표(圭表)도 연대가 너무 오래되어 비교적 편차가 크다.

곽수경의 견해는 정확하다. 이미 송나라 사람이 220여 년 전에 제조한 천문 의기가 대도에서 적용되지 않을 뿐만 아니라 정확하지도 않아서 쿠빌라이는 곽수경에게 새로운 의기(儀器)를 만들게 하였다. 이후 3년 안에 곽수경은 많은 사람들이 훌륭하다고 여길 정교한 의기를 만들어 내었다.

원래의 '혼의(渾儀)'는 적도·지평·황도(黃道)의 3종류 좌표를 측량하는 기구를 한 곳에 설치하여, 하나의 구면(球面)의 공간에 크고 작은 여덟·아홉 개의 둥근 고리를 달아서 사용하는 데 불편하고 보는 데도 방애가 되었다. 곽수경이 만들어 낸 한 대의 '간의(簡儀)'는 황도(黃道)의 좌표에 불필요한 것을 없애고 두 조[세트]의 관측용 고리, 한 조의 적도를 측량하는 좌표, 한 조의 지평을 측량하는 좌표를 남겨두었다. 전자는 네 근(根)의 비스듬히 세워진 버팀대가 한 근(根)의 정남북 방향의 축을 바쳐들고, 이 근축(根軸)을 둘러싸고 있는 것은 도수가 새겨져 있는 적경쌍환(赤經双環)이고, 쌍환 속에는 중심을 싸고 돌 수 있는 회전하는 규관(窺管)이 끼워져 있다. 규관(窺管)의 양측에는 십자 선을 장치하여 적경쌍환과 규관(窺管)이 움직이기만 하면 공중에 어떠한 방위의 천체도 관측할 수 있다. 또한 환면(環面)의 각도(刻度)에서 천체의 적위(赤緯) 수치를 읽어 낼 수 있고, 적경수치는 회진축 남단의 적도에서 읽어 낼 수 있다. '간의(簡儀)' 위에는 또한 볼 베어링[滾珠軸承]을 장치하여 잘 돌아가게 한다.

일식의 방향, 월식, 시각과 태양의 위치를 관측할 때 눈에 강렬한 태양 빛의 자극을 피하기 위해 곽수경은 동(銅)으로 '앙의(仰儀)'를 제조하였다. 주둥이가 하늘을 향해 있는 큰 솥과 같은 형상을 하고 있으며 안이 비어 있는 반구면(半球面)이다. 반구대의 원형에는 동·서·남·북과 12시각[時辰]이 새겨져 있고, 반구면에는 관측지의 위도(緯度)와 상응하는 적도의 좌표가 새겨져 있다. 큰 원형 위에는 대나무 장대로 판자를 받치고 있는데 판자 위에 몇 개의 작은 구멍이 있으며 반구면의 구심 위에 위치한다. 태양광이 작은 구멍을 통과하면 반구면 위에 하나의 원형의 도립상(倒立像)을 투하하여 좌표 위를 비추면 태양의 위치와 일식의 관측을 알 수 있다.

규표(圭表)는 정오에 그림자 길이의 변화를 관측하여 춘분·추분·하지·동지의 시각을 결정하는 천문 의기이다. 성인이 정치를 함에 농업으로 근본을 삼는데, 농업은 때로써 표준을 삼으므로 수력(修曆)에서 규표(圭表)의 역할을 결코 소홀히 할 수 없다. 규표(圭表)는 '규(圭)'와 '표(表)'의 두 가지 부분으로 만들어지는데 '표(表)'는 지면 위에 수직으로 세워둔 측량대이고 '규(圭)'는 표(表)의 하단에서 정북으로 펼쳐놓은 석판(石板)으로 규(圭)와 표(表)는 수직 상태가 된다. 정오가 되면 표의 그림자가 규 위에 떨어져 표의 그림자의 장단에 따라 춘분 등의 절기의 시각을 측정할 수 있다. 송대의 규표는 표의 길이가 8척이다. 곽수경이 만든 '고표(高表)'는 표의 길이가 36척이고, 표 위에 두 마리의 동으로 만든 용이 하나의 가는 횡량(橫梁)을 들고 있는데 동량의 중심에서 규면까지는 40척인데 원래의 규표에 비해 4배나 높고, 투영도가 상당히 높아졌다. 규(圭)의 각도도 아주 세밀한데 척(尺)·촌(寸)·분(分)·리(厘)·호(毫)가 있다. 고표(高表) 위에 그림자의 모습을 확정하는 '경부(景符)'와 별과

달의 그림자의 길이를 측량하는 '규기(闚幾)' 등의 보조 의기가 설치되어 있다.

위에서 서술한 의기 외에도 곽수경은 또한 정방의(正方儀), 후극의(候極儀)・입증의(立證儀)・정리의(証理儀)・정시의(定時儀)・일월식의(日月食儀)・현정의(懸正儀)・좌정의(座正儀) 등의 천문의기를 설계하여 만들었다. 이러한 의기는 상당히 창조적이고 천문 관측의 정밀도를 크게 제고시켜 원나라와 이후 명나라 시기의 천문 연구에 많은 영향을 주었다.

지원 16년(1279년) 2월에 태사령 왕순(王恂)은 대도 사천대의 의상규표(儀象圭表)는 모두 동제품으로 만들자고 아뢰었는데 효과가 아주 뛰어나 상도와 낙양 등지에 의표를 나누어 설치하고 각기 감후관(監候官)을 선발하여 관리하게 할 것을 요청하여 쿠빌라이의 비준을 받았다.

곽수경이 쿠빌라이에게 건의하기를

당나라의 일행(一行)이 개원(713~741년)연간에 남궁에 명하여 천하를 측량하라고 말한 것이 책 속에 13곳이 보입니다. 지금 강역이 당대에 비해서 커졌는데 먼 곳을 측험(測驗)하지 않으면 일식과 월식의 분수의 시각이 같지 않고, 밤낮의 길고 짧음이 같지 않으며, 일월성진이 하늘과의 높고 낮음이 같지 않아 측험하는 사람이 적으므로 먼저 남북에 표(表)를 세워 똑바로 측량을 해야 합니다.[12]

라고 하였다.

당나라의 일행 스님의 관측 활동은 설치된 지표면의 관측소가 13군데가 있었다고 책속에 기재되어 있다. 현재 원나라의 강역은 당나라보다 훨씬 넓어 만약 변원 지역에 기구를 설치하여 실측하지 않으면 정확한 숫자를 파악할 수 없어 각지의 일식·월식의 수·시간의 같지 않음, 밤낮의 길고 짧음의 차이와 일월성신이 나열된 넓은 공간의 위치를 알 수 없다. 하늘을 관측하는 사람이 부족하므로 먼저 남북에 관측소를 설치하여 규표(圭表) 등의 의기(儀器)를 세워 관측과 계산을 해야 한다.

곽수경이 선택한 시기는 괜찮은데, 이때 남송의 유망 조정이 이미 소멸되었고 원나라의 판도가 정해져 후대사람들의 평가에 의하면 원나라의 판도가 아주 넓어졌다. 즉, "북으로는 음산(陰山)(현재 내몽고자치구 중부)을 넘고, 서로는 사막을(지금의 타클라마칸 사막) 다하고, 동으로는 요동지역(지금의 요녕성 동부)까지이며 남으로는 해표(海表)(지금의 서사군도)를 넘는다는 것이다. 대체로 한나라 때는 동서 9천 3백여 리이고, 남북은 1만 3천 368리였다. 당나라 때는 동서로 9천 5백 11리이고, 남북은 1만 6천 9백 18리였고, 원나라 때는 동남으로 이르는 곳이 한나라와 당나라를 내려가지 않고, 서북으로도 한나라와 당나라를 초월하므로 이수(里數)로 한정하기 어렵다."[13]

3월 초사흘에(1279년 4월 15일) 쿠빌라이는 곽수경의 요구에 동의하여 14명의 감후관(監候官)을 보내 동으로는 고려에 이르고, 서로는 전지(滇池)에 까지 닿으며, 남으로는 주애(朱崖)를 넘고, 북으로는 철륵(鐵勒)에 이르는 전국에 27개의 관측대참(觀測臺站)을 만들어 대규모의 천문 관측활동을 실시하였다. 가장 북쪽의 북해 관경소(觀景所)는 대략 북위 64도 5분의 곳으로 북극권 부근이다. 남쪽의 경주(瓊州) 관측소는 지금의 해남도이다. 대도와 상도를 제외하고 북경(北京)(지금의 내몽고 영성(寧城))·서경(西京)(지금의 산서 대동)·태원(太原)·익도(益都)·등주(登州)(지금의 산동 봉래)·대명(大名)·동평(東平)·안서왕부(安西王府)(지금의 섬서 서안)·성도(成都)·양주(揚州)·악주(鄂州)·뢰주(雷州) 등지에 관경소(觀景所)를 설치하였다. 현재 하남 등봉현(登封縣)에 남아 있는 관경소는 현성(縣城)에서 동남 15킬로미터에 위치한 고성진(告成鎭)으로 당시의 하남부 양성관경소(陽城觀景所)이다. 만약 대통일의 형세가 출현하지 않았더라면 이러한 먼 거리의 통일된 관측(觀天) 활동은 확실히 불가능했을 것이다.

천문 관측의 기초 위에 허형·왕순·곽수경과 남북의 일관(日官) 진정신(陳鼎臣)·등원린(鄧元麟)·모붕익(毛鵬翼)·유거연(劉巨淵)·왕소(王素)·악현(岳鉉)·고경(高敬) 등이 역대 역법을 참고하여 마침내 지원 17년 동지에 신력을 완성하였다. 이 첫해 11월 26일(1280년 12월 19일)에 쿠빌라이는 조서를 내려 신력을 반포하였는데 조문(詔文)은 이겸(李謙)이 작성하였다. 조서에 이르기를,

자고로 백성을 통치하는 군주는 반드시 흠천수시(欽天授時)로써 정무를 실시하는 근본으로 삼는다. 황제(黃帝)·요(堯)·순(舜)에서 삼대에 이르기까지 모두 그러하였다. 일관(日官)은 모두 대대로 그 업을 지켜 때에 따라 고찰하고 증험하여 하늘에 부합되게 한다.……지금 태사원에 명하여 영대를 만들고, 의상(儀象)을 제작하여 일월을 측험하여 그 도수(度數)의 진실을 궁구해야 한다. 적년(積年)의 일법(日法)을 모두 취하지 않으면 하늘의 운행에 부합되어 영원히 폐단이 없을 것이다. 이에 신력이 이루어지면 ≪수시력(授時曆)≫이라 이름을 짓고 지원 18년 정월 초하루부터 반포하여 실시한다. 원근에 공포하여 모든 사람들이 알게끔 하라.[14]

라고 하였다.

쿠빌라이의 조서에서는 수력(修曆) 중요성과 신력의 장점을 설명하였다. 즉, 자고이래의 제왕들은 모두 경천수시(敬天授時)로써 국정의 근본을 삼아 황제·요·순에서 삼대의 군주에 이르기까지 이와 같지 않음이 없었다. 사천(司天)의 관원이 모두 그 업을 대대로 지켜 수시로 관측(觀測)하고 검산하여 역법과 천상이 서로 부합되게 하였다. 지금 태사원이 명을 받들어 영대(靈臺)(司天臺)를 만들고 각종 의표를 제작하여 일월을 관측하고 정확한 도수를 살핌에 적년일법(積年日法)을 사용하지 않으니 이것은 바로 역법이 천상(天象)에 부합되어 영원히 착오가 없게 된다.

새로 만든 ≪수시력≫은 중국 역사상 훌륭한 역법이다. 곽수경 등이 쿠빌라이에게 올린 글에서 중국은 서한의 '삼통력(三統曆)'에서부터 북송의 '기원력(紀元曆)'에 이르기까지 모두 1,182년간 역법을 70차례 고쳤다. '기원력'에서 현재(지원 17년)까지 또 174년이 지났다. 신력에서 바로잡은 것이 7개 항목이고 새로 창법한 것이 5개 항목이다. 바로잡은 7개 항목은 천문 숫자를 다시 측정한 것으로 아래의 내용을 포함한다. 즉,

'동지(冬至)'는 지원 17년 동지의 시각을 기준으로 한다.

'세여(歲餘)'는 1년 365.2425일로 확정한다(이 수치는 지구가 태양을 둘러싸고 공전하는 주기의 실제 시간과의 차이는 26초로서, 1582년에 반포하고 현재 세계에서 통행하는 ≪그레고리역≫과 일치된다).

'일리(日躔)'는 지원 17년 동지 때 태양의 위치 소재를 측정한 것이다.

'월리(月離)'는 달의 떨어진 지점의 거리를 측정한 것이다.

'입교(入交)'는 동일시간의 달이 황백(黃白)과 떨어진 교점(交点)의 거리이다.

이십팔수거도(二十八宿距度)는 이십팔(二十八) 성수(星宿) 간의 거리를 실측한 것이다.

'일출입주야각(日出入晝夜刻)'은 일출과 일몰 시각을 다시 조사하고 정함에 대도를 기준으로 각 절기의 일출과 일몰 시각을 확정한 것이다.

새로 만든 다섯 개의 항목은 천문 계산에 대한 개혁으로 이하의 내용을 포괄한다. 즉,

'태양영축(太陽盈縮)'은 태양이 매일 황적도(黃赤道) 위에서 운행하는 속도를 구해 낸 것이다.

'월행지질(月行遲疾)'은 달이 매일 지구를 에워싸고 운행하는 속도를 산출한 것이다.

'황적도차(黃赤道差)'는 태양의 황도(黃道)의 경도(經度)로 적도의 경도(經度)를 추산한 것이다.

'황적도내외도(黃赤道內外度)'는 태양의 황도(黃道)의 경도(經度)에서 적도(赤道)의 위도(緯度)를 추산한 것이다.

'백도교주(白道交周)'는 달과 황적도의 교점을 구해낸 것이다.

조문에서 말한 것처럼 ≪수시력≫에서는 과거의 상원(上元) 적년일법(積年日法)을 버리고 근세의 재원법(截元法)을 채택하였다. 과거에는 삭망일(朔望日)의 시작 시각과 동지의 한밤중이 하루로 '상원(上元)'이 된다. 역을 반포하거나 역을 만들 때 본 해의 동지 한밤중부터 선택한 상원(上元)의 년수를 추산하는 것을 '적년(積年)'이라고 한다. 역법가들은 이상적인 '상원(上元)'을 찾아내기 위해서

억지로 임시변통한다. 지원 17년에 추산한 각 항목의 천문 숫자는 새로운 역을 만드는 기점이 되는데 상원적법(上元積年)의 일법(日法)에 비해 훨씬 과학적이다.

지원 18년부터 매년 동짓날에 태사원은 황제·태자·삼궁(三宮)·제왕과 중앙 각 관아에 다음 해의 역서를 진헌한다. 황제에게 올리는 역서는 광백(光白)의 두터운 종이에 날인하고 채색의 띠를 그려 넣는다. 매년 원나라 조정에서 고려에 역서를 하사했는데, ≪수시력≫이 만들어진 후 관례에 따라 고려에 나눠 주어 사용하게 하였다.

6월 15일 대도(大都)
쿠빌라이가 부서를 설치하여 역사를 편찬하라고 명하다

쿠빌라이는 조서를 내려 ≪평금록(平金錄)≫과 ≪평송록(平宋錄)≫을 수찬하게 하고 야율초재의 아들 야율주에게 국사를 감수하게 하였다. ≪평송록≫은 한림직학사 유민중(劉敏中)이 편찬한 것으로 바얀이 임안에 들어와 송나라 황제와 북상한 일 등을 전적으로 서술하였다. 이때 남송의 잔당을 없애는 전쟁이 아직도 끝나지 않아 쿠빌라이는 성급해 하였다.

몽고인의 역사편찬은 몽골린 노츠-톱치안(忙豁侖·紐察·脫卜察安, Mongyol-un Niucha Tobchiyan) (≪몽고비사(蒙古秘史)≫의 몽문명(蒙文名))의 수찬(修撰)에서 시작되었다. 이것은 위구르체 몽고

문의 관찬 역사서인데 지은이가 누구인지 알 수 없다. 이 책이 쥐의 해 7월에 쓰여진 것이지만, 도대체 1228년인지, 1240년인지, 1252년인지, 1264년인지 작자는 구체적인 설명이 없다.

이 책은 칭기즈칸의 선조의 세계도와 어린 시절의 힘든 경력, 몽고 칸국을 건립하였던 위대한 업적을 기록하였다. 또한 우구데이 칸 재위 초기의 사실을 기술하였다. 책 속에 언어가 아주 생동적이고 농후한 초원 유목민족의 구술 시문(詩文)의 특징을 띠고 있다. 이 책은 궁정에 몰래 숨겨졌고 각 몽고 칸의 조정에는 모두 부본(副本)이 있다. 또 다른 비슷한 사서가 있는데 알탄-텝테르(阿勒壇·帖卜選兒, Alatan Debter) (≪금책(金冊)≫)이라고 칭해진다. 후자에 근거하면, 일 칸의 재상 라시드 웃딘(Rashid-Dīn Fa ḍl Allāh)이 세계통사 ≪사집(史集)≫(Jāmi 'al-Tāwarīkh)의 ≪몽고사(蒙古史)≫ 부분을 편찬하고 저술하였는데 현재까지도 전해진다.

쿠빌라이 즉위 후, 한림학사승지 왕악(王鶚)은 "자고이래로 제왕의 성공과 실패를 하나하나 살펴볼 수 있는 것은 사서에 기록되어 있기 때문이다. 우리 국가는 태조가 건국한 이래의 공훈과 업적을 만약 빨리 기록하지 않고 시간이 오래되면 잊혀질까 두렵다. 금나라의 ≪실록≫이 아직도 남아있어 적지 않은 선정(善政)이 기록되어 있다. 요나라 사서는 사라져 그 정도가 심각하다. 나라는 멸망할 수 있지만 역사는 없앨 수 없다. 가령 사관을 두지 않으면 후세의 사람들도 지금의 사정을 알기 어렵다."15)고 지적하였다.

쿠빌라이는 왕악의 의견을 중시하여 중통 2년(1261년)에 한림국사원을 설립하여 국가의 문화사업을 주관하고 국사를 편수하라고 명을 내려 사천택으로 감수케 하여 요나라와 금나라 두 나라의 역사도 덧붙여 편수하게 하였다. 후에 몽고 한림원과 집현원이 잇따라 설립되어 한림국사원의 주요 직책이 더욱 명확해졌는데 국사를 찬수하고, 제고(制誥)를 주관하고, 고문을 준비하는 세 가지 일이다. 원관(院官)은 한림학사 승지 이하로부터 한림학사·한림시독학사·한림시강학사와 한림직학사가 되고, 속관은 한림대제·한림수찬·응봉한림문자·한림국사원편수관 등이 있다. 한림국사원 중에 한유(漢儒)가 많은데 그들은 황제의 총애를 받아 항상 황제에게 접근할 기회가 있어 국가의 정치에 의견을 제시하고 인재를 추천한다. 쿠빌라이는 과거제를 실시하지 않았으나 많은 명사를 비축해 두었는데 한림국사원이 바로 대표적인 곳이다.

국사를 편찬하는 데에 한림국사원은 성과를 올렸다. 지원 초년에 만들어진 ≪성무친정록(聖武親征錄)≫은 칭기즈칸, 우구데이 칸의 공적을 기술하였다. 작자는 비록 이름을 남기지 않았지만 한림국사원의 사람이었다. 왕악이 친히 이 책의 저작을 관장하였는지 알 수 없다.

요나라와 금나라 두 역사의 편찬은 순조롭게 진전되지 못하였다. 남송의 멸망으로 역사서가 북으로 왔으므로 역사를 편찬하는 사람들은 큰 문제에 직면하였다. 대원(大元)의 신민으로 어떻게 정통을 볼 것인가? 금나라와 원나라를 정통으로 할 것인가? 아니면 송나라를 정통으로 할 것인가? 이 문제의 관건은 원나라와 전대 왕조의 계승과 그 자체의 지위로서 역사를 편찬하는 범위를 초월하며 중대한 정치 의의를 지니고 있다. 쿠빌라이는 잠시 회피하는 방식을 채택하였다. ≪평금록≫과 ≪평송록≫을 먼저 편찬하게 하고 선조와 자기의 공적을 기록하였다. 요나라와 금나라의 역사, 송나라 역사의 수찬은 문인들이 정통문제를 해결하고 난 후에 다시 보자는 것이다.

쿠빌라이는 요·금·송의 세 나라 역사가 지체되어 70년 만에야 비로소 세상에 나오게 될 줄 상상도 하지 못했다. 삼사를 수찬할 때 문인들은 끊임없이 정통을 변증하는 문제를 논의하였는데 대표적인 의견은 세 가지이다.

수단(修端)은 "요나라는 당말부터 북방을 차지하여 찬탈한 것이 아니며 진(晋)나라의 대통을 계승하여 세수(世數)와 명위(名位)가 더해져서 멀리 오대를 겸하고 앞의 송나라와 비슷하게 끝났으니 북사(北史)이다. 송태조가 주(周)나라에서 선양을 받아 강남을 평정하고 서촉(西蜀)을 거두어 백구(白泃) 이남이 모두 송의 신하가 되었으니 정강(靖康)이라고 전하므로 마땅히 송사(宋史)가 된다. 금태조가 요를 멸망시키고 송을 이겨 중원에서 백여 년을 차지하였으니 북사(北史)이다. 건염 후부터 송나라가 중국을 차지하지 못했으므로 남송사가 됨이 적합하다고 주장하였다.[16] 그는 당나라에서 남사(南史)와 북사(北史)를 편찬한 패턴을 요·금·송 삼사에 적용하여 요·금·송 시기는 새로운 남북조로 처리해야 한다는 것이다. 왜냐하면 당나라 말부터 북방에 점거하여 중원의 황위(皇位)를 찬탈한 것이 아니고 요나라 황제의 계승시간도 오대보다 훨씬 길기 때문에 요나라의 역사를 북사라고 해야 마땅하다는 것이다. 금태조가 요나라와 송나라를 멸망시키고 중원에서 나라를 세운지 100여 년이 지났으므로 마땅히 북사로 보아야 한다는 것이다.

양유정(楊維禎)은 "대송(大宋)의 편년에 요나라와 금나라의 기록도 포함되는데, 위에 놓아 일대의 볼만한 책이 되게 하였다. 즉, 전해져서 만세에 쉽게 고쳐지거나 변동되지 않는 전적임을 드러내는 것이다."[17]고 주장하였다. 그의 이유는 다음과 같다. 즉, 세조 쿠빌라이가 송을 평정할 때 송의 정통은 끊어졌고, 우리의 정통이 계승되었다는 비유가 있었다. 세조는 송을 정통으로 간주하여 스스로 송의 정통을 계승하였다고 생각하였다. 당시, 어떤 대신은 글을 올려 나라를 멸할 수 있으나 역사는 없앨 수 없으니 실제로 편년을 인정하려면 마땅히 송나라로 기준을 삼아야 된고 하였다. 이것에 대해서 논하면 중화의 대정통은 요, 금에 있지 않고 천명이 돌아간 군주에 있다는 것은 의심할 바가 없다. 원나라의 대통일은 마땅히 송나라를 평정한 것에 있지, 요와 금에 있지 않다는 것도 증명된다. 왕조의 교체는 밀접하게 관련되어 있어 하루 아침에 옛 왕조의 명을 끊을 수 없고, 새 왕조의 정통을 갖출 수 없다. 송나라의 명이 하루에 고칠 수 없으니 원나라의 대정통도 갖출 수 없다는 것이다.

위소(危素)는 송과 금이 모두 '정통'이 아니라고 생각했다. 그는 "본조는 송과 금이 망하기 전에 세워졌으니 송과 금을 계승하지 않고도 (우리)나라가 있다."[18]고 지적하였다. 또한 원나라는 송과 금이 멸망하기 전에 나라를 세웠으니 송과 금의 통치를 계승하여 건국된 것이 아니다. 지나치게 한 나라가 망하면 한나라가 흥한다는 것을 강조하는 것은 역사 사실과 어긋나기도 한다고 하였다.

최후에 몽고인 우승상 탈탈(脫脫)이 삼사도총재관(三史都總裁官)이 되어 결단을 내렸다. 요·금·송의 삼사를 각각 정통으로 하여 각기 본조의 연호를 사용하고 원나라가 각 왕조의 정통을 이어받았다고 하여 문제는 해결되었고 삼사의 편찬은 마침내 완성되었다.

송나라의 사서가 북으로 많이 운반되었는데 강남의 문인 한 사람은 자기가 20년 심혈을 기울여 편저한 ≪속자치통감광주(資治通鑑廣注)≫, ≪자치통감론(資治通鑑論)≫을 전란 중에 잃어버려 비통해하였다. 그가 바로 태주(台州) 영해인(寧海人) 호삼성(胡三省)이다.

심한 타격도 호삼성이 용기를 잃게 하지 않았다. 그는 또 ≪자치통감(資治通鑑)≫을 사서 다시 해석하기 시작하였다. 9년의 노력을 거쳐 을유(乙酉)년(1285년) 겨울에 호삼성은 마침내 음주(音注) ≪자치통감(資治通鑑)≫을 완성하고 ≪석문변오(釋文辨誤)≫12권을 편찬하였다. 삼성은 ≪통감≫의 사물의 이름과 형상·제도·지리와 사실(史實)의 이동(異同)에 대해서 모두 고적에 근거하여 상세하게 주석과 고증을 가하였다. 역사적 사실에 대해서 평론한 것이 있고 어떤 사람은 기탄없이 송나라의 멸망에 대한 자신의 애통을 표현하였다. 어떤 사람은 은밀하고 우회적으로 원나라의 통치를 비판하였는데 자신의 사학에 대한 열정과 기개를 견지하는 감정도 드러냈다. 그는 스스로 서술하기를,

사람은 자신도 모르게 전에 달았던 주석을 잃어버려 괴로워하는 심정을 나는 안다. 내 주석을 잃어버렸는데 나는 기억할 수 없다. 또 고인의 주석은 문장이 간략하나 의리가 드러난다. 지금 내가 주석을 단 것은 광범위하기는 하나 간략하게 하고자 해도 할 수가 없다. 세상의 운수와 구실을 대어 질질 끄는 것은 문공과 유사에게서 끌어낸 것이나 나는 바른 것을 취할 수 없다. 혹자는 북쪽에 가서 중국을 배우라고 하나, 슬프도다. 뜻은 있으나 나는 쇠약하다.[19]

라고 하였다.

호삼성은 사람은 스스로 아는 현명함이 있기 어려우니 지나간 사서의 주석의 오류는 보지만 자기 주석의 오류는 보지 못한다고 생각하였다. 고인의 주석은 문장이 간결하고 뜻이 분명하나 현재 나의 주석은 여러 학설을 두루 채택하여 간결하지도 명확하지도 못하다. 왕조의 변천에 명유는 날로 적어 명사에게 가르침을 받을 수 없다. 어떤 사람이 나보고 북방에 가서 학습하라고 하지만 뜻은 있으나 힘이 쇠약하여 행할 수 없다.

또 한 명의 젊은이가 민간에 은거하여 역사 편찬에 발분하여 20년의 시간을 들여 1부 348권의 대작 ≪문헌통고(文獻通考)≫를 편찬하였다. 그의 이름은 마단임(馬端臨)으로 요주(饒州) 낙평(樂平) (지금은 강서에 속함) 사람이다. 이 책은 중국 전장(典章)제도의 연혁을 기술한 거작으로 자료의 취사가 엄격하고 역사의 변통에 주의하여 역사서술을 통해 인민에 대한 동정과 통치자에 대한 불만을 표현하였다. 이 ≪통고≫와 당나라 두우(杜佑)가 쓴 ≪통전(通典)≫, 송나라 정초(鄭樵)가 쓴 ≪통지(通志)≫는 후에 '삼통(三通)'이라고 칭해져 사학의 명저로 인정되어졌다. ≪평송록(平宋錄)≫ 등의 북인의 사학저작이 후세에 끼친 영향은 ≪음주자치통감(晉注資治通鑒)≫, ≪문헌통고(文獻通考)≫ 등 남인의 저작보다 훨씬 못하다.

주석

1. 『元史』卷130「不忽木傳」.

2. 程矩夫『雪樓集』卷6「海雲簡和尙塔碑」.

3. 『元史』卷163「張德輝傳」.

4. 姚燧『牧庵集』卷15「中書左丞姚文獻公神道碑」.

5. 王惲『秋澗先生大全文集』卷82「中堂事記」下.

6. 王惲『秋澗先生大全文集』卷46「儒用篇」.

7. 『元史』卷148「董文忠傳」.

8. 『元史』卷164「楊恭懿傳」.

9. 『增訂湖山類稿』卷3.

10. 『元史』卷9「世祖紀」六.

11. 『元史』卷164「郭守敬傳」.

12. 『元史』卷164「郭守敬傳」.

13. 『元史』卷58「地理志」一.

14. 『國朝文類』卷9「頒授時曆詔」.

15. 『元朝名臣事略』卷12「王鶚事略」.

16. 『國朝文類』卷45「辨遼宋金正統」.

17. 陶宗儀『南村輟耕錄』卷3「正統辨」.

18. 『危太樸續集』「上賀相公論史書」.

19. 『資治通鑑』卷 首「新注資治通鑑序」.

제7장

정기가(正氣歌)

　기개가 항상 실패와 관련이 있다 할지라도 사람들은 대대로 찬
미하고 칭송한다. 쿠빌라이와 문천상, 누가 승리자인가?

8월 13일 양주(揚州)

원나라 군대가 남송의 지방장관을 사형에 처하고 회동(淮東)의 전쟁이 종식되다

6월 29일 쿠빌라이는 또 한 차례 항복을 재촉하는 조서를 작성하여 양주(揚州)·통주(通州)·태주(泰州)·고우(高郵) 등지로 보내 지방장관 이정지(李庭芝) 등에게 성문을 열고 항복하라고 재촉하였다.

이때, 이정지가 바로 진의중의 계획에 따라 포위를 뚫고 나가 바다를 건너 남하하려고 준비하고 있었다. 그는 주환(朱煥)에게 양주(揚州)를 지키라고 남겨두고 자신은 강재(姜才)와 함께 기병과 보병 5,000명을 거느리고 성을 빠져나가 곧 바로 태주(泰州)로 달아났다. 아주가 소식을 듣고 친히 백여 명의 정예 기마로 추격하고, 여러 장수에게 길을 나누어 협격할 것을 명하였다. 송군 천여 명이 사상되었고 이정지와 강재는 태주로 도망하였다. 원군의 주력이 신속하게 도착하여 태주성을 에워싸고 아주는 친히 군대를 감독하여 태주 동남쪽을 막아 송나라 사람들이 바다로 들어가는 길을 막았다. 또한 제군에게 긴 참호를 수축하도록 하여 송군이 다시 빠져나가는 것을 방지하라고 명하였다.

이정지 등이 양주를 떠나 양주 성내의 정예병과 용맹한 장수들이 몇 사람 남지 않고 양식은 다 먹고 없었다. 남아서 성을 지키고 있던 주환은 집에 1년 전에 쿠빌라이가 반포한 '한아자성지(漢兒字聖旨)'를 숨겨두었는데 조문은 다음과 같다. 즉,

상천(上天)의 사랑으로 대원 황제가 성지를 내려 회안주(淮安州) 안무(按撫) 주환(朱煥)에게 알린다. 진초객(陳楚客)의 아룀에 의하면, "신과 주안무는 동년(同年)이고 또 집안이 서로 잘 압니다. 술오(戊午)(1258년)에 귀순한 후, 서로 만나지 못한 지가 18년이나 되었습니다. 지금 왕의 군사가 위로하고 정벌함에 여러 도에서 전진하니 수내(數內)의 한 로에서 연하(漣河)와 청하(淸河)의 장수를 이끌고 회동의 아직 귀부하지 않은 주군을 공세하여 성이 무너지는 날 옥석이 모두 불탈 것이니 친구의 정리에 의해 묵인할 수 없습니다. 또한 저들이 성을 빙 둘러싸고 스스로 지키는 것은 다름이 아니니 그 본심을 이해해야 합니다. 그러나 가야 할 방향을 알지 못하는 것이지 처음부터 잘못을 고집하여 항거하려는 뜻은 없습니다. 지금 큰 강이 남북으로 놓여 있고 서쪽으로는 전촉(全蜀)에 이르러 모든 판도가 들어왔으니 만약 성은을 입어 특별히 사명을 내려 덕음(德音)을 선포하여 살길을 열어 주면 저들도 또한 때를 알고 변화를 아는 선비들이니 어찌 수만의 백성을 생각하지 않을 수 있겠습니까? 신이 죽음을 무릅쓰고 아뢰오니, 칙지를 내려주시기 바랍니다."라고 하였다. 그대의 주장(奏章)을 비준하노라. 지금 사신에게 특지를 가지고 가게 하여 큰 믿음을 선포하겠다. 만약 때를 알고 변화를 알아 부귀를 유지하고 싶으면 마땅히 성을 지키는 장수들과 함께 귀순할 것을 도모하라. 이에 조서를 내리니 잘 생각해 보라.[1]

이 조서는 쿠빌라이가 주환의 친한 친구인 진초객의 요구에 따라 주환에게 발급한 것이다. 진초객이 비록 18년 동안 주환과 만나지 못했지만 여전히 옛 친구의 신분으로 원나라를 대신하여 주환

에게 항복하라고 하였다. 또한 주환이 고집을 부리고 사리를 알지 못하는 사람이 아니므로 때를 살피고 형세를 헤아려 현명한 선택을 할 것이다. 쿠빌라이는 주환과 다른 장수들이 투항을 선택하면 그들의 부귀영화를 보장해 준다는 것을 명확히 표시하였다.

주환은 이정지, 강재와는 달리 어디에서 온 조칙이건 간에 항복하는 뜻이 포함되어 있으면 바로 없애거나 거절하여 받아들이지 않았다. 그가 이 조서를 숨겨둔 것은 몰래 빠져나갈 여지를 남겨둔 것이다. 강재 등이 원나라에 대항하기 때문에 주환은 계속 항복할 뜻을 드러내지 않았다. 지금 전쟁을 하자고 주장하는 사람들이 이미 떠나갔고 양주성을 계속 고수할 힘이 없으면 주환이 투항 수속을 밟는 것은 마땅하다. 7월 12일(8월 23일), 주환은 양주성을 바쳐 원나라에 항복하였다.

원나라 군대에 항거한 지 15개월이나 되는 도시에 원나라 사람들은 '도성(屠城)'을 할 필요가 없었다. 성에는 이미 굶어 죽는 사람이 널려 있어 해야 할 일은 기민을 빨리 안치시키는 것이다. 또한 송군의 가속을 인질로 삼고 이정지와 강재를 투항하게끔 강요하여 강북의 전쟁을 끝내야 한다. 아주가 사람을 보내 태주 성내의 송군 장수들의 가속에서 적당한 사람을 선발해 내어 양주에서 태주성으로 압송하여 송나라 군심을 와해하는 작전을 폈다. 동시에 아주가 원군의 관병이 양주 성내에서 약탈을 하거나 백성을 괴롭히지 말라고 엄명하였다. 어떤 호위군의 사병은 명령을 따르지 않고 백성에게서 두 필의 말을 약탈하였는데 아주가 보고를 받은 후 즉시 사형에 처하고 머리를 각 군에 내걸게 하여 경계하였다.

7월 22일(9월 2일)에 강재는 병이 나서 친히 성에 올라 전쟁을 지휘할 수 없자, 태주 북문을 책임지고 있던 손호신(孫虎臣)과 호유효(胡惟孝) 등이 성문을 열고 투항하여 원군이 물밀듯이 들어왔다. 이정지는 변고를 듣고 놀라 연못에 뛰어들어 죽으려고 하였으나 물이 너무 얕아 다른 사람에게 잡혔다. 송나라 도통(都統) 조안국(曹安國)이 강재의 집으로 뛰어들어가 강재를 결박하여 원군에게 바쳤다.

아주가 태주성에 들어가 이정지와 강재를 양주로 압송하고 방을 내걸어 백성들을 안정시켰다. 또한 사람을 통주(通州)와 고우(高郵) 등의 성으로 보내 송인의 항복을 재촉하였다. 양주와 태주가 버티지 못하자 각 성도 버티지 못하여 지방장관들이 계속하여 성문을 열고 투항하였다. 회동(淮東)의 전쟁이 마침내 마무리되었다.

아주는 강재의 용감스런 행위에 감탄하여 완강한 적수를 죽이지 않고 투항을 권고하였다. 강재는 결코 투항하지 않을 것을 맹세하였을 뿐만 아니라, 나라를 등지고 항복한 송나라 신하들을 호되게 꾸짖었다. 주환이 곁에서 부추기며 "양주에서 전쟁이 폭발한 이래로 백골이 들판에 가득하니 이것은 모두 이정지와 강재가 조성한 것으로 그들이 죽지 않는 것이 말이 되느냐."[2]고 하였다. 아주가 항복을 권고하였으나 결과가 없자 마침내 이, 강 두 사람을 죽게 하였다.

8월 13일, 이정지와 강재가 양주에서 참수되었다. 형벌에 임할 때에 강재는 계속 꾸짖는 말을 하였다. 문천상은 후에 이 두 사람에 대한 평가에는 높고 낮음의 차이가 있다고 두보의 시구를 사용하여 새로운 시를 지어 애도를 표시하였다.

정지(庭芝)가 아일리(愛立, Aili)의 명을 받아 병사를 이끌고 태주에 이르렀으나 사로잡히게 되었다. 태주의 손구(孫九)가 성을 팔아먹자 정지는 포로가 되어 양주시에서 죽게 되었다. 비록 나라에 공이 없으나 한 번의 죽음으로 나라를 저버리지 않았다.

큰 장막의 호위하는 군대만 남겨두었으니(≪送嚴公≫),
누구도 백발이 되어 늙어 죽는 것을 면할 수 없다(≪陪章留後≫).
죽은 자는 모든 것이 끝나지만(≪石壕吏≫),
회해(淮海) 일대에 청량한 바람이 부는구나(≪送高司直≫).

(강재는) 회동의 맹장으로 양주에서 주로 싸웠다. 태주가 격파되자 사로잡혔는데 오랑캐가 그의 재주와 용맹을 아껴 관작을 준다고 하였으나 항복하지 않고 나라를 등진 사람을 꾸짖었다. 형벌에 임할 때 피를 토하며 오랑캐를 계속 꾸짖었다. 그의 영웅스런 기풍과 의로움을 누가 말하리오? 가슴이 아프지 않을 수 없다. 안타깝구나!

꼿꼿하게 서서 강한 적과 대적하니(≪贈王司空≫),
옛 사람들이 변방을 지키는 훌륭한 장수라고 칭송하는구나(≪後出差≫).
안타깝게도 공명에 연루되었으니(≪薛大保≫)
죽어도 이름이 천년이나 남는구나(≪義鶻≫).[3]

문천상의 평가는 아주 적절하다. 이정지는 확실히 지나치게 동요되었으며 강재의 비판을 받았다. 이번의 포위를 뚫는 행위는 실제로는 복안부(福安府)에서 새로운 황제가 즉위하였다는 소식을 듣고 양주를 버리고 정예병과 용맹한 장수를 거느리고 남하하려는 것이었다. 그래서 문천상이 그가 비록 국가에 공을 세우지 않았지만 마침내 죽음으로 순국하였으니 조정을 저버린 것은 아니라고 하였다. 강재는 회동(淮東) 항전의 동량이 됨에 부끄럽지 않다. 결코 타협하지 않고 기꺼이 죽어 굴복하지 않았으니 그의 장렬한 희생은 사람들을 슬프게 하고 탄식하게 한다. 안타깝게도 이러한 좋은 장수가 다시 국가를 위해 공을 세울 수 없고 후세 사람들의 애도를 기다릴 뿐이다.

6월~8월 사천(四川)
송군이 반공하여 중경의 포위를 풀다

중경(重慶)과 조어성(釣魚城) 등 사천의 산성이 비록 원군에게 여러 겹으로 포위되었지만 장각(張珏) 등의 지방장관은 신념이 줄어들지 않고 조정의 투항도 사천의 기를 내리게 하지 못했다.

원군의 내부에 일련의 문제가 생겼다. 3월에 쿠빌라이는 안서왕(安西王) 상(相)과 이덕휘(李德輝)를 보내 촉으로 들어가 상황을 파악하게 하였다. 덕휘는 성도에 도착한 후 문제점을 발견하였다. 그는 여러 장군들에게 "현재 송나라가 이미 망하고 중경이 전쟁터가 되었으니 투항하지 않으면 다른 길이 없다. 너희들이 살육을 너무나 많이 하여 민심이 두려워하고 항복하지 않는다. 큰 전쟁이 폭발하기 전에 초토사 필재흥(畢再興)과 조정의 사신이 황제의 조서를 가지고 송나라 사람에게 항복하라고 하였으니 너희들은 마땅히 군대를 잘 단속하고 엄격하게 진을 쳐서 기다려 송나라 장수들에게 이해를 알려주어 광명을 찾을 기회를 주도록 하라고 하였다. 그런데 너희들이 도리어 사단을 만들어 사병들이 송에 항복한 사건을 날조하고 거짓말하여 수륙의 군사가 함께 전진하여 송군과 싸워 송나라 사람들이 완고하게 지키도록 재촉하였다. 조정의 사신은 그 안에 속임수가 있다는 것을 알지 못하고 마침내 송나라 사람이 조서를 거역하여 항복하지 않으니 도리어 조정의 명령을 전복하는 것이다. 이것은 모두 너희들이 적을 가볍게 본 결과이다. 게다가 현재 기구가 중첩하고 군사와 정치가 일치되지 않아 서로 질책하고 책임을 미루니 조만간에 군사적 실패를 불러온다면 사천의 전투를 어떻게 마무리 지을 수 있겠는가?"[4]

필재흥이 사신으로 간 것은 지원 12년(1275년) 6월의 일이다. 사천의 전쟁은 7, 8개월이나 끌었고 원군은 크게 진전이 없었다. 동천(東川)의 행추밀원과 서천(西川)의 행추밀원이 병립하여 원관(院官)이 모두 병사를 보유하고 관망하며 적극적으로 싸우지 않았다. 쿠빌라이가 사천의 형세를 안 후, 4월 12일(5월 16일)에 동천행추밀원을 철수하기로 결정하고 서천행원으로 전체 촉의 군정을 책임지게 하였다. 그러나 명령이 아직 사천에 도착하지 않았고, 성도에서 북으로 돌아온 이덕휘가 안서왕부(安西王府)에 도착하기 전에 사천은 이미 문제가 생겼던 것이다.

지중경부겸사천제치부사(知重慶府兼四川制置副使) 장각(張珏)은 반공 계획을 세웠다. 사람을 보내 몰래 여주성(瀘州城) 안으로 들어가 유림(劉霖)과 선곤붕(先坤朋) 등과 몰래 결합하여 내응하게 하고 원군의 후방에서 손을 써서 중경의 포위를 뚫으려고 하였다. 6월에 송군이 행동을 개시하여 조안(趙安) 등이 군대를 이끌고 몰래 여주(濾州)를 습격하여 승리하였고 지방장관 매응춘(梅應春)을 죽였다. 중경을 포위한 원군은 소식을 듣고 분분히 도망갔다.

중경의 포위가 뚫린 것은 원군이 근래에 한 차례 중대한 실수를 한 셈이다. 장각 등은 험난함을 무릅쓰고 성을 지켜 기회를 봐서 원군의 후방 군사 거점을 공격하려고 하여 원군이 전진하지 못하는 중요한 요소가 되었다. 원군의 장령이 내부에서 불화가 생겼고 게다가 기구가 중첩되고 지휘가 불일치하여 이덕휘가 먼저 제시한 경고가 있었다 할지라도 사람들의 중시를 받지 못해 실패는 면할 수 없었다.

송나라 사람들의 승리는 잠시뿐이어서 사천의 전쟁 상황을 완전히 바꾸기에는 부족했으며 사천문제를 해결하는 시간만 연장할 따름이다. 강남 지역과 비교해서 사천 지역에 원군의 병력이 적은 것은 아니지만 계속 증병할 이유가 없다. 그러나 지휘 기구의 조정기간에 원군이 다시 결정적인 진공을 할 수 없었던 것이 바로 쌍방이 교전하게 된 분명한 사실이다.

1년 반이나 시간을 끈 후에 원나라 군사가 조정을 거쳐 다시 중경을 포위하여 함락시킬 준비를 하였다. 장각이 이미 조어성(釣魚城)에서 중경으로 옮겨 가 직접 중경을 호위하고 전투를 지휘하였다. 이덕휘는 이때 서천 행추밀원부사에 부임되어 장각에게 글을 올렸다. 즉,

네가 신하이면서 송의 자손에게 잘 하지 않았다. 합하여 주(州)가 됨에 송의 천하보다 크지 않구나! 저 자손이 이미 천하를 들어 나에게 돌아왔는데 네가 마치 험한 산을 등지고 나는 하는 일에 충성한다고 하는 것 같으니 또한 황

당하지 않겠는가! 이 주(州)의 사람들이 스스로 도모하지 않은 것은 나라에 군주가 있으니 의롭지 않은 이름이라 여겨질까 부끄러워 하였으므로 너희들이 생사를 제어할 수 있었다. 지금 군주가 망하였는데도 오히려 이렇게 행동하니 부하들이 몰래 그대의 머리를 바쳐 복을 구하는 것도 어렵지 않을 진저![5]

라고 하였다.

이덕휘가 장각에게 송의 황족 자손은 이미 천하를 우리에게 주었는데 당신이 궁벽한 산간의 외진 곳에서 옛 땅을 지키고 자칭 조정에 충성을 한다고 하지만 실제로는 사리에 맞지 않는다고 권하였다. 과거 합주(合州) 군민이 헌신하여 전투한 것은 본국의 황제가 존재하여 나라를 배반했다는 죄명을 쓸까 부끄러워 죽음을 불사하고 지켰다. 현재 황제가 이미 없고 또한 지나간 일에 의해 일을 행하려고 하면 의거하면 부하중 어떤 사람은 당신을 도적으로 간주하여 당신의 머리를 가지고 공을 드러내 상금을 요구하지 않는다는 보장이 없다.

장각은 여전히 움직이지 않았다. 지원 15년(1278년) 2월에 장각이 군대를 끌고 중경성을 나가 원군과 격전하였는데 원군에게 격파당하여 성으로 물러났다. 성안에 식량이 다하자 부장 조안(趙安)은 장각에게 투항하라고 권고하였다. 장각이 듣지 않자 조안이 밤에 성문을 열어 원군을 맞아들였다. 장각이 군사를 독려하여 전쟁을 오래 지속하기 어렵다고 생각하여 독주를 마시고 자결할 준비를 하였다. 하수인이 독주를 숨겨 놓아 찾지 못하여 작은 배에 처자를 태우고 강동으로 내려가 배주(涪州)(지금의 사천 배릉(涪陵))

로 달아났다. 강에서 장각은 중경을 지키지 못한 것이 마음속에 참회가 되어 도끼로 배의 판자를 찍어 배를 가라앉혀 자살하려고 하였으나 뱃사공이 도끼 자루를 빼앗아 강속에 던져 버렸다. 그는 강으로 뛰어들려고 하였으나 집안사람들이 말렸다. 얼마 안 있어 원군이 쫓아와 장각은 포로가 되어 대도로 보내졌다. 압송하는 도중에 친구들이 그에게 말하길 "당신은 일생 동안 조정에 충성하였는데 현재 일이 이 지경에 이르러 죽지 않는다 하여도 또한 어떻겠는가?"6) 장각은 자결을 선택하여 활시위를 풀어 스스로 목 졸라 죽어 순국으로 일생을 끝마쳤다. 문천상은 두보의 시로 그의 품덕을 평가하여,

촉의 건장한 장수는 원래 잠만수(昝萬壽)와 이름을 나란히 하였다. 잠(昝)이 항복하였는데 장(張)은 항복하지 않았다. 조정에서 선발하여 군사를 제압하라고 하였으나 명을 받았는지 알지 못하겠다. 촉이 비록 산산조각이 났지만 각(珏)은 끝내 항복하지 않고 주위 사람들에 의해 팔려지게 되어 각(珏)이 깨닫고 도망하였으나 사로잡혀 북으로 갔다. 뜻을 굽히려고 하지 않았으니 후에 어떻게 되었는지 모르겠다.

기개는 만인을 대적하기에 족한 장수인데(≪楊監畵鷹≫),
홀로 서남의 한 모퉁이를 지키고 있다(≪遺懷≫).
설령 국가가 멸망하지 않았다 할지라도(≪九成宮≫),
그가 이룬 공적이 어떠한가(≪別張建封≫)!7)

라고 하였다

8월 7일 대도(大都)

쿠빌라이가 서북의 반왕(叛王)을 토벌하라고 명령을 내리다

북평왕 노무칸과 함께 서북 변방을 진수한 몽고 종왕으로는 노무칸의 동생 커커츄(闊闊出, Kököchü)·뭉케 칸의 아들 시리기(昔里吉, Širigi)·쿠빌라이의 동생 수게두(歲哥都, Sögedu)의 아들 톡테무르(脫脫木儿, Toqtemur)·아릭부케의 아들 멜릭-테무르(明里帖木儿, Melik-temür)와 요무쿠르(藥木忽儿, Yomukur) 등이 있다. 뭉케와 아릭부케 계통의 제왕들은 아릭부케가 칭제에 실패한 후 쿠빌라이에게 신복하였으나 마음속으로는 복종하지 않고 기회가 있으면 하이두, 두아와 연계하여 반란을 일으켜 왕위를 쟁탈하고자 하였다.

톡테무르가 먼저 반항하여 부대를 이끌고 반란을 일으켰다. 시리기가 명을 받들고 톡테무르를 침에 겉으로는 싸우는 척하고 몰래 결탁하여 승세를 타고 멜릭-테무르와 요무쿠르 등이 함께 일어나 노무칸과 커커츄, 안동(安童) 등을 체포하여 하이두와 뭉케테무르가 있는 곳으로 보내 그들과 결탁하여 공동으로 쿠빌라이에 대항하기로 하였다. 하이두는 거절하였다. 반란을 일으킨 왕들은 시리기를 황제로 삼고 군대를 이끌고 영북(嶺北) 지역으로 쳐들어가 키르키즈(吉儿吉思, Qirqiz) 등지를 점령하였다.

노무칸과 안동이 체포된 후, 서북 지역의 원군은 지휘 수뇌를 잃어 혼란 중 내지로 분분히 철퇴하였다. 하이두와 두아는 이 기회를 잡고 위구르 지역으로 진공을 시작하여 두아가 12만을 이끌고 카라-코초(哈剌火州, Qara qocho)(지금의 신강 투르판)를 포위하고 성내 이두르-코치카르-테긴(亦都護火赤哈儿的斤, Yduq-qut Qochqal-Tegin)을 위협하였다. 즉, "아지키(阿只吉, Ajiqi)와 아후르쿠치(奧魯赤, Ahuruqchi) 등의 제왕이 30만 대군을 거느리고 우리 군의 진공에 저항할 수 없어 괴멸되었는데 당신이 이 성만으로 나의 진군을 막아낼 수 있겠는가?"라는 것이다. 코츠카르-테긴은 "나는 충신은 두 임금을 섬기지 않는다는 것을 안다. 나는 이 성으로 집을 삼고 살 것이고, 이 성으로 무덤을 삼아 죽을 것이지 절대로 당신과 타협하지 않을 것이다."[8]라고 대답하였다.

두아가 여러 날 성을 포위하였으나 감히 성을 무너뜨릴 수 없었다. 편지를 써서 성으로 보내 "나도 또한 태조의 후손인데 왜 나에게 돌아오지 않는가? 너희 선조도 군주를 숭상하였으니 당신들도 딸로서 우리에게 귀속하면 우리는 전쟁을 멈출 것이다. 그렇지 않으면 계속 당신을 공격할 것이다."[9]고 공개적으로 표시하였다. 두아는 차가타이의 후손이니 당연히 칭기즈칸의 후손이다. 코츠카르-테긴의 증조 바르축-아르트-테긴(巴而術阿而忒的斤, Barchuq Art Tegin)이 족인을 거느리고 몽고국에 귀부하여 칭기즈칸의 딸들도 그에게 시집갔고 이디쿠트(亦都護, Yidiqut)의 가족도 칭기즈칸의 후손과 대대로 통혼하는 것을 허락하였다. 그러므로 두아는 코츠카르-테긴이 딸을 그에게 시집보낼 것을 요구하였다. 이 조건에 답하면 전쟁을 그만둘 것이나 아니면 바로 군대를 거느리고 카라-코초를 공격할 것이라고 하였다.

성안의 주민들은 양식이 다하고 싸우려는 의지도 점차 약해져 코츠카르-테긴이 자기의 딸이 아까워 전체 성의 백성의 생명 안전을 돌보지 않으면 안 된다는 입장을 드러내었으나 두아와 대면하려고 하지 않았다. 코츠카르-테긴은 딸 일이그미쉬(也立亦黑迷失, Iiyirmish)을 새끼줄에 매어 성 밖으로 내던져 두아에게 주자 두아가 병사를 이끌고 달아나 위구르 백성들이 잠시 나마 쉬어 전쟁을 준비할 기회를 얻었다.

바얀이 남쪽으로 원정할 때 같이 갔던 일부 정예병사와 용맹한 장수들은 북방으로 돌아왔다. 망한 송나라 폐제(廢帝)의 북근(北覲)을 경축하는 '대연회'에서 쿠빌라이는 특히 이정(李庭)의 좌석을 왼쪽 제왕의 아래 백관의 위에 배정하였다. 이정은 여진인으로 본래 성은 포찰(蒲察)인데 금나라 말년에 중원으로 옮겨 왔다. 이정이 지원 6년(1269년)에 종군하여 전쟁에서 용감히 싸워 승진이 빨랐고 대군이 강을 건너기 전에 만호의 직책을 맡아 '바투르(拔都儿, Bahatur)'(용사, 또는 '패도(覇都)'라고 한다.)라는 칭호를 받았다. 쿠빌라이는 이정에 대하여 "유정(劉整)이 생전에 이 자리에 앉지 못했는데 네가 전공이 탁월하기 때문에 이렇게 특수하게 대우하는 것이니 너의 자손들은 모두 잘 기억하고 잊지 말아야 한다."고 하였다. 7월 초구일(8월 20일), 쿠빌라이는 이정을 보내 군대를 이끌고 서정(西征)하라고 하였다. 이정에게 "너는 강남에서 이미 사력을 다하였고 많은 공적을 세웠으니 서북변방에서도 그렇게 해야한다. 현재 태조가 만든 규정을 위반한 사람들이 난을 일으키니 특별히 너를 보내 출정케 한다."[10)고 권면하였다.

쿠빌라이는 일찍이 바얀에게 마르고 전쟁을 잘하는 장령이 있었는데 이름을 잊어버렸다고 물어보았다. 바얀이 이 사람은 덕흥부(德興府)(지금의 하북 탁록(涿鹿)) 사람 석고산(石高山)으로 남정(南

征)에서 많은 전공을 세웠다고 하였다. 쿠빌라이가 곧바로 석고산을 만나보고 그에게 한 대군(大郡)을 선택하여 노년을 보낼 것을 허락하고 군대는 그의 아들에게 관리하도록 하였다. 석고산이 "나는 아직도 몸이 건장하여 계속해서 조정을 위해 싸울 수 있는데 어찌 양노(養老)하며 쉬겠습니까?"[11]고 말하였다. 쿠빌라이는 석고산의 충성과 용맹 정신을 높이 사서 그가 서정(西征)하는 것에 동의하였다.

용맹하고 결단력이 있어 쿠빌라이에 의해 '유이패도(劉二覇都)'라고 칭해졌던 여진인 유국걸(劉國杰)(원래 성은 오고륜(烏古倫))이 막 회동(淮東)으로 돌아온 지 얼마 되지 않아 사천으로 들어가 작전을 준비하려고 하는데 북방에서 긴급상황이 발생하여 출정군의 항렬에 들어갔다.

8월 초칠일(9월 16일) 쿠빌라이는 새로 임명한 한군 도원수 이정(李庭)과 유국걸(劉國杰) 등에게 군사를 거느리고 출발하게 하여 시리기 등의 반왕을 토벌하라고 하였다. 당연히 이들 한인 장령에 의한 출정만으로는 안 되므로 쿠빌라이는 다시 바얀을 중임하여 그에게 막북에서 군대를 감독하라고 하였다. 일 년 후에 바얀이 오르콘(幹耳寒河, Orgun)에서 시리기군을 크게 이겼다. 시리기는 급히 달아났으나 후에 사람을 보내 사로잡혀 쿠빌라이에게 바쳐졌다. 그러나 시리기 등의 반왕을 격파하였다고 서북의 문제가 해결된 것은 아니다. 하이두와 두아 등이 원군과 몇 십 년을 대치하였고 하이두가 죽은 후에야 서북의 제왕은 겨우 원나라에 투항하였으니 성종(成宗) 대덕(大德) 10년(1306년)간의 일이었다.

바얀은 후에 황태자 진김과 함께 막북에서 군대를 위로하였는데 쿠빌라이는 특별히 진김에게 "바얀은 문무를 겸비한 재주있는 사람으로 일에 충성한다. 그러므로 너에게 주지시키니 보통사람으로 대우해서는 안 된다."[12]고 하였다. 쿠빌라이는 태자가 바얀을 존중하기를 바랐으나 실제로 그 자신은 그다지 마음을 놓지 않았다. 그는 일찍이 사람을 보내 바얀에게 조칙을 전하며 "바얀, 당신은 본래 뿌리가 없는 사람으로 조정의 관료가 된 것은 짐이 당신에게 높은 관직과 명호(名號)를 하사하였기 때문이다. 만자(蠻子)[남송]의 국토를 탈취한 것은 실제로 고인 사평장(史平章)(즉 사천택(史天澤))의 공로인데 명예는 도리어 당신이 가졌으니 교만한 마음을 갖지 말라."고 하였다.

바얀이 온 사람에게 대신 아뢰게 하였는데, "폐하께서는 안심하십시오. 뿌리가 없는 사람은 뿌리가 없는 곳에 놓이게 됩니다. 관직을 주고 빼앗는 것은 모두 폐하의 권력입니다. 만자의 국토를 탈취한 것은 실로 고인 사평장의 공로이나 바얀이 빼앗았다는 견해는 만자(송인)에게서 나온 것입니다. 폐하를 위해 공로를 세움에 잘못이 없도록 하겠습니다."라는 것이다. 쿠빌라이가 이 말을 들은 후에 자기가 너무 심했다고 생각했는데 바얀이 공이 많다고 너무 자만하지 말기를 바래서였다.

아흐마드와 베기르미쉬(別吉里迷失, Begirmish)에 대한 모함이 계속해서 들어왔다. 아흐마드는 바얀이 임안에 들어온 후, 송나라 궁중의 옥도잔(玉桃盞)을 마음대로 가져갔다고 하였다. 일찍이 양회(兩淮) 지역에서 작전을 지휘하였던 베기르미쉬도 바얀이 성지를 위임받은 사람에게 관직을 주지 않고 자기의 친신에게 요직과 고위직을 봉하여 황제를 가벼이 여기는 마음이 있다고 하였다. 쿠빌라이는 의심하는 마음이 다시 일어나 바얀을 체포하여 옥에 가두고 조사하라고 하였다.

케식 태관(太官) 위시테무르(玉昔帖木儿, Yuxi Temür)는 소문을 들은 후 급히 쿠빌라이를 만나 바얀을 위하여 "나쁜 사람이 바얀 승상을 무고하여 체포하여 옥에 가두었습니다. 내가 이 사람이 죽기를 기다리는 것은 아주 쉬운 일로 풀을 베는 것 같습니다. 그러나 만자 지방의 사람들이 폐하를 비웃게 될 것입니다."라고 말하였다. 쿠빌라이는 위시테무르의 요구에 동의하여 바얀을 석방하여 면직시키고 집에 있게 하였다. 북방에서 난이 일어나 조정에 중임을 맡을 사람이 없자 쿠빌라이는 다시 바얀을 기용하여 군대를 감독하여 반란왕을 정복하라고 하였다.

쿠빌라이는 안심이 안 되어 사람을 보내 바얀의 언행과 거동을 살펴보았다. 갔던 사람이 보고하길, 바얀이 대신에게 작별을 고하면서 계속 "이러한 대우로 장군을 보내 출정하게 하는가?"라고 말하고 행동이 느렸다. 쿠빌라이는 바로 사람을 보내 바얀을 데려오게 하고 그에게 이 말이 무슨 뜻이냐고 묻자 바얀이 웃으면서 "우리들이 만자의 국토를 공격하여 폐하께 바친 일은 천하가 다 압니다. 후에, 나는 죄가 없는데 남의 모함을 받아 면직되어 편안히 쉬고 있었다는 것도 천하가 다 압니다. 북방의 몽고 땅에 황자와 고관이 아주 많은데 폐하께서 이처럼 악명이 있는 사람을 보내 죄를 기다리는 신분으로 그들의 위에서 직무를 수행하게 하면 그들이 폐하의 신임을 두터이 받고 있는데 제가 어찌 군대를 통솔하는 작전을 쓸 수 있겠습니까? 그래서 이 말이 있었습니다."[13]라고 대답하였다.

쿠빌라이는 바얀이 직언을 꺼리지 않으며, 또 말이 이치에 맞으므로 조서를 내려 바얀이 송을 평정한 공로가 있는데 모함을 받은 상황을 설명하고 막북의 제군들은 모두 바얀의 통제를 받아야 한다고 명령을 내리고서야 바얀이 비로소 기쁜 마음으로 북쪽으로 갔다. 후에 어떤 사람이 송 궁정의 옥도잔을 조정에 바치자 쿠빌라이의 의심이 마침내 풀려 "내가 충신을 해칠 뻔하였구나."라고 한탄하였다.

11월 15일 복주(福州)

남송의 유제(幼帝)가 배를 타고 바다로 들어가 작은 조정이 해상에서 표류하다

쿠빌라이는 일찍이 윤 3월 초이일(4월 17일) 아리카야를 불러 북상하게 하고 다음의 군사행동을 설계하였다. 6월 초팔일(7월 20일), 쿠빌라이는 3만 명을 증병하라고 명령하고 아리카야로 하여금 지휘하여 광서(廣西)로 진군케 하였다.

6월 25일(8월 6일) 추밀원 관원이 쿠빌라이에게 보고하기를 진의중과 장세걸이 복건에 집결하여 강서의 형세가 긴박하여 송도득이 조정에 구원을 요청하였다고 하였다. 쿠빌라이는 명령을 내려 장강 북안의 주둔군 중 일부 병사를 뽑아 강서에 증원하고 송도득 등에게 광동 방향으로 출격하라고 명령하였다.

6월 29일(8월 10일) 쿠빌라이는 사람을 보내 조서를 가지고 복주로 가서 진의중과 장세걸 등에게 투항을 권유하였다. 동시에 알라칸과 동문병(董文炳)에게 군대를 감독하여 복건을 공격하라고 명령하였다.

진공방향이 명확하고 군대의 부서도 완비되어 강남 각지에 원군의 장령들이 병사를 정돈하고 말을 먹여 앞뒤로 군사를 거느리고 출발하였다. 유몽염(留夢炎) 등이 현지의 원나라 장수에게 투항하였다.

복안부의 문천상은 형세가 험난함을 알고 진의중과 장세걸 등이 모두 뭔가를 할 만한 사람이 아니므로 의군을 조직하여 원군과 전쟁하기로 결심하였다. 진의중은 문천상이 온주(溫州)로 돌아가자는 건의를 받아들이지 않았다. 또한 문천상이 방해가 된다고 생각하여 그에게 남검주(南劍州)(지금의 복건 남평(南平))로 가서 전쟁을 준비하게 하자 천상은 명령에 따랐다. 7월 초사일(8월 15일) 문천상은 복안부를 떠나 13일 남검주에 도착하였다. 문천상의 곁에는 많은 열사들이 모여 들어 큰일을 도모할 준비를 하였다.

7월에 원군의 진공이 시작되었다. 아리카야군이 엄관(嚴關)(지금의 광서 흥안서(興安西))를 공격하여 격파하자 말과 병사가 패하여 정강부(靜江府)로 물러났다. 이항군(李恒軍)이 남풍(南豊)(지금의 강서에 속함)에서 오준(吳浚)에게 격파되었다. 8월에 오준과 원군이 싸웠는데 또 패하여 영도(寧都)(지금의 강서에 속함)로 물러났다. 복안부의 후방 장주(漳州) 흥화군(興化軍)(지금의 복건 포전(莆田)) 등지에서 소란 사건이 발생하여 진문용은 급히 달려가 사태를 진정시켰다. 9월, 진의중 등이 문천상에게 정주(汀州)(지금의 복건 장정(長汀))로 병사를 옮기라고 명령하였다. 그들은 장기적인 전략계획이 없고 단지 문천상이 '병사를 모으는 데' 성공하였기 때문에 조정과 너무 가까우면 조정의 사람에게 불리하므로 교통이 불편한 정주로 가게 하였다. 10월 초하루(11월 8일) 문천상은 군대를 이끌고 남쪽으로 갔다.

11월, 각지의 형세가 더욱 긴장되었다. 3개월간 굳건하게 지켰던 정강성(靜江城)은 마침내 원나라 군대에게 격파되었다는 소문이 전해졌다. 아리카야는 정강의 백성들이 배반하기 쉬우므로 담주(潭州)와 비교할 수 없다고 생각하여 명령을 내려 도성(屠城)하게 하고 얼마 후에 군대를 나눠 광서 각 주군을 공격하였다. 각지의 지방장관들이 원군의 위력을 두려워하여 성을 바쳐 투항하였다. 치주(邕州)(지금의 광서 남녕시(南寧市))의 수장 마성왕(馬成旺)이 원나라 사람에게 항복하였으나 마기(馬墍)의 부장 누모(婁某)는 병사 250명을 이끌고 월성(月城)(옹성(甕城))을 굳건히 지키고 항복하지 않았다. 아리카야는 싸울 필요가 없다고 생각하여 병사들에게 월성을 포위하라고 하였다. 10여 일 후에 누모가 성 위에서 쓴소리를 했으나 사졸들이 이미 굶주려서 행동을 할 수 없었다. 원군들이 먹을 것을 주자 바로 성을 나와 항복하였다. 아리카야는 몇 마리의 소와 몇 곡(斛)의 쌀을 주겠다고 하자 사람들이 성문을 열어 쌀을 가지고 들어간 후 또 성문을 굳게 닫았다. 원나라 사람들이 높은 곳에 올라 바라보니 성내의 사병들이 쌀과 고기를 날것으로 금방 먹어 치웠다. 그리고 나서 호각을 불고 북을 치자 원군들은 송나라 사람들이 달려와 전투를 한다고 생각하고 진을 치고 기다렸다. 누모가 스스로 안배하여 그들은 사병들로 하여금 화포(火砲) 주위에 둘러앉게 하였는데 화포가 터지면서 크게 울리더니 큰 소리가 나고 연기가 가득 차 200여 명이 모두 잿더미로 변하였다.

임안에서 남하한 알라칸 군은 11월 초에 처주(處州)(지금의 절강 여수(麗水))와 온주를 공격하였다. 서안(瑞安)에서 송군에 크게 패하고 조여역(趙與睪)과 그의 동생 여려(與慮) 등은 건녕부(建寧府)(지금의 복건 건와(建甌))로 들어갔다. 남검주의 수장 왕적옹(王積翁)도 도망갔다.

11월 15일, 진의중과 장세걸 등이 유제 조시를 데리고 배를 타고 바다로 들어갔다. 비록 당시에 군사 17만 명, 민병 30만 명이 있는 데도 장세걸은 원군과 대적하려고 하지 않고 결국은 도망가는 길을 선택하였으니 그가 준비한 해선이 이번에는 정말로 쓸모가 있게 되었다. 23일(12월 29일) 원군이 복안부에 도착하자 지부(知府) 왕강중(王剛中)이 항복하였다.

진의중과 장세걸 등이 천주에 이르자 초무사 포수경(蒲壽庚)이 와서 맞이하고 황제에게 상륙할 것을 요청하였으나 장세걸은 동의하지 않았다. 어떤 사람이 장세걸을 포수경이 있는 곳에 머물도록 한 것은 포수경이 제거시박사(提擧市舶司)를 여러 해 지냈기 때문에 재산이 넉넉하고 해선이 아주 많기 때문이다. 장세걸은 처음에 동의하지 않았으나 곧 사람에게 명하여 포씨의 배와 재산을 구분하여 해상 행해의 부족을 보충하려고 하였다. 포수경이 감정이 격해져 천주 성내에 있는 송 종실의 사대부와 회군(淮軍) 사병을 다 죽이자, 장세걸 등은 급히 조주(潮州)(지금의 광동 (潮安))로 달아났다.

조정이 바다로 가자 육지의 제군(諸軍)(문천상의 부대를 제외하고)은 항복하거나 도망갔다. 12월 초에 소드 등이 군대를 이끌고 복주에서 남하하여 초팔일(1277년 1월 13일)에 포수경은 천주성을 바쳐 투항하였다. 진문용이 흥화군(興化軍)에서 병사를 모아 굳게 지키고 항복을 거절하였다. 준도는 군사를 몰아 성을 공격하자 25일 통판 조등손(曹澄孫)은 성문을 열어 투항하였다. 같은 날 진의 중과 장세걸, 조시 등의 함대는 갑자문(甲子門)(지금의 광동 육풍동(陸豊東))의 해면에 도착하였다.

일 년이 금방 지나갔다. 남송인의 입장에서 보면 괴로운 한 해였다. 죽은 사람은 괴로운 후에야 해탈을 얻는다. 원나라에 귀부한 사람들은 잠시 고통에서 벗어나는 것 같지만 또 새로운 번뇌가 생긴다. 괴로움 중에서 가장 심한 괴로움은 살아서 항전하는 사람들과 의리를 지키는 사람들일 것이다. 해상에 또 한 명의 어린 황제가 있고, 또 한 대의 볼만한 '함대(艦隊)'가 있으니 사람들의 마음속에는 한 점의 희망의 불꽃이 있다. 그러나 해상이거나 육지이거나 간에 지금 자기들을 '송나라 사람'으로 보기는 하나 앞날이 막연하다는 생각에서 벗어날 수 없다. 그들은 마지막의 선택에 직면했는데 절개를 위해 죽을 것인지, 투항할 것인지, 멀리 도망갈 것인지, 세 가지 길이 놓여 있다. 그들에게 남겨진 시간이 얼마나 남았을까?

진문용이 포로가 된 후 원나라 군대가 그를 항주로 압송하려고 태학의 낡은 건물 안에 가두어 두었다. 문용은 원래 태학생이었는데 여러 번 시험을 보았으나 합격하지 못하였다. 어느 날 꿈에 태학사의 신(神) 악비(岳飛)를 보았다. 문용은 태학에서 죽기로 맹세하였는데 잠에서 깬 후에 기분이 좋지 않았다. 후에 문용이 정대(廷對) 제1등으로 관위가 높아지고 이름이 드러나자 이 꿈을 잊어버렸다. 그러나 오래지 않아 또 꿈에 악신(岳神)을 보았고 그에게 시를 지어 이전의 뜻을 표명하게 하였다. 시(詩) 뒤에 쓴 연월에는 여전히 '지원(至元)'의 연호를 사용하였다.

현재 문용이 태학에 갇혀 꿈속의 일을 기술하였는데 이 일이 친구 조유득(趙有得)에게 알려지자 탄식하면서 "사직과 인민이 하루 아침에 주인이 바뀌었으니 이것은 하늘의 뜻이다. 송나라가 망하지 않았을 때 귀신이 이미 정삭(正朔)을 받들었다. 지금 내가 병이 들어 죽게 되어 태학에 갇혔으니 태학의 신도 어떻게 할 수 없는가?"[14]라고 말하였다. 모든 사물은 모두 정해진 운명이 있고 하늘의 뜻은 어길 수가 없다. 국가가 기치를 바꾸고 신민이 주인을 바꾸는 것은 천수(天數)가 있는 것이다. 송나라는 아직 멸망하지 않았는데 귀신이 이미 하늘의 뜻에 따라 새로운 조정을 받들어 새로 역법을 반포하였다. 진문용이 후에 태학에서 굶어 죽었는데, 그가 스스로 흥화군(興化軍)에서 포로로 잡힌 뒤 절식을 시작하였기 때문이다. "원나라의 곡식을 먹지 않는다."는 기개는 꿈속의 조짐에 응하려 한 것이다.

해상에서 표류하는 작은 조정은 원군의 위협을 자주 받았다. 경염(景炎) 2년(지원 14년, 1277년) 11월에 진의중은 조시 등을 모시고 점성(占城)으로 가고자 하여 자신이 먼저 가서 준비하였다. 점성에 도착한 후, 의중은 대세가 이미 갔고 다시 돌아오지 않는다는 것을 인정하였다. 이러한 일에서 먼저 자신을 위해 고려하는 사람은 먼 타국을 선택하여 다시 남송 조정의 운명은 책임지고 싶지 않은 것은 누구나 상상할 수 없는 일이 아니다. 왜냐하면 그들은 국가의 이익에 대해서는 심각하게 생각해 보지 않았기 때문이다.

같은 해 12월 22일(1278년 1월 16일) 해상의 배가 태풍을 만나 배 위의 사람이 절반 정도 죽고 조시도 물에 빠져 죽을 위험에 처하였다. 이 놀라움을 겪은 후에 조시는 중병을 앓아 다음 해 4월

15일(1278년 5월 8일) 강주(碙洲)(지금의 광동 뇌주만(雷州灣) 뇌주도(碙洲島))에서 병사하였다. 유주의 죽음으로 해상에서 표류하던 사람들이 흩어질 뻔하였는데 육수부가 그들에게 권면하여 "도종 황제에게 또 아들이 있으니 그를 황제로 삼는 것은 어떠한가? 옛사람들도 소수의 군대와 백성으로 중흥한 선례가 있었다. 현재 백관과 각 기구가 모두 존재하고 또 수만의 사졸이 있으니 만약 하늘이 송나라를 끊지 않는다면 이것으로 나라를 세울 수 없다고 말하기 어렵지 않은가?"15)라고 하였다. 이에 4월 17일(5월 10일) 많은 대신들이 위왕(衛王) 조병을 받들어 황제로 삼고 '상흥(祥興)'이라 개원하고 육수부를 좌승상으로 삼고 광동의 해면에 정박하였다.

문천상이 경염 2년 5월에 군대를 이끌고 강서로 들어가 흥국(興國) 등의 현을 수복하고 장주(贛州)를 포위하였는데 기세가 자못 성하여 호응하는 사람들이 사방에서 일어났다. 그러나 오래 견디지 못하고 이항이 군대를 이끌고 협공하자 문천상이 장주전에서 패하고 주력 부대가 흩어졌다. 천상은 남아 있는 병사를 모아 광동으로 들어가 계속 항전하였다. 상흥 원년(지원 15년) 12월 20일(1279년 2월 2일) 문천상은 오파령(五坡嶺)(지금의 광동(廣東)해풍현(海豊縣) 북쪽)에서 원나라의 장홍범(張弘範)에게 포로로 잡혔는데 부하 중에서 기꺼이 목숨을 바친 사람이 헤아릴 수 없이 많았다. 두호(杜滸)도 포로로 잡혀 오래지 않아 울분하여 죽었다.

쿠빌라이는 당연히 해상의 작은 조정의 존재를 좌시할 수 없었다. 장홍범과 이항은 수륙에서 협공하라는 명을 받아 남송의 잔여 세력에게 최후의 일격을 가하였다. 장홍범은 문천상을 해선에 태워 작은 조정이 있는 애산(崖山)(지금의 광동 강문시(江門市) 신회현

(新會縣) 남쪽 80리의 곳)으로 진군하였다. 지원 16년 정월 12일 (1279년 2월 24일) 배가 영정양(零丁洋)을 지날 때에 문천상은 한 수의 저명한 감회시를 써서 불굴의 뜻을 드러내었는데 천고에 비길 데 없이 뛰어난 시문이다.

각고의 노력으로 하나의 경서에 정통하여 공명을 얻어 파란만장한 정치생애가 시작되었다. 의군을 이끌고 원나라 병사를 공격한 이래로 4년의 힘든 세월이 지났네.

조국의 산하가 적의 침략에 파괴됨이 마치 광풍에 버드나무가 말아올려 떨어지는 것 같고, 이내 신세는 난리를 만나 동요되고 불안함이 마치 부평초와 같다.

황공탄(惶恐灘)에서 퇴각할 때 험악한 격류와 험준한 형세에 두려움을 느끼고, 지금 적에게 사로잡혀 영정양(零丁洋)에서 있으니 외롭고 고독함을 비탄해 하네.

자고로 누가 한번 죽지 않으리오? 나라를 위해 목숨을 바쳐 이 참된 마음을 남겨 청사(靑史)를 비추리라.[16]

2월 초육일(3월 19일) 송원 군대가 애산 해면에서 대전하여 송군이 패하자 육수부는 먼저 처자를 바다에 빠트리고 이어 조병을 안고 바다로 뛰어들어 목숨을 끊었다. 양태후(楊太后)는 조병이 죽어 희망이 없으므로 바다로 뛰어들었다. 장세걸과 소유의(蘇劉義) 등도 10여 함대를 이끌고 포위를 돌파하려 하였으나 태풍을 만나 배는 뒤집히고 사람은 죽었다.

문천상은 이 해상의 격전을 목도했는데 송나라 사람과 원나라 사람의 최후의 일차 대규모의 군사 접전이었다. 실패의 참경과 망

국의 비분으로 통곡하였다. 그의 시부에서 읊기를,

남방사람들의 뜻은 곤륜산(崑崙山)을 일으키고자 하고, 북방 사람들의 목적
은 황하를 삼키고자 한다.

하루아침에 하늘이 어둡고 비바람이 휘몰아치며, 포화가 우레와 같이 소리를
내고 화살이 별처럼 떨어진다.

누가 승리자이고 누가 실패자인지 금방 분간할 수 있을 것이고, 시체는 물속
에서 사방으로 흩어져 떠내려가 바닷물이 모두 혼탁하게 되었다.

어제 아침에 남쪽의 배가 애산(崖山)의 해변에 가득했는데, 오늘 아침에는
단지 북쪽의 배만 보인다.

어젯밤에 양변에서 북소리가 울려 퍼졌는데, 오늘 밤에는 단지 북방의 배에
서만 술을 마시고 즐기는 소리가 들린다.

북쪽 병사들은 집을 떠나온 지 8천 리에, 승리하여 소를 잡고 술을 따르니
사람마다 기뻐한다.

단지 외로운 송나라의 신하는 눈물을 드리울뿐, 답답하여도 큰소리로 사람들
을 향해 울 수 없다.

황제의 어가는 막막하여 어디로 가야 할지 모르고, 망망한 대해 위의 안개에
가로막혀 있다.

내가 칼을 빌려 아첨하는 신하를 죽이고자 하니, 허리에 황금색의 띠를 두른
사람들을 어찌 사람이라 할 수 있겠는가![17]

라고 하였다.

장홍범은 문천상에게 "국가가 이미 망했으니 살신하여 충성을
다한다고 누가 이 일을 역사에 남겨 주겠는가?"고 하자 문천상은
"상(商)나라가 멸망함에 이제(夷齊)는 스스로 주(周)나라의 곡식을
먹지 않겠다고 맹세하였다. 사람이 그 마음의 뜻을 나타내는 것이

지 기록이 될지 않을지는 상관하지 않는다."[18]고 답하였다. 장홍범도 한인이어서 천상의 군주에게 충성하고 애국하는 열정에 감동되었다.

오래지 않아, 문천상이 북쪽으로 압송되었다. 10월 1일(11월 6일) 천상이 대도에 도착하였다. 전에 송의 승상 유몽염(留夢炎)과 영국공에 봉해진 조현은 명을 받들고 투항을 권유하였으나 문천상은 거절하였다. 원나라의 권신 아흐마드는 친히 머물고 있는 곳으로 와서 안부를 물었고, 승상 볼라드(孛羅, Bolad) 등이 추밀원 당상에서 심문하였는데 문천상이 강개하게 사양하였다. 후에 감옥에 가두었고 그의 아내와 딸도 대도에서 포로 생활을 하였다. 문천상이 무릎을 꿇으면 가족과 모여 산다는 것을 잘 알았지만 처음의 뜻을 굽히지 않고 어둡고 습한 감옥에서 최후의 항쟁을 하였다. 지원 18년(1281년) 여름에 문천상은 걸작 ≪정기가(正氣歌)≫를 지었는데 역대의 사서에서 강폭을 두려워하지 않고 희생을 아까워하지 않는 인물로 언제든 목숨을 바칠 각오가 되었음을 표시하였다. 후세에 불후의 명작으로 전해진다.

천지 가득 올바른 기운 있으니, 엇섞여 온갖 형체 빚어냈네.
땅에서는 강과 산이 되고, 하늘에서는 해와 별이 되었네.
사람에게는 호연이라 이름하였는바, 허공중에 가득 차 있도다.
왕도가 맑고 평탄할 땐, 조화로움 머금어 밝은 조정에 토해 냈고.
시대가 어려워지면 그 절개가 드러나, 일일이 역사에 드리우리라.
제나라에서는 태사의 죽간으로, 진(晉)나라에서는 동호의 붓으로.
진(秦)나라에서는 장량의 철추로, 한(漢)나라에서는 소무의 절개로 드러났네.
엄안 장군의 머리가 되었는가 하면, 시중 해소의 피가 되기도 하였다.

장순의 신랄한 이로 화하기도 하고, 안고경의 통렬한 혀가 되기도 하였다.

혹은 요동의 모자가 되어, 그 맑은 지조가 빙설보다 매서웠다.

혹은 출사표가 되니 귀신도 장렬함에 흐느꼈다.

혹은 강을 건너는 노가 되니, 그 비분 강개함이 오랑캐를 삼켜 버렸다.

혹은 역적을 치는 상아홀이 되어, 역적의 머리를 깨뜨리는구나.

이 정기가 천지에 충만하여 추상과 같이 만고에 존재하네.

이 정기가 해와 달을 관통할 때, 생사를 어찌 구구하게 따지리오!

대지가 이에 의지하여 우뚝 서고, 천주가 이로 말미암아 드높나니.

삼상이 실로 이로써 명맥을 유지하고, 도의가 이로 인해 뿌리를 내린다.

아아, 나는 나라의 재난 만났건만, 천한 몸 실로 무력하구나.

초나라의 죄수처럼 관을 매어 쓰고, 수레에 실려 북방 끝까지 끌려왔네.

가마솥에 삶아져 죽은들 엿처럼 달게 받으련만, 원하여도 그렇게 할 수가 없다.

어두운 감방에 도깨비불 적막하고, 봄날의 정원은 시커먼 하늘에 갇혀 있다.

소와 천리마가 같은 마구간에 있고, 닭과 봉황새 같이 깃들여 먹는다.

하루아침에 안개와 이슬 뒤덮이면, 각기 도랑 속에서 시체가 되리라.

이렇게 두 해를 보냈건만, 모두 나쁜 기운들이 스스로 피해 갔다.

아아, 슬프도다. 이 음습한 곳이, 나의 안식처가 되었구나.

어찌 달리 기묘한 방법이 있어, 음양의 기운이 날 해치지 못하는가.

다만 이 추상같은 정기 가슴에 간직할 뿐, 고개 들어 보니 흰 구름 더없이 깨끗하다.

깊고도 깊도다 내 마음속의 비애감이여, 저 푸른 하늘같이 어찌 끝이 있으리오.

옛 철인들 날로 멀어져 가나, 후세에 드리운 모범은 내 가슴에 영원하리니.

바람 부는 처마 밑에서 책 펼쳐 독서하니, 옛 성현의 도리가 얼굴 가득 비추네.[19]

문천상이 구류된 지 4년인 지원 19년 12월 초팔일(1283년 1월 8일) 쿠빌라이가 친히 불러 최후의 항복을 권하였으나, "천상이 송나라의 장원 재상으로 송이 망하였으면 단지 죽을 수 있지 살 수는 없다."고 대답하였다. 다음 날, 문천상은 대도에서 강개하게 의(義)로 나가 절개를 다하는 마음을 끝맺었다. 죽음에 임하여 천상은 종이와 붓을 찾아 최후의 두수의 시를 지었다.

그 해 작은 배를 타고 양주(揚州)를 지나는데, 죽을 고비를 넘기고 남쪽으로 도망하여 와서 송 황제를 보좌하였다.

천지는 대송이 사직을 부흥하게 하는 것을 허락하지 않고, 국가에는 유력한 군주가 없고 또한 충신과 훌륭한 장수도 없다.

포로가 되어 북방에 이르러 대송 숭악(嵩岳)의 옛 땅에서 노니는데, 풍경과 물상이 모두 변하여 이적의 기운이 중원의 연기와 운무를 어지럽히고 풀과 나무는 황량하다.

북경에서 남쪽을 바라보니 대송의 여러 황제의 능묘가 어디인지 모르겠고, 먼지와 티끌에 어두컴컴하고 남쪽으로 돌아오는 길이 막막하여 모호하다.

몸에는 대송의 의관을 입고, 북방에서 7년이나 갇혀 있어 형세가 초라하여 마치 춘추시대 진(晉)나라에 갇혀있던 초나라 사람 종의(鍾儀)처럼 궁색하다.

황제의 행재지 애산(崖山) 산령의 가을달을 기억하노니, 해문(海門)에서 천만 명의 용사와 만 개가 넘는 솥이 있던 가을.

하늘이 황당하고 땅도 늙고 영웅도 천명이 없으니, 국가가 망하고 가정이 흩어지고 대송의 사업을 일으키는 것도 실현될 수 없다.

단지 충성스러운 영웅의 기개가 있으니, 파란 하늘이 저물녘의 구름과 같이 무한한 슬픔을 머금고 있다.[20]

주석

1. 陶宗儀 『南村輟耕錄』 卷20 「漢兒字聖旨」.

2. 『宋史』 卷421 「李庭芝傳」.

3. 『文天祥全集』 卷16 「集杜詩・李制置庭芝第四十九・薑都統才第五十」.

4. 『元朝名臣事略』 卷11 「李德輝事略」.

5. 『元史』 卷163 「李德輝傳」.

6. 『宋史』 卷451 「忠義傳六・張玨傳」.

7. 『文天祥全集』 卷16 「集杜詩・張制置玨第五十一」.

8. 虞集 『道園學古錄』 卷24 「高昌王世勳之碑」.

9. 虞集 『道園學古錄』 卷24 「高昌王世勳之碑」.

10. 『元史』 卷162 「李庭傳」.

11. 『元史』 卷166 「石高山傳」.

12. 『元史』 卷127 「伯顔傳」.

13. 『漢藏史集』 174-176쪽.

14. 『西湖遊覽志』.

15. 『宋史』 卷451 「忠義傳六・陸秀夫傳」.

16. 『文天祥全集』 卷14 「指南後錄・過零丁洋」.

17. 『文天祥全集』 卷14 「指南後錄・二月六日詩」.

18. 『文天祥全集』 卷14 「指南後錄・有感」.

19. 『文天祥全集』 卷14.

20. 『文信國公集』 卷18 「拾遺」.

제8장
대일통(大一統)

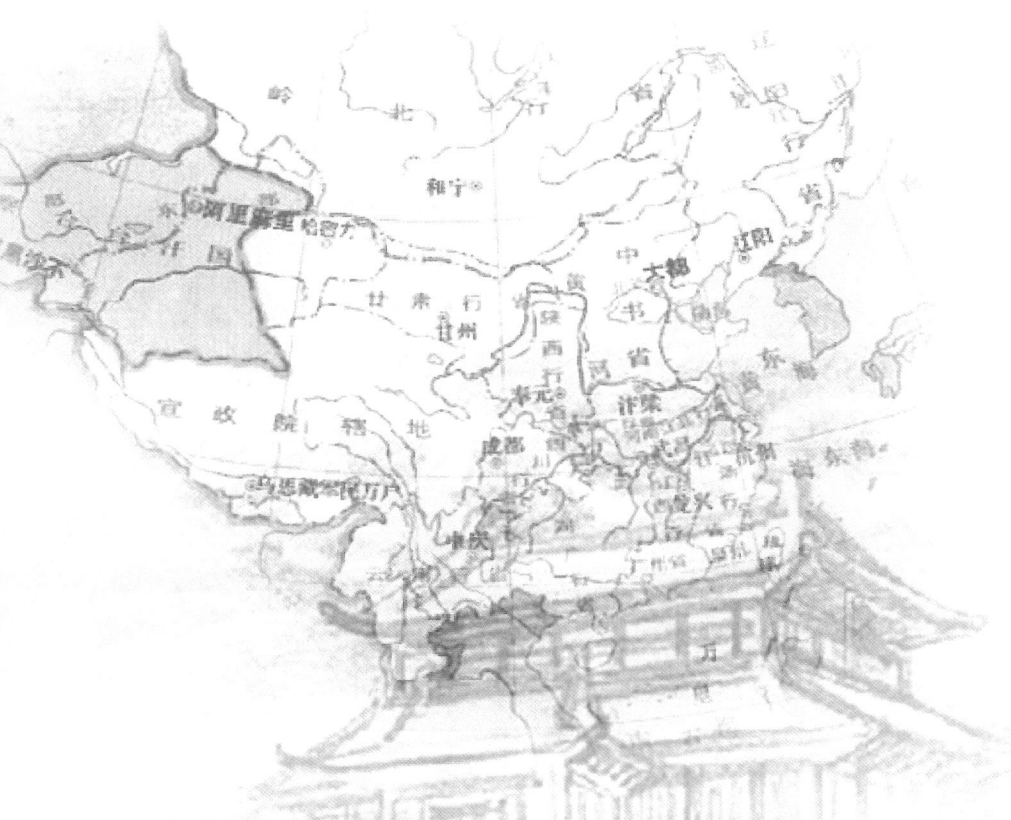

　유례없는 대통일의 형세가 중국에 다가올 때, 옛것을 버리고 새
로운 것을 맞이하는 사람들 가운데, 누가 미래를 생각해 보았는가?

12월 30일 대도(大都)

쿠빌라이는 강남의 가혹한 잡세를 면해 주고 군신들에게 큰 상을 내리다

일 년이 금방 지나가고 남송왕조는 붕괴되어 천하를 통일한 군주가 된 쿠빌라이는 신부군에게 다시 위로의 뜻을 표시하였다. 섣달 그믐날 밤은 가장 좋은 날이 될 것이다. 쿠빌라이는 강남 지역에 아래와 같은 조칙을 내렸다.

옛날에 만호와 천호가 백성의 재물을 빼앗아 백성들이 뿔뿔이 흩어져서 도망가게 되었다가 지금 인민들이 원나라의 주현에 적을 두게 되었다. 무릇 군대를 관리하는 장교와 송의 관리들은 세력을 믿고 민전(民田)에서 농작물을 지키는 사람의 재산을 빼앗는 자도 있다. 각기 그 주인에게로 돌아가게 하고 주인이 없으면 인민의 생산이 없는 사람에게 귀부시켜 준다. 그 전조(田租)와 상세(商稅), 차·소금·술·식초, 금·은·철·야금, 죽화(竹貨)·호박(湖泊)은 실제에 따라 처리하게 한다. 무릇 옛날 송나라의 번다하고 쓸데없이 많은 과차(科差)와 성절(聖節)의 상공(上供), 경총제전(經總制錢) 등 백여 건은 모두 면해 준다.[1]

쿠빌라이의 조서는 한편으로는 관리에게 약속하여 민심을 안정시키고 강남 지역 사회의 안정을 보장하는 것이다. 한편으로는 강남 주민을 경제적으로 우대해 주고 남송통치의 폐단을 해소하여 백성의 경제 부담을 줄이는 것이다. 만호와 천호 등의 군사를 통솔하는 장령(將領)들이 강탈하여 강남의 백성들이 도망가고 떠돌아 다녔으므로 모든 백성들은 다 고향으로 돌아가 원래 살던 주현(州縣)에 적을 두게 하였다. 각 군대를 관할하는 장령과 망한 송나라의 관리는 세력으로 백성의 토지, 가옥과 재산을 빼앗은 것은 모두 원래 주인에게 돌려주라고 하였다. 돌려줄 주인이 없으면 부근의 일정한 직업이 없는 주민에게 나눠 주게 하였다. 전조(田租), 상세 및 차·소금·술·식초, 금·은·철·야금, 죽제품(竹貨), 호수(湖水) 등에 관한 과세는 모두 실제에 따라 절차를 밟게 하였다. 과거 남송의 과차(科差), 명절의 공봉(供奉), 총경제전(經總制錢) 등 100여 항목의 가혹한 잡세는 전부 면제하였다.

남송대는 과차와 과중하고 잡다한 세금의 명목이 많아 백성들의 부담이 컸다. '경총제전(經總制錢)'은 전택의 매매, 술을 주조하는 것과 민간에서 행하는 일체의 전물(錢物) 교역은 관부에서 매 천문의 전(錢)에 오육십 문(文)을 거두었다. 이 한가지 항목으로 매년 정부는 1천여 만관(萬貫)의 수입을 얻을 수 있고 어떤 지방에서 징수한 경총제전은 심지어 정규 세액의 세 배나 되었다. 게다가 전쟁의 화가 해마다 계속되어 지폐 가치가 낮아져 인민 생활의 괴로움을 상상하고도 남는다. 부역의 부담을 경감하고 경제의 회복과 발전에 아주 중요한 작용을 하였으므로 북방의 유사들이 애써 제창하였을 뿐만 아니라 남방의 항복한 사람들도 모두 다 진언하였다. 이를테면 관여덕(管如德)이 일찍이 쿠빌라이에게 액수를 정하여 세금을 적게 거두고, 병사를 쉬게 하고 멀리 있는 사람을 어루만지고, 법을 세워 사람을 쓰고, 부역을 줄여 백성들을 어루만지고, 관직을 설치하고 봉록을 제정할 것을 건의하였다.

남송의 잔여세력이 아직 다 제거되지 않아 군사 행동을 정지할 수 없지만 다른 조처도 모두 급한 것들이다. 쿠빌라이는 경제문제를 가장 먼저 해결해야 할 과제라고 생각하였다. 부세 징수의 다소는 조정의 강남 지역에서의 이익과 관련이 있고 또 새로 귀부한 신민의 일상생활과도 밀접한 관련이 있다. 유민들이 고향으로 돌아갈 것을 촉구하고 호적이 안정되는 것을 보증하여야 국가는 마침내 안정된 재부를 거둘 수 있다.

쿠빌라이가 부세를 감면할 것을 명령함에 당시의 사람들은 적지 않은 장점을 누리게 되었고 후세 사람들도 높이 평가하여 "나라에 중복된 지출이 없고 백성에게서 세금을 많이 거두지 않아 천하가 서민들이 부유하다고 칭한다."는 찬사가 있었다. 또한 실제의 기술과도 비교적 부합되는 ≪삼양도지(三陽圖志)≫에는 다음과 같이 기록되어 있다. 즉,

원나라는 민력(民力)을 관대하게 하는 것을 무엇보다 우선으로 여긴다. 무릇 전대의 이름 없는 부세는 모두 없애고 오직 농사짓는데 지세를 내고, 매매함에 상세를 내며, 고기 잡고 소금을 생산하고 배의 적하에 따라 징수하며 땅에 따라 있는 바이다.[2]

라고 하였다.

원나라가 천하를 통일하여 인민의 부담을 경감하는 것을 제일의

요체로 삼아 전 왕조에서 거두었던 과중하고 잡다한 잡세를 면해 주었다. 농사를 짓는 사람에게는 지조(地租)를 거두고, 장사하는 사람은 상세를 내게 한다. 고기 잡이·제염·선박에도 땅에 따라 마땅하게 정하고 물건에 따라 세금을 정하였다.

북방의 세량(稅糧)은 정세(丁稅)와 지세(地稅) 두 종류로 나뉘는데 보통 민호(民戶)·상고(商賈)·관리 등은 인구에 따라 정세(丁稅)를 거두는데, 매 정마다 1년에 곡식 2석을 거둔다. 강남 지역의 세량은 송제를 이어받아 여름과 가을에 두 번 세를 내는데, 추세는 묘에 따라 곡물을 내며 세액은 통일된 표준이 없다. 지역에 따라 차이가 심하여 동일 지역에도 토지의 좋고 나쁨에 따라 여러 등급이 있었다. 적은 지역은 매 묘마다 한 두 승(升)이고, 많은 지역은 두세 두(斗)나 되었다. 하세 징수의 방법도 각 지마다 같지 않은데 곡물이나 비단 등의 실물을 거두는 지역이 있고, 또한 돈으로 거두는 지역도 있었는데 대체로 하세는 추세의 반이다. 상세와 소금·술·식초의 과세 등에도 일정한 액수가 있다. 전체적으로 보면 남북의 세량과 각종 세의 정액은 모두 전대보다 많지 않았다.

남송의 궁정·관부에 남아 있던 전량(錢糧)·보물 등은 이미 원나라의 재산이 되어 함부로 쓸 수 없다. 바얀은 송 궁정의 창고를 관리하던 장혜(張惠)가 마음대로 창고를 열었다고 보고하자 쿠빌라이가 아주와 아타카이에게 이 일을 조사하라고 명령하고 장혜를 경사로 오게 하였다. 동시에 쿠빌라이는 강동·강서·절동·절서·회동·회서의 관리들에게 각지의 창고에 보존된 전량의 액수를 잘 조사하라고 명령하였다.

올해 9월의 통계에 의하면 새로 판도로 들어간 37부(府), 128주

(州), 733현(縣)이 있고 새로 늘어난 민호가 9,370,472호로 모두 19,721,015명이다. 원나라 사람이 호구 숫자의 통계에 대하여 아주 진지했던 것은 아니다. 지원 7년(1270년) 원 조정이 중원지구에서 호구조사를 했는데, 호구숫자는 1,939,449호에 달하여 일 년 전에 비하여 약 30만 호 증가하였다. 이후에 중원의 호적 수는 변동됨이 없었고 매번 전국의 호적을 통계할 때 다른 지역의 새로 늘어난 호 수를 더하였다. 전쟁 시에도 원나라 조정은 1,967,898호로서, 올해 900만 호가 늘어나 새로 증가한 숫자는 모두 항복한 사람으로 옛 날에 있던 적책(籍冊)에 근거하여 보고한 것으로 실제로 조사한 것 이 아니다.

강남의 호적을 조사하는 일은 지원 27년(1290년)에 진행되었고, 조사 후의 숫자는 11,840,800여 호였다. 이 숫자에 지원 7년의 중 원 호수와 요동 등 지의 더 이른 시기의 호구 숫자를 더하면 전국 호적 총수가 13,196,206호로 모두 58,834,711명이다. 이른바 '산택 계동(山澤溪洞)의 백성'은 소수민족으로 그 안에 포함되지 않았다. 이러한 호구통계는 당연히 객관적으로 인구의 증감 상황을 반영할 수 없다. 그러나 원나라 통치자들은 아주 만족하였다. 강남 지역을 점령한 후 호구 수가 배로 증가하고 재정 수입도 자연히 배로 증가 하였다.

강남에서 건립되어 행해진 유효한 행정관리제도는 원 조정의 입 장에서 아주 중요했다. 대군이 강을 건넌 후 잠시 전시 관리체제를 실시했는데 천호와 백호 등을 분별하여 파견해서 군사를 통솔하는 장령들이 각 주, 현에 주둔하여 현지 군민(軍民)의 정무(政務)를 장 악하고 관리하였다. 만호일급(萬戶一級)의 장령은 주요 도시에 주둔하며 관리도 같이 하였다. 이러한 '군사관제(軍事管制)' 체제하에 군관의 권력이 너무 커서 제한을 받지 않자 남자를 속이고 여자를 차지하고 백성의 재산을 약탈하는 사건이 자주 발생하였다. 이 폐단을 고치기 위해 반드시 군민을 분리하여 통치하고 민정을 전적으로 관리하는 관리의 선발에 착수하였으나 원 조정은 일종의 과도성 기구가 필요하였다. 6월 초구일(1276년 7월 21일), 쿠빌라이는 각 도에 선위사(宣慰司)를 나눠 설치하라고 명령을 내렸는데 오늘 정식으로 각 도의 선위사를 임명하였다. 원래의 남송 경내에 설치된 선위사는

절서도선위사(浙西道宣慰司), 항주(杭州)에 설치함,

절동도선위사(浙東道宣慰司), 소흥(紹興)에 설치함,

강서도선위사(江西道宣慰司), 융흥(隆興)에 설치함,

(지금의 강서 남창(南昌))

강동도선위사(江東道宣慰司), 건강(建康)에 설치함,

호북도선위사(湖北道宣慰司), 악주(鄂州)에 설치함,

회서도선위사(淮西道宣慰司), 황주(黃州)에 설치함,

회동도선위사(淮東道宣慰司), 회안(淮安)에 설치함,

형호남도선위사(荊湖南道宣慰司), 형주(衡州)에 설치함,

(지금의 호남 형양(衡陽))

형호북도선위사(荊湖北道宣慰司), 강릉(江陵)에 설치함.

각 도의 선위사는 대체로 원래 행성의 관원 혹은 군사를 통솔하는 만호장이 맡아서 하였는데 그중에 몽고인·색목인이 있고, 한인

과 남인도 있으며 무장이 많은 비중을 차지하였다. 선위사가 군정과 민정을 장악하였으므로 군민 분치의 원칙은 실시될 수 없어 임시적인 기구가 되었다. 전쟁이 다 끝난 뒤, 강남 지역도 북방과 마찬가지로 고정된 행정관리 체제를 만들었다. 행중서성이 후에 전국 통일의 지방 최고 행정기구와 일급 정치구역의 명칭이 되었고 전국에 10개의 행성을 설치하였다.

섬서행성, 치소는 경조(京兆)(지금의 섬서 서안)

감숙행성, 치소는 중흥(中興)(지금의 영하 은천)

요양행성, 치소는 요양(遼陽)(지금의 요녕에 속함)

하남강북행성, 치소는 변량(汴梁)

사천행성, 치소는 성도(成都)

운남행성, 치소는 중경(中慶)(지금의 운남 곤명)

호광행성, 치소는 악주(鄂州)

강절행성, 치소는 항주(杭州)

강서행성, 치소는 융흥(隆興)

영북행성, 치소는 화림(和林)

각 행성의 장관은 평장정사(平章政事)라 하고, 간혹 좌·우 승상을 설치한다. 평장정사아래 우승·좌승·참지정사 등의 직무를 설치한다. 황하 이북 태항산 동서는(지금의 하북·산동·산서) '복리(腹里)'라고 칭하는데 중서성의 직속이다. 토번 지역은 중앙에서 설치한 선정원(宣政院)이 관할한다. 원나라 때 확립된 행성제도는 후대에 그대로 실시되었으므로 중앙행정구역과 정치제도 변혁에 있어서 중요하다.

강남에서 전쟁을 했던 원군은 어떻게 적당히 배치해야 할지, 이미 강남 지역을 잘 통제하는 상황이어서 백성들을 괴롭히는 일은 생기지 않았다. 전국의 군대를 어떻게 안배할 것인가는 통일 왕조를 안정시키기 위해 급히 해결해야 할 문제이다. 쿠빌라이는 기본 상황을 빨리 확정하고자 전국의 군대를 중앙의 숙위군과 지방의 진수군(鎭戍軍)의 두 가지로 나누었다.

중앙의 숙위군은 케식과 시위친군으로 이루어졌다.

케식의 정액은 10,000명인데 이 숫자는 항상 초과되어 원 중기에 이미 15,000명 정도였다. 조정의 규정에 의하면, 한인과 남인은 케식 조직에 들어갈 수 없으나 사람들은 여러 가지 방법으로 들어 갔으므로 조정은 어쩔 수 없이 여러 차례 케식 중의 한인과 남인을 '도태'시켜야 했다.

현존하는 좌·우·중의 삼위(三衛)친군은 후에 전·후·좌·우·중의 5위로 확대 편성하여 한군사병과 신부군(남송의 항복군)이 중심이 되었는데 이를 한인위군(漢人衛軍)이라고 칭한다. 일부 색목인 군사와 몽고 탐마치(探馬赤, Tammachi) 군인들은 색목의 위군(衛軍)과 몽고의 시위(侍衛)로 편성되었다. 이러한 위군은 모두 추밀원에서 직접 관리하였는데 태자 동궁하의 위군(衛軍)은 예외였다. 쿠빌라이가 재임할 때, 12개의 위군 기구를 설립하였는데 통군 인원수는 약 10만 명 정도였다. 후의 여러 황제들은 신위(新衛)를 증설하여 원나라 후기에 서른 몇 개의 위군기구가 만들어졌다. 이들은 '병권을 장악하여 정권을 제어하는' 정예 부대로 대도의 남북과 상도 등지에 주둔하였고 원 조정의 중견의 군사역량이었다.

지방의 진수군은 초원의 몽고군과 전국 각지에 주둔하고 있는 각종 군대로 구성되었다.

초원의 몽고인은 천호의 조직 안에 편성되어 전쟁이 나면 격문을 보내 집합하게 하고 평시에는 각 부로 흩어져 유목생활에 종사한다. 막북과 막남 지역에 많은 몽고군대가 있었는데 원나라의 통치에 특수한 의의를 지닌다.

강남 정복전에서 몽고 탐마치의 군인은 전쟁이 끝난 후 다수가 강북으로 철수하였는데 조정에서는 산동·하남·섬서·사천의 4개 몽고군에도 만호부를 설치하여 탐마치 군인을 분할하여 통치하는 것은 천하의 심복에 의지하여 원래 송원 접경 지역을 감독하고 제어하는 것이다.

원래 남송의 옛 국경을 수비하는 것은 아주 번거로웠다. 중원 지역에는 시위친군과 탐마치군이 나눠 지키고 있고 원래 중원 출신의 한군도 파견되었다. 전쟁 중 강남의 각 한군 만호를 파견함에 절대 다수 남아 있는 부대가 어디에 수자리를 갈지, 어느 곳에 주둔할지, 어느 곳에 둔전을 할지를 후에 바얀·아주·아리카야·아타카이·알라칸 등이 의논하여 결정하였다. 이를테면 양주(揚州)·건강(建康)·진강(鎭江)의 3성은 큰 강이 있어 지정학적 위치가 중요하므로 병사들로 하여금 호위할 필요가 있어 7만 호부(戶府)의 군을 나누어 주둔하게 하였다. 이를테면 항주는 남송의 고도여서 감시를 엄격하게 하지 않으면 안 되어 다시 4만호부의 군대를 파견하여 주둔시켰다. 만호부를 세우는 것이 최종적으로 틀이 갖추어져 군을 통솔하는 인원수의 다소에 따라 만호부를 상·중·하 삼등으로 나누었다. 강절·강서·호광 3행성 내에 후에 몇 십 개의 만호부를 설치하였다. 사천과 운남 경내에도 대략 비슷하게 설치하였다.

군대를 조정하는 것은 아주 중요한 문제로 강남에서 투항한 장수와 수졸을 어떻게 안치할 것인가 였다. '신부군(新附軍)'이라고 칭해지는 남송의 항복군은 백만 병졸이라고 칭해지나 실제로는 약 20만 명이다. 쿠빌라이는 그들에 대해 안심이 되지 않아 남송의 항장들에게 "너희들은 왜 이렇게 쉽게 항복하였는가?"라고 질문을 한 적이 있다. 이에 "송나라는 권신 가사도(賈似道)가 나라를 전횡하여 매번 문신을 우대하고 무신을 경시하였습니다. 신등이 오랫동안 불평이 쌓여 마음이 떠나갔습니다."[3]고 대답하였다.

동문충은 이때 마침 쿠빌라이 곁에 있었는데 쿠빌라이는 그에게 이 말이 무슨 뜻인지 물어보았다. 동문충은 충군 애국하는 각도에서 송나라 사람들이 책임을 미루는 말을 반박하였다. "가사도는 당신들을 경시하였다. 그러나 너희의 국군이 너희들에게 고위관직과 후한 봉록을 주었고 너희들을 대우하기를 박하게 하지 않았다. 현재 승상에 대한 원망하는 마음이 있는 것이 군주에게로 옮겨 가서 진심으로 싸우기를 원하지 않고, 앉아서 국가가 멸망하는 것을 보다니, 국가의 대신으로서 절개는 어디로 갔느냐? 가사도가 너희들을 경시한 것은 일찍이 너희들을 의지할 수 없다는 것을 알았기 때문이 아니냐?"[4]고 하였다.

쿠빌라이는 동문충의 말이 기특하다고 칭찬하였다. 항복한 사람들이 못났다는 것이 아니라 이런 사람들의 앞으로 역할을 궁리하고자 한 것이다. 쿠빌라이는 여러 항복한 장수에게 군대를 몰아 바다를 건너 일본을 원정하는 것을 질문하였다. 하귀·여문환·범문호 등은 모두 출정할 수 있다고 대답하였다. 원 조정의 원래 문신들은 대다수가 반대하는 의견이었다. 이를테면, 야율주(耶律鑄)의 아들 희량(希亮)은 "송과 요, 금이 서로 전쟁을 한 지 300년 가까이 되는데, 지금 전쟁이 막 끝나 백성들이 쉬면서 생업에 종사하니 몇 년을 기다려 출병하여도 늦지 않습니다."[5]라고 명확히 의견을 표시하였다.

이 주제는 잠시 제쳐두겠다. 쿠빌라이는 항복한 사람을 위로하여 그들로 하여금 의심을 버리고 원 조정을 위해 힘을 다하게 하였는데 관여덕(管如德)에 관한 이야기가 대표적이다. 즉 "내가 천하를 다스림에 인명을 아까워하여 무릇 죽을죄를 지은 사람도 여러 차례 조사를 거쳐 죄가 명확해져야 비로소 사형에 처하게 하였다. 송 조정에서 권신이 정권을 농단하여 투서를 보내거나 말 한마디로 사람을 죽이는 것과 같지 않다. 너희들이 삼가 마음을 다하여 직무에 임하면 다른 사람의 시기와 질투를 생각하지 않아도 된다."[6]라고 하였다.

항복한 사람을 안배하는 데 방법이 필요하였는데, 공이 있는 신하에게 상을 내리는 데도 일정한 조처가 필요하다. 강남을 평정하는 데 공이 있는 신하에게 어떻게 상을 줄 것인가에 대해 사신(詞臣) 왕반(王磐)은 고위관직으로 올려주는 방법으로 유공자에게 상을 주는 것에 동의하지 않았다. 전대의 관제는 관품(官品)·작호(爵號)·직위(職位)로 나뉘어 있었다. 작호는 지위의 존귀를 나타내는 것이고, 직위는 구체적인 일의 마땅함으로 위임한다. 공로가 있는 신하들은 공로의 대소에 따라 관작을 준다. 재능이 있는 관원은 그 재능의 고저에 따라 직위를 주는데 이것은 군주가 신하들을 통제하는 좋은 방법이다. 왕반은 공이 있는 신하는 마땅히 산관(散官)

을 봉해 주어야 한다고 생각했다. 혹자는 5등의 작호를 나눠 주어야지 한나라와 당나라의 봉후(封侯)제도처럼 직위를 주는 것은 마땅하지 않다고 생각하였다.[7] 원나라는 후에 또 문·무 산관제도를 실행하였는데 이것은 왕반의 건의와 무관한 것 같지 않다.

올해 최후의 날에 쿠빌라이는 군신들에게 큰 상을 내렸다. 먼저 바얀과 아주 등의 대공신에게는 청색으로 물들인 족제비털, 은색으로 물들인 족제비털, 누런색으로 물들인 족제비털의 지손의(只孫衣)를 하사해 주었으나, 바얀 한 사람에게 20벌의 지손의(只孫衣)를 하사하였다. 나머지 공신에게는 표범으로 만든 주머니, 노루로 만든 주머니, 가죽으로 만든 옷과 모자 등의 물건을 하사하였다. 바얀이 공이 있는 사람의 명단 123명을 아뢰어 은(銀) 2냥을 나누어 주었다. 그 후에 남송의 항복한 군주와 신하에게도 선물을 하사했는데, 조현은 말할 것도 없고, 오견과 하귀 등도 모두 은 2냥, 폐백 등의 물품을 받았다.

일 년을 회고함에 쿠빌라이는 아주 만족하였다. 올해의 가장 큰 일은 남송 조정이 원나라에 무조건 투항한 것으로 원나라의 강역이 적지 않게 확대되었다. 쿠빌라이의 통치는 정점에 이르렀고, 신력(新曆)을 만들고, 국사를 편찬하는 대사가 순서에 따라 진행되었다. 안타까운 일이라면 서북의 몽고 종왕의 반란과 남송의 작은 조정이 존재한다는 것이 대통일 사업에 미완성의 꼬리를 남겨두어 신질서에 약간 불안정한 요소를 가져왔다는 것이다. 전체적으로 보면, 쿠빌라이는 십 수 년의 노력에 큰 결실을 거두었고, 대원(大元)의 '태평성세'가 인간 세상에 강림하여 마음껏 향유되는 듯했고, 진취(進取)가 수성(守成)으로 바뀌었다. 천하의 백성은 '지금은 농부 신분이

지만, 머리가 셀 때까지 기쁘고 평안한'[8] 안정된 생활을 바랬고 조정에서 제왕과 백관도 이미 승리의 열매를 나누기 시작하였다.

지원 13년, 남송 조정의 운명을 결정한 일 년, 격렬히 항쟁하고 기복이 있던 일 년이 성공의 기쁨과 실패의 비분이 교차하는 중에 마침내 과거가 되고 역사를 이루어 후세 사람들에게 관찰·평가·상념……을 남겨주었다.

마무리: 대일통(大一統) 후의 약간의 근심

대통일의 국면이 이미 형성되었다. 누구든지 항거하거나 옹호하거나 간에 모두 역사의 발자취를 바꿀 수 없다. 당나라 중엽 이래로 번진이 할거하여 5대10국으로 분열되고, 송과 요·금·서하가 대치하는 500여 년의 분열과 투쟁이 마침내 마무리되었다. 북방에서 온 유목민족이 천하를 겸병하여 일가가 되어 중국을 통일로 돌아가게 하였으니 일부 강남의 문인과 지사(志士)들이 원하지 않는다 할지라도 큰 대사는 이루어진 것이다.

전쟁이 종식됨에 따라 경제의 회복과 발전이 날로 두드러졌다. 회동(淮東)과 회서(淮西)는 다 년간의 전쟁으로 천리(千里)가 힘들고 마른 해골이 들판에 가득하다. 10여 년의 노력을 거친 후에 황전(荒田)과 광지(曠地)는 뽕나무와 마나무가 온 들판을 뒤덮는 옥토로 바뀌었다. 파괴된 염장(鹽場)은 생산을 회복하여 지원 16년(1279년)에 소금이 587,623인(引)이고, 매(每) 인(引)이 400근(斤)이므로 생산량은 23,500여 만 근이 되어 남송 중기 회동로(淮東路) 염 생산량 13,400여만 근의 배에 가까웠다. 후에 더욱 증가하여 원나라 말기에 년 생산량이 38,000만 근의 수준에 달하였다. 원나라 국가 경비 중 소금의 이익이 $\frac{8}{10}$의 비중을 차지하였는데, 양회(兩淮)의 소금이 그 중의 절반을 차지하였다.

강남 지역의 경제 손실은 강북(江北) 지역보다 가벼워 회복도 비교적 쉬웠다. 쿠빌라이가 강남 지역에 채택한 부세와 과차(科差)를 경감해 주는 정책은 이처럼 강남에서 거두어 들인 세량에서 전국 수입의 많은 부분을 차지한다. 양식을 예를 들면, 매년 거두어들이는 1,211만여 석의 세량(稅粮) 중 449만여 석은 강절행성에서 오고 115만여 석은 강서(江西)행성에서 오고, 84만여 석은 호광(湖廣)행성에서 왔다. 이른바 '남쪽 3개 행성'의 세량이 전국 양식의 반 이상을 차지하였다. 매년 300여만 석의 양식이 후에 해도(海道)를 통하여 강남에서 대도로 운반되었는데 한 척의 큰 해운 선함이 장강 입구에서 직고(直沽) 입구(지금의 해하(海河)입구) 사이를 왕래하였고, 또 항구와 성진(城鎭)이 흥기하게 되었다.

상인들은 교통의 편리를 이용하여 남쪽에서 와서 북쪽으로 가고, 심지어 멀리 해외 다른 나라로 나갔다. 대도·항주·양주·진강 등지는 모두 번화한 모습이어서 만리 밖 이국 타향에서 온 여행자들이 찬탄하게 만들었다. 부유한 남방이 북방경제의 결함을 보충하여 전국 경제가 일체가 되었다. 변방 유목 지역이나 어렵(漁獵) 지역에도 농업과 상업의 요소가 유입되어 세상과 단절된 생활 방식이 점차 타파되어 각 민족 간의 왕래가 날로 빈번해져 문화와 생활 습관의 상호 영향도 현저하게 두드러졌다. 정치나 민족의 편견을 가지지 않으며 어떠한 사람도 이 대통일의 공적을 부정하지 않았다.

진실로 대통일의 국면을 유지하기 위해 행해지는 노력은 단순히 통일 전쟁을 하는 것보다 번거로운 일이 많아 위정자가 해야 할 일은 당연히 원하는 대로 할 수 없다.

쿠빌라이와 남송의 항복한 장수들은 일본을 공격하는 것을 토론했는데, 이것은 불길한 징조였다. 많은 신부군인이 후에 일본원정에서 죽었다. 또한 적지 않은 사람들은 포로로 잡히거나 노복이 되었는데 큰 바다가 가로놓여 돌아올 수 없었다. 자바(爪哇, 지금의 인도네시아)와 미얀마 등의 전쟁에서도 적지 않은 신부군인이 전사하였다. 대외 전쟁에 십몇 년을 소모하고, 신부군이 10명 중 일곱여덟 명은 죽고 남은 사졸들은 시위친군의 각 아문과 진수군의 각 만호부에 편성되어 둔전이나 공역(工役)에 종사하였다. 쿠빌라이는 항복한 사람을 죽이지 않았으나 전쟁을 이용하여 그들을 소모시켰고, 원래 있던 군사조직에 그들을 편입시켜 방대한 대오는 이렇게 점차 소멸되어 갔다. 원나라 중후기에 이르러 신부군인의 칭호조차 사라지게 되었다.

원나라에 투항한 원래 남송의 장령(將領)들은 후에 어떻게 되었는가?

지원 10년(1273년) 정월에 양양(襄陽)으로 원나라에 항복한 여문환은 원군이 도강(渡江)한 후 행성참지정사(行省參知政事)에 임명되었다. 지원 13년(1276년) 12월 각 도에 선무사를 설치하였는데 여문환이 행성참지정사겸강동도선위사(行省參知政事兼江東道宣慰使)가 되었다. 다음 해 7월, 문환은 행성좌승으로 승진되었으나 여전히 선위사를 겸하였다. 지원 15년(1278년) 5월, 강동도제형안찰사(江東道提刑按察司)가 여문환이 금은으로 된 그릇과 방사(房舍) 등을 보고하지 않았으며 사사로이 병기를 소유하였다고 고발하였다. 어사대에서 관료를 보내 조사하였으나 증거가 없어 안찰사 관원이 면직되었다. 지원 23년(1286년) 정월, 여문환이 나이가 들어 강회행성우승(江淮行省右丞)의 직을 사직하고 그의 아들에게 선위사의 직책을 잇게 하였다.

여문환의 조카 여수기(呂師夔)는 지원 12년(1275년) 정월에 강주(江州)(지금의 강서 구강 (九江))에서 항복하여 송도득(宋都鰥)과 이항(李恒)을 따라 강서로 진군하였고 후에 행성참지정사의 직책에 임용되었다. 지원 15년 7월 여수기가 좌승으로서 장주에서 행성이 되었다. 어떤 사람이 여수기가 불성실하다고 몰래 보고하였으나 다행히 같은 행성의 관원이 변호해 주어 벗어났고, 밀보한 사람은 죽음에 처해지고 사태는 수습되었다. 여수기는 후에 행성 좌승상의 직책에 맡겨졌다.

지원 12년 2월, 안경부(安慶府)에서 항복한 범문호(范文虎)는 여수기와 함께 행성참지정사로 승진되었다. 지원 15년 2월, 또 행성좌성으로 승진되었다. 다음 해 문호는 조서를 받들어 일본으로 출정하였다. 지원 18년(1281년) 범문호 등이 대군을 이끌고 출동하여 바다를 건너 일본을 공격하였으나 통솔자 간에 불화가 생기고 전쟁의 작전이 잘못되었으며 또 태풍이 엄습하여 전함이 많이 파손되어 문호 등은 해도(海島)에서 군사를 버리고 스스로 배를 타고 도망하였다. 지원 21년(1284년) 11월, 범문호가 중서성좌승(中書省左丞)·상의추밀원사(商議樞密院事)의 직에 임용되었다. 24년(1287년) 2월 중서성우승으로 승진되었고 후에 또 중서성평장정사에 임용되어 운하를 개착하는 일을 맡았으며 이 직책으로 일생을 마쳤다.

진혁(陳奕)과 진암(陳岩) 부자는 지원 12년에 황주(黃州), 탄주(涎州)에서 각각 원나라에 항복하였다. 진혁은 그 해에 죽었는데 진암이 관직을 그만두고 삼년상을 치르려고 요청하였으나 허락하지 않고 계속 아주를 따라 양주 등지를 공격하라고 하였다. 지원 13년 7월에 진암도 행성참지정사가 되었는데 후에 범문호와 함께 행성좌승에 임용되었다. 원군이 일본을 공격할 때 진암도 그 가운데 있었다. 지원 30년(1293년) 원군이 안남을 공격할 때 진암이 군사를 통솔하는 장령 중의 한 사람이었다.

두 명의 여(呂)와 범(范)·진(陳) 등은 송을 공격하는 전쟁에서 중요한 작용을 하여 쿠빌라이의 신임을 두텁게 받았다. 쿠빌라이가 심지어 여문환·범문호와 같은 남인에게는 승상을 직책도 맡길 수 있다고 할 정도였다. 지원 24년(1287년) 5월에 어떤 사람이 강남 각 행성에 남인관료를 너무 많이 등용한다고 하여 한 성에 단지 한 두 명의 남인을 관료로 등용하는 것이 적합하다고 보고하였다. 쿠빌라이는 진암·여수기·관여덕·범문호 네 사람을 제외하고 다른 사람은 등용하지 말 것을 지시하였는데 쿠빌라이가 '공이 있는' 남인을 중시했음을 알 수 있다.

관여덕도 지원 12년에 투항한 송나라 장수로 남들보다 무력이 뛰어나 쿠빌라이에 의해 '바투르'로 칭하여졌다. 관씨는 절서(浙西)선위사·강서행성참지정사·좌승 등의 직을 역임하였는데 지위는 여사기나 진암과 대체로 비슷하였다.

원나라를 위해 공을 세워 후에 원나라에서 관직에 임용된 기간이 비교적 길었던 사람으로는 정붕비(程鵬飛)·포수경(蒲壽庚)·왕적옹(王積翁)·왕강중(王剛中) 등이 있다.

정붕비는 지원 15년 11월에 행성참지정사겸형호북도선위사(行省參知政事兼荊湖北道宣慰使)에 임용되었다가 후에 호광·사천행성 평장정사를 역임하고 성종 때 관직을 그만두었다. 지대(至大) 4년(1311년) 정월에 붕비는 또 '정무를 잘 알고 명망이 있는' 노신(老臣)의 신분으로 도성으로 불려 가서 정치를 의논하였다.

포수경은 지원 14년(1277년) 3월에 천주에서 원나라에 항복하였는데 항복을 받은 동문병이 장세걸과는 다른 방법을 채택하여 포수경으로 하여금 계속 시박의 일을 주관하도록 하고 자기의 금호부(金虎符)를 포수경에게 주어 신임을 드러내었다. 7월에 포수경은 강서행성참지정사에 임용되었다. 지원 15년 3월 수경이 복건행성참정으로 옮겨져 오래지 않아 좌승상에 올랐으나 여전히 시박(市舶)의 일은 관장하였다.

복주에서 원나라에 항복한 왕적옹(王積翁)·왕강중(王剛中)은 모두 파란이 심하였다. 그래서 어떤 사람이 지원 15년 8월에 그들이 장세걸에게 '통모(通謀)'하였다고 지적하였는데 적옹은 병력이 너무나 적어 어쩔 수 없이 잠시 장세걸에게 순종하였다. 지원 17년(1280년) 3월 왕적옹은 복건선위사에서 중서성호부상서로 옮겨졌다. 지원 21년(1284년) 정월, 적옹이 명을 받들고 일본에 출사하였는데 해상에서 살해당하였다. 또한 선위사를 맡은 왕강중은 후에 경원로 총관에 임용되었다. 그 외 두드러진 항복한 장수들은 후에 모두 성직(省職)으로 승진되었으나 오직 왕씨 형제는 이러한 대우를 받지 못하였는데 그들이 일찍이 동요된 것에 대한 응징이었다.

남송의 항복한 장수 중 범문호 등의 소수 몇 사람은 계속 통군작전을 펴 실제로 조정에서 신부군의 역량을 소모하는 작용을 도와주었다. 쿠빌라이는 항복한 사람을 잘 대우하였는데 이들의 관직 경력에서 원 조정의 우대를 살펴볼 수 있다. 그러나 그들의 후손들로 두드러진 인물은 아주 드물다. 이렇게 그들은 남송 유민이라는 비난을 면할 수 없었던 것이다. 예를 들면, 지원 16년(1279년) 하귀가 병사하자 어떤 사람이 시를 지어 바쳤는데

자고로 누가 죽지 않으리오, 공이 4년 늦어진 것이 안타깝다.
공이 오늘 죽었다는 것을 들으니 어찌 4년 전과 같으리오.

라 하였다.

또 어떤 사람은 하귀의 무덤 앞에서 애도하면서 "향년 83, 왜 79가 아닌가. 오호라, 하상공은 역대로 이름이 썩지 않는구나."[9]

오견과 유몽염 등 많은 문신이 원나라 조정에 항복한 후 강남의 인사를 적극적으로 찾아내어 이들과 대오가 되어 사람들의 비난을 받았다. 사방득이 일찍이 유몽염에게 편지를 썼는데 편지에서 다음과 같이 말하였다.

원나라 사람은 본래 송을 멸망시킬 마음이 없었다. 학봉사(郝奉使)가 명을 받들고 남쪽으로 와서 남북 백만 억의 창생으로 하여금 태평의 즐거움을 향유하게 하였으니 지극한 인(仁)이다. 단지 이 한번의 생각은 상제를 초월할 수 있다. 가사도가 국가의 운명을 16년이나 잡고 임금을 속이고 나라를 그르치고 백성에게 해를 끼쳤으니, 그 악은 한두 가지로 셀 수 없다. 사신 온 사람을 가두고 세폐를 속이고 조정을 기만해도 한 사람도 그의 잘못을 말하는 사람이 없다. 전쟁이 이어지고 화가 닥쳐 멸망이 조석에 있어도 한 사람도 그의 잘못을 말하는 사람이 없다. 선한 사람도 스스로 배반할 수 있다. 하늘

이 위에서 노하고, 사람들이 아래에서 원망하고, 나라가 망하고 군주가 욕을 당하여도 이치는 진실로 그러한 것이다. 하늘이 실제로 이렇게 하고자 하면 사람이 어찌 구할 수 있겠는가? 원나라의 군주가 삼궁(三宮)에 예를 행한 것은 진실로 후하다고 할 만하다. 원나라 군주가 망국의 신하를 보전해준 것은 진실로 은혜롭다고 할 수 있다. 강남에 인재가 없다면 오늘날과 같은 치욕도 있지 않을 것이다.……선생은 나이가 어려서 과거에 장원급제하고 만년에는 재상이 되어 부귀와 공명이 뜻한 대로 되었다. 4천 리를 달려 대도에 가서 원나라 황제를 찾아뵈었으니 어찌 한 몸을 위한 계책이겠는가! 삼궁이 계신 곳을 문안하고 천하 후세로 하여금 군신의 의리가 폐해질 수 없다는 것을 알게 한 것이다. 선생의 이러한 마음을 저는 알고, 천지와 귀신도 알고, 열다섯 사당의 조종의 혼백도 또한 알지만, 모든 사람들이 완전히 이해했다고 말하기 어렵지 않은가?[10]

사방득이 유몽염을 잔혹하게 갈궜다. 원나라 사람들이 본래 송을 멸망시키려고 생각하지 않았다. 학경이 명을 받들고 사신으로 온 것은 남북의 억만 생령이 함께 태평을 향유하려고 한 것으로 진실로 인의(仁義)의 도리는 다하는 것이다. 단지 이 한 번의 움직임이 상제를 감동시킬 수 있다. 가사도가 16년 동안 재상으로 있으면서 군주를 기만하고 나라를 속이고 백성을 해치는 졸렬한 행동이 상당히 많았다. 하늘이 노하고 사람들이 원망하며 나라는 망하고 군주는 욕보았다. 도리에 따라 일이 이루어지고, 천명이 이와 같은데 사람들이 어찌 구할 수 있으리오. 유 선생은 소년 때 뜻을 얻어 장원에 급제하고 만년에 또 재상에 올라 공명을 이루어 일찍이 부귀영화의 큰 뜻을 실현하였다. 또 4천 리를 달려 대도에 가서 원나라 황제를 뵈었으니 어찌 개인의 득실을 헤아린 것이리오. 당연히 삼궁을 고려하여 천하 후세의 사람으로 하여금 군신의 의가 존재한다는 것을 알게 한 것이다. 나는 선생의 마음을 알고 천지 귀신과 열조(列祖)·열종(列宗)도 이 괴로움을 아는데, 다른 사람들은 어떻게 보겠는가?

유몽염은 나의 행동과 나의 본래 마음에 비추어 행동하고 다른 사람의 의논은 상관하지 않았다. '충심(忠心)'이 아름다워 원 조정에서는 후에 그를 놓아주어 남쪽으로 돌아가게 하고, 그 아들을 돌봐주었다. 어떤 사람이 시를 읊어 "백발의 문생이 동정하여 죽지 않으니, 청산에 시체를 묻을 곳이 있다."[11]고 하였다.

북상한 남송의 삼학생은 요추와 왕반 등의 선발을 거쳐 정말로 재주가 있고 학문에 독실한 사람은 북방에 남고, 나머지는 고향으로 돌아가게 하였다. 남아 있는 사람들도 중용되지 않았으며 그들이 남쪽으로 돌아가려는 마음은 사라지지 않았지만 안타깝게도 소수의 사람들만 마지막에 원하는 대로 되었다.

태학생을 따라 북상한 왕원량은 일찍이 시를 지어 자기가 목격한 남송의 망국 상황을 자세히 묘사하였다. 원나라의 군사가 바안을 따라 남하할 때 동남의 강산의 절반을 유린한 참상, 태후가 항복하는 표문에 서명한 것, 유주(幼主)가 원나라 사람에게 감사를 표한 것, '조정의 고위관료가 모두 항복한 것', 권신이 나라를 가로챈 것 등에 비분의 감정이 충만하였다. 또한 문천상과 옥중에서 주고 받은 시가 적지 않게 있다. 이를테면 ≪생만문승상(生挽文丞相)≫과 같은 천상이 절개를 다하는 것을 격려한 작품으로 비분 처량하게 망국의 슬픔을 표현하였다. 그들의 시는 남송의 유민 시 중에서 가장 유명하여 송나라가 망하기 전후의 '시사(詩史)'라고 칭해진다. 원량은 만년에 황관도사(黃冠道士)라고 칭해졌는데 나이가 들어 남방으로 돌아가 각지를 떠돌아 다녔으며 어디로 갔는지 모른다. 그는 남쪽 고향으로 돌아온 후 기뻐하는 정이 있었으며 또 탄식하는 슬픔도 있었다. 시에서 읊기를,

북쪽에서 13년을 살았는데 자유가 없이 고독하며 정신이 혼미하고 나태하다.
말을 타고 천산(天山)으로 가는데 단지 천천히 앞으로 배회한다.
삭방(朔方)의 6월은 날씨가 음침하고 백설이 궁융형(穹隆形)의 모전 장막위에 날린다.
차가운 공기가 골수를 찌르고, 찬바람이 피부를 도려낸다.
배가 고파서 대추와 조를 먹고, 목이 말라서 유제품과 소유(酥油)를 마신다.
과거의 경력은 한쪽에 버려두고 다시 말하지 말라. 말을 하면 옮겨간다.
......
올해 고향의 호수와 푸른 산이 어우러진 아름다운 곳으로 돌아감에 다시 이전에 살던 고향의 품에 안긴다.
당 앞에서 만난 부모는 미소 띤 모습이 아주 즐거워보인다.
벽 위에는 거문고를 걸어놓고 침대머리에는 책이 놓여 있다.
친구들이 매일 왕래하니 같이 놀 수 있고 또 기분을 유쾌하게 한다.
문을 여니 햇살이 찬란한 맑은날이고, 매화가 정원의 계단 주위를 에워싸고 있다.
아들을 불러 바다의 고래를 자르라고 하고, 새로 빚은 술을 술 항아리에 가득 담는다.
우연히 운이 좋아 살아서 고향에 돌아와 친한 친구들과 함께 앉아 있으니 정말로 꿈만 같다.
세상의 모든 일은 그림의 떡과 같이 허무하니, 지난 여러 해에 발생한 일을 생각하면서 자신의 수염을 어루만진다.
머리에 쓴 유자들의 모자가 일을 그르쳤으며 지금도 또한 장원한 계책이 없다.
다만 황제의 군대가 하루 빨리 승리할 것을 간구하는 것은 자기들이 쌀밥과

야채를 더 먹으려고 하는 것이다.[12]

또 시(詩)에 이르기를

그 해 고향을 떠날 때 너무 긴박하여, 동사생(同舍生)의 절반이 죽었다.
봄에 절강에서 이별할 때 꽃이 안개처럼 잘 보이지 않았고, 가을에 북방의
사막에 도착하니 풀이 말라 서리와 같다.
때때로 술을 사서 남은 만년을 위로하며, 자주 관저에서 고향을 생각하며 비
애를 느낀다.
과거의 친구들은 모두 후한 봉록을 받았으나, 나와 비슷한 사람들은 단지 시
를 담는 주머니에 몇 수의 시가 늘었을 따름이다.[13]

원 조정이 강남에서 명사를 찾았으나 사람들은 회피하거나 저항
하는 태도를 취하였다. 이를테면 사방득은 여러 차례 북상하는 것
을 거절하고 관부에서 강남에 '호인(好人)'을 찾으려 하나 실제로
는 우스운 일이라고 생각하였다.

강남에 좋은 사람이 없고 곧은 사람이 없은 지 오래되었다. 강남에 좋은 사
람이 있고 곧은 사람이 있다고 하는 것은 모두 북쪽 사람을 속이는 것이
다.……내가 보건대, 강남에 좋은 사람이 없고 곧은 사람이 없은 지 오래되
었다. 오늘날 좋은 사람과 곧은 사람을 구하는 것은 더욱 어렵다.[14]

지원 25년(1288년) 사방득이 관부에 압송되어 억지로 대도에 보
내졌다. 그는 단식하고 반항하여 다음 해 4월에 대도에서 죽었다.
어떤 사람들은 강남에 남아서 의연히 송풍(宋風)을 지키고, 절대로
북인과 접촉하지 않았다. 이를테면, 복건사람 정사초(鄭思肖)는 시

화(詩畵)에 뛰어났는데 난초를 그릴 때 뿌리와 흙을 그리지 않았다. 사람들이 이유를 묻자 그는 땅은 이미 오랑캐에게 뺏겼다고 하였다. 그는 산림에 은둔하여 천하를 생각하고 자나깨나 고국을 잊지 않고 친구들과 모여 언어가 통하지 않는 사람을 만나면 바로 소매를 털어 버리고 떠나 강남 사인 중에서 아름다운 이야기가 전해 온다.

시간이 지남에 따라 이러한 강남의 유사들이 서원에서 여생을 마치는 것을 달갑게 생각하지 않았다. 이에 북상에 응하는 사람들도 있고 출관(出官)하여 리(吏)가 되는 사람도 있었다. 더욱이 원나라 인종(仁宗) 황경(皇慶) 2년(1313년)에 과거를 회복한다는 조서가 반포된 후 적지 않은 사람들이 시험에 참가하여 공명을 취하고자 하였다. 77세의 조의가(趙儀可)와 63세의 진륵(陳櫟)이 응시자의 행렬에 참가한 것은 문인들의 절박한 심정을 잘 나타내 준다. 그러나 남인에게 준 기회는 그다지 많지 않아서 소수의 사람만이 선발되어 후에 한림의 대오에 들어갔다.

쿠빌라이가 전국을 통일한 후, 남인에 대해 마음속으로 의심하고 북방의 한인에 대해서도 경계하는 마음이 날로 심해졌다. 조정에서 한인문신은 황태자 진김이 정무를 처리하는 것을 지지하고, 아흐마드의 전권 횡포와 자기와 다른 사람을 배척하고 불법으로 뇌물을 탐하는 것을 반대하였다. 그러나 쿠빌라이는 시종 아흐마드를 감싸고 점차 소원한 한인들을 내쫓아 마침내 지원 19년 3월 18일(1282년 4월 27일) '대도사건(大都事件)'이 일어났다.

한인 익도(益都)의 천호 왕저(王著)와 승려 고화상(高和尚) 등이 합모하여 쿠빌라이와 진김이 상도에 피서를 간 기회를 타고 대도에 잠입하여 아흐마드를 죽였다. 왕저와 고 스님이 체포되었다. 왕저가

형벌에 임함에 크게 소리 지르며 "왕저는 천하를 위해 해악을 제거하려 하였으나 오늘 죽는다. 다른 날에 반드시 나를 위해 그 일을 기록하게 될 것이다."[15]고 하였다. 왕저의 이야기는 후에 과연 증험이 되어 사람들이 오래지 않아 ≪의협행(義俠行)≫ 등을 써서 기념하였다. 아흐마드의 피살 소식이 전해진 후, 대도 시민들은 환성하고 노래를 부르며 서로 경축하여 시장에서 파는 술이 동이 났다.

쿠빌라이는 후에 아흐마드가 간신이라는 것을 인정하였으나 계속 이 사안을 따지려 하지 않았다. 그러나 이 때문에 유신(儒臣)을 중용하지 않고 도리어 그들에 대해 더욱 냉담하고 소원하였다. 유신을 지지한 진김도 지위에 영향을 받았다. 어떤 사람은 상황을 알지 못하고 쿠빌라이에게 고희가 가까웠으니 진김에게 자리를 선양하라고 청하였다. 쿠빌라이가 대노하자 진김이 두려워하게 되었고 병이 나서 지원 22년(1285년)에 병사하였다. 한유(漢儒)들은 가장 유력한 지지자를 잃었으므로 처지가 더욱 힘들게 되었다.

몽고 귀족의 특권 지위를 보존하고 인구가 본족보다 훨씬 많은 한족과 기타 민족의 통치를 유지하기 위해 쿠빌라이는 '4등인(四等人)'의 민족등급제도를 추진하여 실시하였다. '국인(國人)'은 몽고 각 부의 사람으로 제1등이 되는데 '자가골육(自家骨肉)'이라고 칭해진다. 킵착(欽察, Qibchaq)·캉글리(康里, Kangli)·아수드(阿速, Asud)·탕구트(唐兀, Tangut)·위구르(畏兀兒,Uighur)·회회(回回)·러시아(斡羅思, Orus) 등이 '색목인(色目人)'으로 제2등이다. 장강 이북의 원래 금나라 통치구역 내의 한족(漢族)과 거란, 여진 등의 족인(族人)은 '한인(漢人)'이 되어 제3등인데 일찍이 몽고에게 정복된 운남과 사천 두 성의 사람도 포함한다. 강남 원래 남송 경내의 '신부인(新附

人'은 '남인(南人)'인데 제4등이다. 법률지위, 관리임용과 기타 권리
의무 각 방면에서 몽고인과 색목인은 우대를 받았으며 한인과 남인은
여러 가지 제한을 받았다. 이를테면, 몽고인이 한인을 구타하면 한인
은 대적할 수 없고 단지 관부에 소송을 해야지 어기면 죄를 받는다.
이 밖에 한인과 남인에 대해서도 엄밀한 군사 경비를 하였다. 후에 어
떤 사람이 평가하여

천하가 태평할 때에, 대(臺) · 성(省)의 요직은 모두 북인이 차지하고, 한인 ·
남인은 만에 하나 둘도 없다. 그 중에 관직을 맡은 사람은 주와 현의 낮은
직책에 불과하거나 거의 없다.
원나라가 천하를 통일한 이후, 대체로 모두 북을 안으로 하고 중국을 밖으로
하며 북인을 안으로 하고 남인을 밖으로 하여 (다른 사람의 의견을) 받아들
이지 않고 경계하여 스스로 친소의 이치를 얻었다고 생각하였다. 이것은 왕
의 은택이 베풀어짐이 남쪽에 적은 것이다. 은택이 베풀어지는 것은 모두 북
쪽으로 돌아가니 강남은 더 가난해지고 북쪽은 더 부유해진다.[16)]

라고 말하였다.

더욱이 어떤 사람들은 소란을 피워 북방인은 굶어도 강남은 먹고,
북방은 추위에 떨어도 강남 사람은 입는다고 하면서 강남이 좋지
않다고 말하는 것은 진실로 양심을 속이는 것이라고 지적하였다.

'4등인제(四等人制)'로 원나라의 사회모순이 더욱 복잡하고 첨예
하게 되어 강남에서 온 민간의 반항세력이 불시에 '송을 부활하는'
구호를 내었다. 쿠빌라이는 이를 우려하여 관여덕과 함께 이 문제
를 토론하였다. "강남의 민중이 다른 마음이 없다고 말하기 어렵지
않은가?"라고 묻자, 관여덕이 "지난 해에 수재와 한재가 계속되어

백성들이 살아가기 힘듭니다. 현재 연속하여 몇 년이나 풍년이 들어 백성들이 성은에 감사하는데 어찌 배반할 의도가 있겠습니까? 만약 정말로 배반할 의도가 있다면 제가 어찌 사실을 숨기고 폐하를 속일 수 있겠습니까?"[17]라고 대답하였다.

성은을 입은 사람들은 대체로 강남의 부호들로 그들은 관부와 결탁하여 토지를 겸병하고, 소민(小民)을 속이고 억압하며 함부로 대하여 민변을 야기시킨다. '송을 부흥하는 것은' 반항자가 민중을 불러 관부에 반항하거나 부민을 억누르는 수단에 불과할 따름이다. 당연히 쿠빌라이의 민족 억압정책도 다소나마 불을 붙이는 작용을 하였다.

하나의 새로운 통일왕조가 번영한다고 하나 정치 위기의 암류(暗流)가 숨겨져 있고 사회적으로 여러 가지 '시폐(時弊)'가 있다. 몽고 통치자가 이와 같이 지역이 넓고 인구가 많은 국가를 통치함에 경험이 그다지 풍부하지 않아 정책을 결정하는데 실수가 있는 것은 이상한 일이 아니다. 후에 어떤 사람이 쿠빌라이 때의 사회적 병폐에 대해서

관리는 간사하고 탐욕스러우며 도적이 떼 지어 일어나고 선비들은 수치를 알지 못하고 백성들은 안심하고 살 수 없다. 호령이 아침에 나오고 저녁에 고쳐지며, 수레에 공문서가 가득하다. 학교를 세우지 않으니 인재가 배출될 수 없다. 율령이 닦이지 않고 관부에는 지켜야 할 법이 없다. 진정한 유학자를 버리고 혹리를 등용하고 큰 근본은 버리고 작은 공로를 구한다. 중국을 비게 하고 이적을 섬기며 헛된 명성을 취하여 실제적 재난을 불러온다.[18]

고 지적하였다.

이것은 당연히 한인 유사가 당시 폐단을 지적한 것으로, 관리는 탐욕스럽고, 도적이 출몰하고, 사인들은 염치를 모르고, 백성의 생활은 아주 어려우니, 이것은 사회문제이다. 호령이 아침에 나와 저녁에 고쳐지고 공문서가 수레에 가득하니 이것은 조정의 문제이다. 학교가 설치되지 않아 인재를 배양할 수 없고, 율령이 닦이지 않아 관리를 의지할 수 없으니, 이것은 인재와 법치를 관리하는 문제이다. 유사를 소원히 하고, 혹리(酷吏)를 중용하고, 인재를 등용함에 부당하고 근본을 버리고 눈앞의 이익만 탐한다. 국가의 힘이 해외 각국을 원정하는 데 기울어져 있고, 헛된 공명을 도모하여 해로움이 얕지 않으니 이것은 군사와 외교방면의 문제이다.

비록 이렇게 많은 문제가 있으나, 뒤의 황제들과 비교하면 쿠빌라이 재위기간은 그래도 원나라의 황금시대이다. 후대의 탐관오리는 돈을 얻기 위해서 교묘하게 명목을 세워 꼴불견이다. 속관이 새로운 관을 영접함에 '상견례[拜見錢]'을 내야 한다. 해마다 절기를 지낼 때는 '명절에 내는 돈[追節錢]'을 거둔다. 일을 관리하는 사람은 떳떳하게 '일을 처리하는 데 내는 돈[常例錢]'을 독촉하여 받아 낸다. 아무 일도 없을 때도 돈을 내야 하는데, '아무 일도 없을 때 내는 돈[撒花錢]'이라 한다. 관원이 원하는 돈을 많이 거둘 때는 '순조롭게 처리[得手]'했다고 한다. 부자 지역에 임직하면 '좋은 지방[好地分]'이라고 한다. 임직하는 곳이 고향에서 가까우면 '좋은 둥지[好窠窟]'라고 한다. 이와 같은 악성적인 발전은 당연히 쿠빌라이가 결정한 '서리를 쓰고 유학자를 등용하지 않는[用吏不用儒]' 방침과 직접관계가 있으니 쿠빌라이 본인이 당시 생각하지 못한 결과이다.

불·도·유의 '성인'은 존경을 받았다. 파스파의 제사(帝師) 칭호는 후인들에게 전해졌다. 북상한 천사(天師) 장종인(張宗演)은 지원 14년 정월 초육일(1277년 2월 10일) 연도영응충화진인(演道靈應冲和眞人)으로 봉해져, 강남제로의 도교를 관리하고 책임졌다. 장유손은 경성에 남아 세조·성종·무종·인종·영종의 다섯 대에 총애와 대우를 받았다. 현교대종사(玄敎大宗師)의 칭호를 받았을 뿐만 아니라 또한 스스로 문호(門戶)를 세워 현교(玄敎)를 창립하였다. 공주습(孔洙襲)은 연성공(衍聖公)의 칭호를 받았고 지원 19년(1282년) 11월에 쿠빌라이를 만나 뵈었는데 국자제주, 제거절동도학교(提擧浙東道學校)의 일에 임명되어 봉록이 있고, 또 임묘(林廟)를 유지하라는 새서(璽書)도 있었다.

송을 공격하는 전쟁에 참가한 중요한 원군의 장령, 이를테면 아주·아리카야·알라칸·아타카이·동문병·장홍범 등은 전국 통일 후 10년 내에 세상을 떠나고 단지 바얀만이 막북에 자리 잡고 계속 중요한 정무를 처리하였다.

지원 31년 정월 22일(1294년 2월 18일), 쿠빌라이가 병으로 죽었는데 향년 80세로 재위 35년이다. 막북에서 돌아온 바얀은 상도에서 거행되는 '쿠릴타이'에서 진김의 셋째 아들 테무르(鐵穆耳, Temür)가 황제가 되어야 한다고 주장하였다. 몽고 종왕 중에 반대의견을 가진 사람이 있자, 바얀이 칼을 뽑아 세웠다. 종왕이 겁이 나서 땅에 엎드려 새로운 황제를 추대하였다. 바얀의 공로와 명망이 있기 때문에 상황을 조정하여 이번 첫 번째 제위를 전해 주는 데는 큰 혼란이 없었다. 같은 해 12월, 바얀이 병사하였다. 군주는 많은 문신과 무장을 데리고 나와 공적이 이룩되기를 기다렸다가 일대의 영웅을 데려갔다고 하였다. 새로운 황제 테무르(성종)는 새로운 그 룹을 조직하여 '수성(守成)'의 시험대에 올랐다.

주석

1. 『元史』 卷9 「世祖紀」六.

2. 『永樂大典』 卷5343 「潮州府志」引.

3. 『元史』 卷9 「世祖紀」六.

4. 『元史』 卷148 「董文忠傳」.

5. 『元史』 卷180 「耶律希亮傳」.

6. 『元史』 卷165 「管如德傳」.

7. 『元史』 卷160 「王磐傳」.

8. 王惲 『秋澗先生大全集』 卷12 「太平宴二者」.

9. 『三朝野史』.

10. 『謝疊山先生文集』 卷4 「上丞相留忠齋書」.

11. 『雪舟脞語』.

12. 『增訂湖山類稿』 卷4 「南歸對客」.

13. 『增訂湖山類稿』 卷4 「唐律寄呈父鳳山提舉」.

14. 『謝疊山先生文集』 卷4 「上丞相留忠齋書」.

15. 『元史』 卷205 「阿合馬傳」.

16. 葉子奇 『草木子』 卷3上 「克謹篇」.

17. 『元史』 卷165 「管如德傳」.

18. 劉塤 『隱居通議』 卷31 「元貞陳言」.

부록 1: 남송세계표(南宋世系表)

```
1
宋高宗 趙構 (1127-1162)
        │
        │     2
        └── 孝宗 趙昚    (太祖七世孫, 1162 - 1189)
              │
              │  3
          光宗 趙惇  (1189 - 1194)
              │
              │  4
          寧宗 趙擴  (1194 - 1224)
        │
    5   │
  理宗 趙昀 (太祖十世孫, 1224 - 1264)
        │
        │     6
        └── 度宗 趙禥 (太祖十一世孫, 1264 - 1274)
              │
              │   7
              │ 恭宗 趙顯 (1274 - 1276)
              │
              │   8
              │ 端宗 趙昰 (1276 - 1278)
              │
              │   9
              └ 帝 趙昺 (1278 - 1279)
```

부록 2: 원조세계표(元朝世系表)

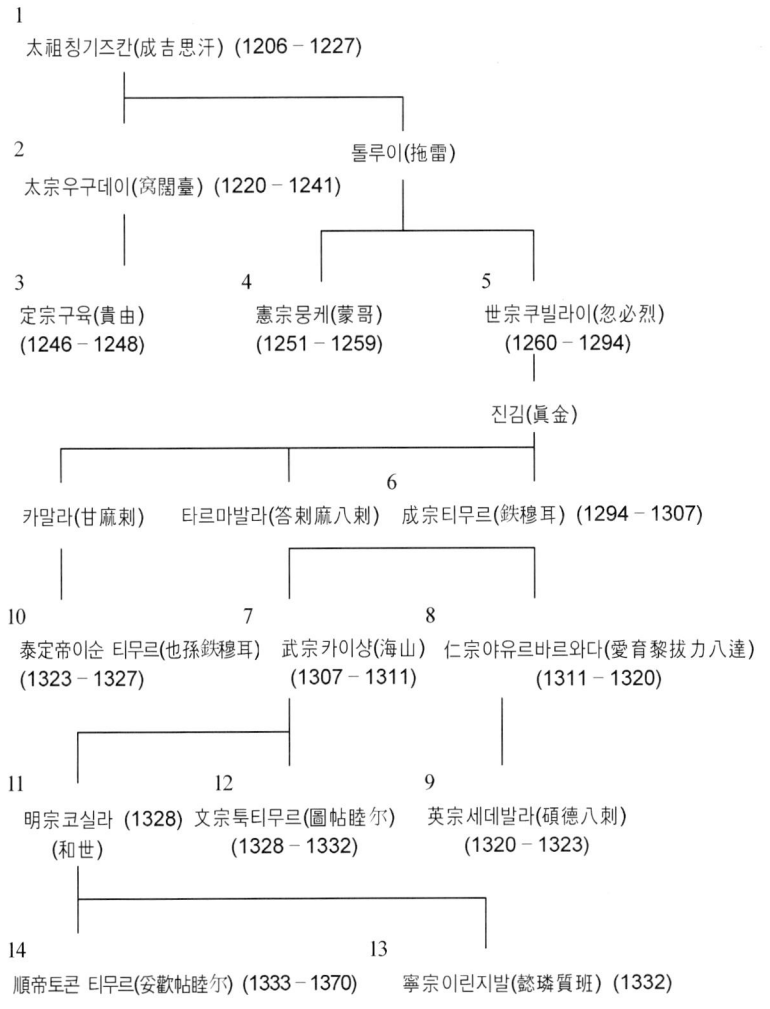

1
太祖칭기즈칸(成吉思汗) (1206 - 1227)

2
太宗우구데이(窩闊臺) (1220 - 1241)

톨루이(拖雷)

3
定宗구육(貴由)
(1246 - 1248)

4
憲宗뭉케(蒙哥)
(1251 - 1259)

5
世宗쿠빌라이(忽必烈)
(1260 - 1294)

진김(眞金)

카말라(甘麻刺)

타르마발라(答刺麻八刺)

6
成宗티무르(鉄穆耳) (1294 - 1307)

10
泰定帝이순 티무르(也孫鉄穆耳)
(1323 - 1327)

7
武宗카이샹(海山)
(1307 - 1311)

8
仁宗아유르바르와다(愛育黎拔力八達)
(1311 - 1320)

11
明宗코실라 (1328)
(和世)

12
文宗툭티무르(圖帖睦尓)
(1328 - 1332)

9
英宗세데발라(碩德八刺)
(1320 - 1323)

14
順帝토콘 티무르(妥歡帖睦尓) (1333 - 1370)

13
寧宗이린지발(懿璘質班) (1332)

부록 3: 지원 13년 송원 주요 고위관료의 간략한 전기

원(元)

중서성(中書省)

중서령(中書令) 진김(眞金)(1243～1285)

원세조 쿠빌라이의 아들. 어려서 요추(姚樞), 두묵(竇默) 등의 유학 대사들에게서 학습하였다. 중통(中統) 3년(1262年) 12월에 연왕(燕王) 겸 중서령(中書令)에 봉해졌으며 다음 해 5월에 추밀원(樞密院)을 설치하자 추밀사를 겸하였다. 지원(至元) 10년(1273년) 3월에 황태자에 봉해졌다. 유학의 영향을 많이 받아 수신·예의·겸양을 겸비하였으며 절검하고 백성을 사랑하였다. 동궁에 인공 유수지(流水池)를 만들려고 준비하였는데 이것이 고대의 '주지육림(肉林酒池)'을 본받는 것이라 하여 저지하였다. 성품이 유약하고 조정에 많이 관여하는 것을 원하지 않았으며 후에 결국 '선위(禪位)'의 풍파를 두려워하여 병들어 죽었다.

우승상 (右丞相)

이 해는 잠시 비워 둔다. 원래 중서성 우승상 **안동(安童)**(1245～

1293)은 지원 12년(1275년) 7월에 중서성(中書省)과 추밀원(樞密院)의 직책으로서 북평왕(北平王) 노무칸을 따라 서북변방으로 출진하였다. 안동은 몽고 타라인으로 개국공신 무칼리의 후예이다. 원래는 쿠빌라이의 케식 장이었는데 지원(至元) 2년(1265년) 8월에 중서성 우승상에 임용되었다. 지원 7년(1270년) 정월에 상서성을 설립하였는데 일을 주관하는 사람이 안동을 태사로 삼고 중서성을 없애자 사람들이 '허명(虛名)을 높였으나 실제로 권한을 빼앗으려는' 음모라고 지적하여 실현되지 못하였다. 안동은 유신을 중용하여 '재물을 모으는' 것으로 보고 듣는 것을 미혹시키는 관리에 대해서 만족하지 않았으나 어떻게 할 수 없었다. 지원 13년, 안동과 노무칸 등이 서북의 반란왕에 의해 협박당하였다. 21년(1284년) 3월에 조정으로 돌아와 11월에 다시 중서우승상에 임용되었다. 지원 24년(1287년) 윤 2월에 다시 상서성을 분립하였다. 안동이 천하의 대권이 상서성으로 돌아간 것을 알고 승상을 파하자고 청하여 지원 26년에 재상직을 없애고 그대로 케식의 장에 임명하였다.

좌승상(左丞相) 후두다르(忽都答兒, qududar)

몽고인, 원래 쿠빌라이의 케식장에 임용되었다. 지원 3년(1266년) 11월에 중서성 좌승상에 임용되었다. 다음 해 6월에 재보(宰輔)인원으로 조정되어 평장정사(平章政事)에 임용되었다. 지원 7년 정월에 다시 중서성좌승상에 임용되었다. 14년 재상직을 사직하고 다시 케식장이 되었다. 인종 때에 '수국공(壽國公)'으로 추봉되었다.

평장정사(平章政事) 합백(合伯)

몽고인, 지원 10년(1273년) 9월에서 지원 17년(1280년)까지 평장정사(平章政事)직에 임명되었다. 성종(成宗) 원정(元貞) 원년(1295년) 정월에 북정도원사부(北庭都元帥府)를 설립한 후에 도원사에 임용되어 군대를 거느리고 서북 변방에 주둔하였다.

평장정사(平章政事) 아흐마드(阿合馬, Ahmad)(?―1282)

회회인, 중앙아시아 비납객특(費納喀忒, 지금의 우즈백 경내)에서 출생하였다. 원래 몽고 옹그라트부 안진나안(按陳那顏)의 속민이었는데 차비(쿠빌라이의 황후)와 함께 입궁하였다. 교언하고 변론을 잘하여 쿠빌라이의 총애를 받았다. 중통 2년(1261년)에 상도(上都)의 동지(同知)에 임용되었다. 다음 해에 중서성좌우부겸제로도전운사(中書省左右部兼諸路轉運使)가 되어 조정의 재정을 관리하였다. 지원 원년(1264년) 11월에 중서성평장정사(中書省平章政事)로 승진되었다. 3년 정월에 제국용사사(制國用使司)를 설립하여 제국용사(制國用使)를 겸임하였다. 7년 정월에 제국용사사가 상서성으로 고쳐진 후에 평장상서성사(平章尙書省事)로서 이 성의 최고장관이 되어 중서성 육부를 상서성의 아래에 두었다. 어떤 사람이 상서성에 '이재(理財)'를 관리하는 기구를 두어야 한다고 건의하자 관원을 뽑아서 중서성을 책임지게 하였다. 그러나 쿠빌라이는 나라를 부유하게 하는데 급하여 이 권력도 상서성에 주었다. 아흐마드는 친신을 선발하여 "이부(吏部)로 말미암지 않고 중서(中書)에 자문하지 않아" 안동의 비난을 받았다. 즉, 아흐마드는 크고 작은 일 할 것 없이 황제가 모두 나에게 위임하였으므로 나는 스스로 관리를 선발할 책임이 있다고 주장하였다. 지원 9년(1272년) 정월에 상서성이 중서성에 병합되고 아흐마드는 그대로 평장의 직책을 맡았다. 지원 19년(1282년)에 피살되었다. 아흐마드는 대다수 한인들에게는 '간신'으로 비쳤으나 확실히 이재에 밝았다. 원 조정이 송을 공격하는 대규모의 군사행동 중 군수 물품을 조달하여 재정의 지원을 보증한 것은 아흐마드의 공로이다.

평장정사(平章政事) 조벽(趙璧)(1220~1276)

자(字)는 보신(寶臣)이고 운중(雲中)의 회인(懷仁)(지금의 산서에 속함) 사람이다. 23살 때 쿠빌라이의 부름을 받아 '수재(秀才)'라고 칭하여졌다. 후에 명을 받들어 중원의 명사를 초빙하고 몽고어를 학습하여 쿠빌라이의 '막부' 중의 유능한 모사가 되었다. 중통 원년(1260년) 7월에 연경행중서성(燕京行中書省)을 설립하자 평장정사(平章政事)에 임용되었다. 지원 2년(1265년) 윤 5월에 또 하남 등의 행성직을 맡았다. 이후 추밀부사(樞密副使)·중서성좌승(中書省左丞)·우승(右丞)·평장정사(平章政事)를 역임하였다. 지원 13년에 부임지에서 죽었다. 조벽은 중앙행정과 군사기구를 역임하여 경험이 풍부하고 공적을 이룬 것이 많으며 문장력이 뛰어나 쿠빌라이의 칭찬을 받았다. 쿠빌라이가 송나라를 공격하는 격문을 발표할 때 사신(詞臣) 여러 명이 초안을 작성하여도 모두 만족스럽지 않았다. 마지막에 조벽이 손을 보자 쿠빌라이는 "오직 수재만이 나의 뜻을 완곡하게 표현한다."고 칭찬하였다.

우승(右丞) 장혜(張惠)(1224~1285)

자(字)는 정걸(廷傑), 몽고 이름은 올호닛(兀魯忽訥特, olghunut)이고, 성도(成都) 신번(新繁) 사람이다. 14살에 몽고군에게 잡혀 막북으로 갔고 몽고어와 다른 언어를 학습하였다. 쿠빌라이 즉위 후에 연경선무부사(燕京宣撫副使)에 임명되었고, 후에 제국용부사(制國用副使)·참지상서성사(參知尙書省事) 등의 직을 역임하고 지원 10년(1274년) 2월에 중서성우승(中書省右丞)에 임명되었다. 대군이 남하하여 송을 공격하자 장혜는 군비 양식을 제공하는 책임을 맡아 강회(江淮)의 재부를 주관하였다. 원군이 임안에 들어오자 장혜는 송나라의 물자를 점검하는 일을 맡았으며 송 궁중에 머물러 창고를 관리하였다. 제도를 어기고 개봉의 창고를 마음대로 열어 쿠빌라이에 의해 대도로 소환되었다. 장혜는 아흐마드의 유능한 조수여서 아흐마드가 피살된 후 장혜는 면직되었으나 오래지 않아 장주행성평장정사(漳州行省平章政事)에 임용되었다.

참지정사(參知政事) 학정(郝禎)(?~1282)

진정(眞定)(지금의 하북 정정(正定)) 사람이다. 지원 13년 윤 3월에 중서성좌우사낭중(中書省左右司郎中)에서 참지정사(參知政事)로 승진되었고, 아흐마드의 '이재'에 협조하였다. 17년(1280년) 7월에 우승(左丞)으로 승진되었다. 후에 아흐마드와 함께 피살되었다.

평장군국중사(平章軍國重事) 야율주(耶律鑄)(1221~1285)

자는 성중(成仲)이고 거란 사람이며 야율초재(耶律楚材)(1190~1244)의 아들이다. 뭉케 칸이 죽고 나서 야율주는 남쪽으로 원정했던 몽고군을 따라 막북으로 돌아왔다. 아릭부케가 대칸을 칭하자 야율주는 아내와 자식을 버리고 남하하여 쿠빌라이에 투항하였다. 중서성좌승(中書省左丞相)과 평장정사(平章政事)를 역임하였다. 지원 10년(1273년) 3월에 평장군국중사(平章軍國重事)의 직함을 제수받았다. 13년 6월에 겸수국사(兼修國史)를 제수받고 19년(1282년) 10월에 다시 중서성좌승(中書省左丞相)에 임용되었다. 다음 해 10월에 재상에서 파해져 가산의 반을 몰수당하여 산으로 들어갔다. 야율주는 아버지의 유풍을 이어받아 명유들과 왕래가 잦아 치국의 방략에 있어서 아흐마드 등과 같지 않았다. 그래서 비록 직책이 높고 작위는 영화로운 것 같았으나 실권은 없었으니 쿠빌라이의 친신은 아니다.

추밀원(樞密院)

동지추밀원사(同知樞密院事) 바얀(伯顔)(1236~1294)

몽고 바아린(八鄰部, Ba'arin) 사람이다. 일찍이 훌레구를 따라 서쪽으로 원정하였고, 지원 원년(1264년) 후레구에 의해 대칸 조정에 사신으로 보내져서 쿠빌라이의 신임을 얻게 되어 시신(侍臣)으로 남게 되었다. 중서성좌승(中書省左丞)·우승(右丞)·추밀부사(樞密副使)·동지추밀원사(同知樞密院事) 등의 직책을 역임하였다. 지원 11년(1274년) 3월에 형호행성(荊湖行省)(후에 하남행성으로 고쳐짐)의 좌승상이 되어 대군 20만을 통솔하고 남하하여 송나라를 공략하였다. 남송의 유제 일행을 압송하여 북상한 후 다시 동지추밀원사(同知樞密院事)에 임용되었다. 후에 군대를 감독하는 명을 받들어 북상하여 종왕의 반란을 평정하였다. 지원 26년(1289년) 지추밀원사(知樞密院事)로 승격되어 카라코룸에 주둔하여 막북의 제군을 관할하여 반왕들에 대항하였다. 바얀은 계모가 깊고 잘 판단하여 '수재(帥才)'라고 칭해졌으며 당시 사람들은 "20만의 무리를 거느리고 송나라를 침에 장수 한 사람과 같아서 여러 장수들이 신명(神明)하다고 우러러 보았다."고 칭찬하였다.

추밀부사(樞密副使) 장역(張易)(?～1282)

자(字)는 중일(仲一)이고 태원(太原) 교성(交城) 사람이다. 일찍이 쿠빌라이 막부에 들어가 일을 처리함에 유능하여 쿠빌라이의 칭찬을 받았다. 중통 원년 7월에 연경행중서성참지정사(燕京行中書省參知政事)를 맡았고 다음 해 5월에 우승으로 승진되었다. 이후 동평장상서성사(同平章尙書省事)·중서성평장정사(中書省平章政事)·추밀부사(樞密副使) 등의 직책을 역임하였다. 지원 19년 3월에 아흐마드사건에 참여하였다는 혐의로 사형에 처해졌다. 장역은 처음에 중서의 재보(宰輔)였다가, 후에 몇 년간 추부(樞府)를 장악하고 군무의 정책결정에 참여하였다. 원군이 송을 공격할 때 장역은 군사계획을 조직하고 군대를 조정하는 공이 있었다.

어사대(御史臺)

어사대부(御使大夫) 위시테무르(玉昔帖木兒, Yuxi Temür) (1242～1295)

몽고 아롤라드(阿兒剌, Arulad)부 사람으로 개국공신 보로굴의 후손이다. 쿠빌라이의 케식 장으로 '월여노(月呂魯)노얀'('능관'(能官)'이라는 뜻)이라는 칭호를 하사하였다. 지원 12년(1275년) 9월에 어사대부에 임용되었다. 29년(1292년) 바얀을 대신하여 군사를 통솔하여 막북에 주둔하였다. 쿠빌라이가 죽은 후 바얀과 함께 테무르를 황제로 세웠다. 위시테무르가 어사대를 몇 년 장악하고 또 케식 출신이어서 안동, 바얀 등과 함께 조정의 몽고 중신이었다.

어사중승(御史中丞) 장문겸(張文謙)(1217 ~ 1283)

자(字)는 중겸(仲謙)이고 순덕(順德)사하(沙河)(지금은 하북에 속함) 사람이다. 유병충이 쿠빌라이에게 추천한 후 중통 원년(1260년) 4월에 중서성좌승에 임용되었다. 평장왕(平章王) 문통(文統)과 뜻이 맞지 않아 선무사(宣撫司)와 행성관(行省官)을 맡았다. 지원 7년(1270년) 2월에 사농사(司農司)를 설립하자 그는 사농경(司農卿)을 맡게 되었고 사도행권농사(四道行勸農司)의 설립을 허락해 주라고 청하여 각지 관원으로 하여금 농업생산을 발전시키게 하였다. 지원 13년 어사중승(御史中丞)으로 관직이 옮겨졌다. 아흐마드가 정치를 농단하자 어사대가 탄핵을 받을까 두려워 어사대의 하부기관인 제형안찰사로 관직을 옮길 것을 청하였으나 장문겸의 강한 반대에 직면하였다. 오래지 않아 그는 소문관대학사(昭文館大學士)에 임명되어 태사원(太史院)을 이끌고 신력(新曆)을 수정하는 일을 맡아 하였다. 장문겸의 집에는 장서가 수만 권이 있었고, 허형 등과 내왕이 많아 이학의 조예가 낮지 않았다. 또한 어진 사람을 천거하고 능력 있는 사람을 등용하는 데 뛰어났다. 그러나 자주 중서(中書) 재보(宰輔)의 배척을 당하여 벼슬길은 순탄하지 않았다. 장역이 죽은 후 장문겸은 추밀부사가 되었으나 오래지 않아 병사하였다.

행성관(行省官)

우승상(右丞相) 바얀(伯顔)
앞에서 살펴보았다.

좌승상(左丞相) 아주(阿朮, Aju)(1227～1281)
몽고 우량카(타이)부의 사람이고 명장 수베테이(速不台, Sübetei)의
후손이다. 일찍이 아버지 우량카다이(兀良合台, Uryangqadai)를 따라
대리(大理)와 교지(交趾)를 공격함에 지혜가 있고 용맹하다고 널리
칭해졌다. 중통 3년(1262년) 9월에 정남도원수(征南都元帥)에 임명
되어 남쪽의 여러 군대를 통솔하여 송군과 대항하였다. 지원 4년
(1267년)에 군대를 이끌고 송나라를 공격함에 군사적으로 중요한 거
점이었던 양번(襄樊)을 포위하였다. 9년에 성이 함락되고 양양(襄陽)
의 수장(守將) 여문환(呂文煥)이 항복하였다. 지원 11년(1274년) 3월
에 행성 평장정사의 직책으로 바얀을 도와 남하하여 송나라를 공격
하였다. 다음 해 7월에 행성좌승상(行省左丞相)으로 승진되었다. 바
얀의 군대가 임안을 취할 때에 아주가 군대를 이끌고 양주(揚州) 등
의 성을 포위하여 양회(兩淮)의 송나라 군사가 남하하는 길을 막았
다. 아주가 남쪽 전선에서 군대 작전을 몇 년간 지휘하였으므로 경험
이 풍부했으므로 바얀과 묵계가 이루어졌다. 원군이 여러 차례 승리
한 것은 두 명의 '훌륭한 장수(良帥)'의 작용을 낮게 평가할 수 없다.

평장정사(平章政事) 아타카이(阿塔海, Ataqai)(1234~1289)

몽고 술두스(遜都思, Süldüs)부 사람이다. 천호의 직책으로 우량카다이를 따라 대리(大理)를 공격하고 후에 군대를 이끌고 회수 등지에 주둔하였다. 지원 9년(1272년)에 회서행추밀원부사(淮西行樞密院副使)에 임명되었다. 11년에 행성우승겸회서행추밀원사(行省右丞兼淮西行樞密院事)로서 편사(偏師)를 이끌고 남하하였다. 후에 바얀군과 함께 군사를 모이게 하여 바얀이 이끄는 중로군(中路軍)을 따라 임안으로 들어갔다. 지원 13년에 행성평장정사겸절서도선위사(行省平章政事兼浙西道宣慰使)로 승진되었다. 14년 3월에 강회행성평장정사(江淮行省平章政事)로 옮겨졌고 다음 해 2월에 좌승상으로 승진되어 항주(杭州)를 다스리게 되었다. 후에 정동행성승상(征東行省丞相)이 되어 군대를 이끌고 일본을 정복하였으나 실패하여 돌아와 동지연강추밀원사(同知沿江樞密院事) 등의 직책을 맡게 되었다.

좌승(左丞) 동문병(董文炳)(1217~1278)

자(字)는 언명(彦明)이고 진정(眞定) 고성(槀城)(지금은 하북에 속함) 사람이다. 일찍이 쿠빌라이의 막부에 들어가 쿠빌라이의 신임이 두터웠다. 쿠빌라이가 중앙의 금군(禁軍) 무위군(武衛軍)을 만들었을 때 "친군은 문병(文炳)이 아니면 맡기기가 어렵다."고 분명하게 말을 하고 도지휘사(都指揮使)의 직책을 주었다. 이단(李璮)이 반란을 일으키자 문병이 반란을 진압하는 데 공이 있어 후에 군대를 거느리고 산동과 하남을 수비하였으며 하남통군부사(河南統軍副使)·산동통군부사(山東統軍副使)·행회서추밀원사(行淮西樞密

院事) 등의 직책을 역임하였다. 지원 11년(1274년)에 행성 참지정사의 직책으로서 아타카이를 따라 회서행원(淮西行院)의 병사를 이끌고 남하하였다. 다음 해에 행성좌승(行省左丞)으로 승진하였고 군사를 나누어 해도로 임안으로 진격하였다. 후에 또 군사를 이끌고 복건으로 남하 하다가 지원 14년(1277년)에 소환되었다. 문병이 비록 한인이지만 몽고 귀족과 거의 차별이 없는 대우를 받았으며 동생 문충은 쿠빌라이의 케식 일을 맡았고 본인도 요직을 담당하였다. 대도로 돌아온 후에 쿠빌라이는 중서성과 추밀원의 일의 대소에 관계없이 모두 동문병에게 자문을 구하였으니 은총이 대단하였다. 다음 해에 문병이 병이 들자 쿠빌라이가 특별히 조서를 내려 그가 대도의 더운 지역을 떠나 상도에 가서 병을 돌보라고 하고, 천수절(天壽節)의 대연회 때는 문병을 상석에 앉게 하였다. 오래지 않아 문병이 발병하여 죽으면서 "동씨(董氏)가 대대로 남자 중 말을 타는 사람이 있으면 나라에 충성하게끔 하신다면 제가 죽어도 눈을 감겠습니다."라고 유언을 남겼다.

참지정사(參知政事) 알라한(阿剌罕, Araqan)(1233~1281)

몽고 잘라이르(箚剌兒, Jalayir)부 사람이다. 원래 몽고 한군의 만호였는데 지원 12년(1275년) 바얀이 조서를 받들어 북상할 때 알라한을 올려 참지정사로 삼고 성의 일을 다스리게 하였다. 바얀이 남쪽으로 돌아온 후 알라한은 군대를 나누어 독송관(獨松關)으로 내려가 임안 북쪽에 이르러 바얀의 군대와 회합하였다. 후에 강동선무사(江東宣慰使)를 겸하였다. 지원 14년에 행성좌승(行省左丞)으로 승진되었다가 오래지 않아 또 우승으로 승진되었다. 18년에 행성좌승상의 직책으로 군대를 감독하여 일본을 공략하였으나 군대가 출발하기 전에 병이 들어 죽었다. 알라한이 군중의 맹장으로 항상 사졸보다 솔선하여 선봉에서 적진과 싸웠다. 바얀과 아주 등이 북으로 돌아온 후에 알라한은 강남의 군사임무를 주관하여 형세가 안정되는 데 공로가 적지 않다.

참지정사(參知政事) 범문호(范文虎)(? ~ 1301)

원래 송나라 전전부도지휘사(殿前副都指揮使)에 임명되었다. 덕우 원년(1275年)에 지안경부(知安慶府)로 있을 때 성을 가지고 원나라에 항복하였다. 원군이 임안으로 들어와 양절대도독부(兩浙大都督府)를 설치하고 문호를 대도독으로 임명하였다. 지원 13년 7월에 행성 참지정사로 승진하였다. 15년 2월에 또 행성좌승으로 승진하였다. 후에 군대를 이끌고 일본으로 출정하였으나 실패하고 돌아왔다. 또 중서성좌승(中書省左丞)·우승(右丞)·평장정사(平章政事) 등의 직책을 역임하였는데 남인 중에서 직책이 가장 높았다.

참지정사(參知政事) 여문환(呂文煥)

안풍(安豊)(지금은 안휘 수현에 속함) 사람. 원래 송나라의 지양양부겸경서안무사(知襄陽府兼京西安撫副使)였는데 지원 10년(1273년) 정월에 원나라에 항복하였다. 다음 해에 행성참지정사(行省參知政事)의 직책으로 군대를 따라 송을 공격하였다. 지원 13년에 강동도선위사(江東道宣慰使)를 겸임하였다. 14년 7월에 행성좌승(行省左丞)으로 승진되었고 후에 강회행성우승(江淮行省右丞) 직책으로 퇴직하였다.

참지정사 오루룩치(奧魯赤, Oɤruqchi)(1232~1297)

몽고 잘라이르(箚剌兒部, Jalayir)부 사람이고, 몽고군 만호이다. 일찍이 알라한을 따라 남하하여 임안을 공격하였다. 지원 13년 8월에 행성참지정사(行省參知政事)로 올려져서 호북도선위사(湖北道宣慰使)를 겸하였다. 후에 호광행성좌승(湖廣行省左丞)·우승(右丞)·평장정사(平章政事) 등의 직책을 역임하였다.

양절대도독 몽고다이(忙兀台, Mangghudai)(?~1290)

몽고 타타르부 사람, 몽고군 만호이다. 원군이 임안에 들어오자 양절대도독(兩浙大都督)에 임명되었다가 후에 행성참정(行省參政)·좌승·우승·평장을 역임하고 강서행성(江西行省)의 승상으로 부임하고 있을 때 죽었다. 몽고다이는 전쟁 시에 용맹하였으나 다른 사람들의 의견을 듣지 않으며 민정에 경험이 부족하여 사후에 어사대 관원들이 그의 불법한 일 몇 가지를 폭로하였다.

한군만호 장홍범(張弘範)(1238~1280)

자(字)는 중도(仲疇)이고 역주(易州) 정흥(定興)(지금은 하북에 속함) 사람이다. 한인 세후의 가정에서 태어났으나 작전에도 대단히 용맹하였다. 또 시를 읊고 노래를 지을 수 있었으니 유장(儒將)의 기풍이 있으며 공이 쌓여 만호로 올라갔다. 대군을 쫓아 송나라를 공격함에 강을 건널 때 선봉역할을 하였다. 후에 동문병을 따라 해도로 임안으로 들어갔다. 지원 14년에 강동도선위사(江東道宣慰使)에 임명되었다. 다음 해에 몽고한군 도원수(都元帥)로서 군대를 거느리고 남송 유망 조정을 공격하였다. 홍범이 몽고인으로 수사(首

帥)를 삼고 자기는 부사(副帥)가 되고자 하였으나 쿠빌라이가 허락하지 않고 전적으로 위임하였다. 홍범이 군사 2만을 뽑아 해도로 광동으로 남하하여 애산(崖山)에서 싸우던 중 송군을 다 죽이고 조정으로 돌아온 후 얼마 지나지 않아 병사하였다.

평장정사(平章政事) 아리카야(阿里海牙, Ari Qaya)(1227~1286)

위구르 사람이다. 빈한한 가정에서 출생하였으나 농사에 힘쓰지 않고 자칭 "대장부는 마땅히 조정에 공을 세워야지 어찌 백성들의 농사일에 힘을 쏟으리오."라 하고 쿠빌라이의 막부에 들어가 힘을 다하였다. 중통 3년에(1262년) 중서성좌우사낭중(中書省左右司郎中)에 임명되었고 지원 원년(1264년) 참의중서성사(參議中書省事)로 승진되었다. 후에 아주 등을 따라 양번(襄樊)을 포위하고 공격하였다. 지원 11년 행성우승(行省右丞)으로서 대군을 따라 남하하여 강을 건너 악주(鄂州)를 유수(留守)하였다. 강릉(江陵)과 담주(潭州) 등지에 주동적으로 출동하여 적을 물리쳤다. 13년 7월에 행성평장정사(行省平章政事)로 승진되었고 군대를 이끌고 광서 지역을 공격하여 점령하였다. 후에 호광행성좌승상(湖廣行省左丞相)으로 부임하고 있을 때 죽었다.

우승 염희헌(廉希憲)(1231~1280)

위구르 사람이고 자는 선보(善甫)이다. 어려서부터 경사 읽는 것을 좋아하고, 또 활쏘기를 잘하는 것으로도 이름이 알려졌다. 쿠빌라이 막부에 들어간 후 헌종 4년(1254년)에 쿠빌라이가 경조선무사(京兆宣撫使)로 삼았다. 허형(許衡)과 요추(姚樞) 등과 함께 쿠빌라이가 정무를 다스리는데 협조하였다. 쿠빌라이가 즉위하고 나서 염희헌은 경조선무사(京兆宣撫使)를 맡아 아릭부케의 군사가 남하하는 것을 막았다. 후에 중서우승(中書右丞)·중서성평장정사(中書省平章政事)·북경행성평장정사(北京行省平章政事)를 역임하였다. 지원 12년 5월에 중서우승(中書右丞)으로 형호남로(荊湖南路) 행성에 있었는데 강릉(江陵)에 건부(建府)하여 아리카야가 정무를 수행하는 것을 도왔다. 지원 14년에 경사로 소환되었다. 사람들이 문하성을 설립하자고 건의하자 쿠빌라이는 염희헌을 시중으로 삼으려고 하였으나 아흐마드가 반대하여 이루어지지 않았다. 쿠빌라이는 염희헌을 다시 중서성에 임직하게 하였으나 희헌은 칭병하고 사절하였다. 희헌은 "사람을 등용함에 있어 군자를 등용하면 다스려지고 소인을 등용하면 어지러워진다."고 하였다. 또한 "아주 간사한 사람이 정권을 농단하면 소인들이 아부하여 나라를 그르치고 백성을 해치니 병폐가 됨이 크다."고 하고 모두 아흐마드가 권력을 농단한다고 하였다.

좌승 최빈(崔斌)(1223～1278)

자(字)는 중문(仲文)이고 몽고 이름은 엘 테무르(燕鐵木兒, El-Temür)이며 마읍(馬邑)(지금의 산서 삭현) 사람이다. 성격이 민첩하고 말타기와 활쏘기를 잘하였으며 정무에도 정통하였다. 중서성좌우사낭중(中書省左右司郎中)과 동첨추밀원사(同僉樞密院事) 등의 직책을 역임하였다. 지원 11년 하남행성(河南行省)을 함락시키고 대군이 남쪽으로 원정함에 필요한 군수 등의 일을 맡아 관리하였다. 다음 해에 행성 참지정사에 임명되어 아리카야를 도와 악주(鄂

州)를 지키고 남쪽으로 담주(潭州)를 공격하였다. 지원 13년 행성좌승(行省左丞)으로 승진되었고 15년에 아흐마드의 모함으로 죽음에 처해졌다.

우승 박나환(博羅歡)(1236~1300)

몽고 망구드(忙兀部, Mangyud)부 사람이다. 16살 때 본부의 단사관에 임명되었다. 지원 8년(1271년)에 명을 받들고 운남에 가서 운남왕 피해사건을 조사하고 조정에 돌아온 후 우위친군도지휘사(右衛親軍都指揮使)에 임명되었다. 12년에 행성우승겸회동도원수(行省右丞兼淮東都元帥)로서 군사를 이끌고 회동제군(淮東諸郡)을 공격하여 송군을 견제하였다. 지원 13년에 북에서 돌아왔다. 후에 추밀부사(樞密副使)·어사대부(御史大夫)·중서우승(中書右丞) 등의 직책을 역임하였다. 군대를 이끌고 나가 반란왕을 토벌함에 북경(北京)과 감숙(甘肅) 등지에서 행성(行省)의 일을 맡아보았다. 세조조 말년에 하남행성평장정사(河南行省平章政事)에 임용되었다. 성종 때에 호광(湖廣)과 강절행성(江浙行省)의 평장정사(平章政事)로 옮겨졌다.

평장정사 알리(阿里, Ali)(?~1280)

회회 사람이다. 지원 원년(1264년) 11월에 제로도전운사(諸路都轉運使)에서 중서성우승(中書省右丞)으로 옮겨졌다. 후에 참지정사(參知政事)·행하남중서성사(行河南中書省事)·행성우승(行省右丞) 등의 직책을 역임하였다. 지원 12년 2월에 우승겸회동좌부도원수(右丞兼淮東左副都元帥)로서 박나환(博羅歡)을 따라 출군하였다.

13년 10월에 평장정사(平章政事)로 승진되고 회동(淮東)에서 행성(行省)을 맡았다. 후에 강회행성(江淮行省)으로 고쳐졌으나 평장의 직책은 그대로 담당하였다. 지원 17년(1280년)에 최빈(崔斌)과 함께 아흐마드의 무고로 살해되었다.

참지정사 진암(陳巖)

원래는 송나라의 지연주(知漣州)였는데 지원 12년(1275년) 정월에 원나라에 항복하여 회동선무사(淮東宣撫使)의 직책을 받았다. 13년 7월에 행성참지정사(行省參知政事)로 승진되었다. 10월에 알리를 따라 회동에서 행성을 맡았다. 15년 2월에 좌승으로 승진되었다. 후에 원군이 일본과 안남을 공략함에 진암에게 군대를 통솔하는 장령을 맡게 하였다.

참지정사 타츄(塔出, Tachu)(1244~1280)

당올(唐兀) 사람이다. 산동통군사(山東統軍使)·첨회서행추밀원사(僉淮西行樞密院事) 등의 직책을 역임하였다. 지원 12년에 회서좌부도원수(淮西左副都元帥)의 직책으로 박나한(博羅歡)을 따라 출정하였다. 13년 7월에 행성참지정사(行省參知政事)로 승진되었고 얼마 지나지 않아 강서선위사(江西宣慰使)를 겸임하고 군대를 감독하여 강서와 복건을 공격하였다. 14년 7월에 강서행성우승(江西行省右丞)을 맡았다. 장홍범(張弘范)과 이환(李恒) 등이 애산(崖山)을 공격할 때 타츄가 유수(留守)하여 군수를 제공하였다. 사람들이 송나라의 항복한 장수 여사기(呂師夔)가 모반한다고 무고하자 타츄가 그를 위해 변호해 주어 면죄되었다.

강서도원수(江西都元帥) 송도득(宋都靬)

몽고 우신(許兀愼, uushin)부 사람으로 공신 세가에서 출생하여 아버지와 할아버지가 모두 케식이었다. 몽고군 만호직으로 대군을 따라 송나라를 공격하였다. 지원 12년(1275년) 8월에 강서도원수(江西都元帥)에 임용되어 대군을 이끌고 강서로 들어갔다. 다음 해 병사하였다.

강서좌부도원수(江西左副都元帥) 이항(李恒)(1236~1285)

자(字)는 덕경(德卿)이고 당올(唐兀) 사람이다. 지원 7년(1270년)에 한군(漢軍) 만호가 되었다. 12년 7월에 강서좌부도원수(江西左副都元帥)로 송도득을 따라 강서로 출병하였다. 후에 복건선위사(福建宣慰使)·강서선위사(江西宣慰使) 등의 직책을 역임하였다. 지원 14년에 강서행성참지정사(江西行省參知政事)로 승진되었다. 다음 해에 몽고한군 도원수의 직책으로 장홍범(張弘范)의 조수가 되어 군대를 거느리고 육로로 광동으로 가서 남송의 잔여세력을 소멸시켰다. 후에 형호행성(荊湖行省)의 좌승(左丞)이 되었다. 진남왕(鎭南王) 탈환(脫歡)이 안남을 공격할 때 독이 묻은 화살을 맞고 죽었다.

운남행성평장정사 사이드 아잘(賽典赤·贍思丁, Sayyid Ajjal)(1211~1279)

회회인이고 우마르라고도 한다. 칭기즈칸이 서쪽으로 원정할 때 무리를 거느리고 항복하여 동쪽으로 올 때 같이 왔다. 우구데이에서 뭉케 칸에 이르기까지 풍(豐)·쟁(淨)·운(雲)의 3주의 다루가치를 지냈고, 태양(太陽)과 평원(平原) 두 로의 다루가치와 연경단사관(燕京斷事官) 등을 역임하였다. 쿠빌라이가 즉위하고 연경로선무사(燕京路宣撫使)에 임명되었다. 중통 2년(1261년) 8월에 중서성평장정사(中書省平章政事)로 승진되었다. 지원 원년(1264년) 섬서사천행성평장정사(陝西四川行省平章政事)에 임용되었다. 11년에 운남행성평장정사(雲南行省平章政事)로 옮겨져서 운남에 문치를 실시하였으며 정치 업적이 두드러졌다. 회회의 고위관료 중에 '이재'에 밝은 사람들이 많아 문치를 이끄는 데는 부족했다. 사이드 아잘은 한유들과 교류가 밀접하여 각 지에 전통 제도에 따라 통치질서를 건립할 수 있었으며 한유들의 좋은 평가를 받을 수 있었다.

대원제사 파스파(八思巴)(1235 ~ 1280)

본명은 낙추견찬(洛追堅贊)인데 '파스파'라고 존칭하며 '성자'라는 뜻이고 토번 사캬 관씨(款氏) 사람이다. 뭉케 칸 원년(1251년)에 사캬파의 교주를 계승하였고 2년 후에 쿠빌라이에 의해 '상사(上師)'로 존칭되었다. 중통 원년(1260년) 12월에 국사로 봉해졌으며 지원 6년(1269年)에 제사(帝師)·대보법왕(大寶法王)으로 높여졌다. 11년(1274년) 3월에 파스파는 토번으로 돌아왔고 동생 린칭갈찬(亦鄰眞監藏, Rinchen rgyalmt shan)(? ~ 1279)이 제사(帝師)를 계승하였다. 파스파가 비록 조정을 떠났으나 사람들은 그를 제사로 여겼고 그도 자주 쿠빌라이나 진김 등과 편지를 주고받았다. 저서로는 ≪창소지론(彰所知論)≫ 등의 여러 저작이 있다.

집현원(集賢院) 한림국사원(翰林國史院)

집현대학사 국자제주 (集賢大學士國子祭酒)허형(許衡)(1209～1281)

자(字)는 중평(仲平)이고 원적은 회주(懷州) 하내(河內)(지금은 하남 심양(沁陽))로 난을 피하여 하남 신정으로 옮겨 와 살았다. 7세에 입학하여 스승에게 왜 독서를 하느냐고 묻자 스승이 과거시험에 급제하기 위해서라고 답하자 허형이 이것만을 위해서냐고 물었다. 스승은 그의 총명함을 달리 여겨 이 아이의 깨닫는 바가 비범하다고 생각하고 후에 반드시 이루는 바가 있을 것이라 생각하였다. 허형이 몇 명의 스승을 바꾸었는데 마치 배고프고 목마른 것같이 경술을 학습하였다. 가정환경이 가난하고 또 전란을 만나 서적을 찾기가 쉽지 않았지만 그는 심지어 책을 베껴 쓰면서 암송하였다. 후에 요추를 만나 주희 등의 저작을 얻고 요추와 두묵 등과 함께 학습하였는데 교수와 생도들이 모두 명성이 훌륭하였다. 중통원년(1260년) 쿠빌라이에 의해 경성으로 소환되었다. 다음 해 8월에 국자제주(國子祭酒)로 봉해졌지만 오래지 않아 사직하고 고향으로 돌아갔다. 지원 3년(1266년)에 또 경성으로 소환되어 명을 받들고 중서성에 들어가 일을 의논하였다. 허형이 올린 ≪시무오사(時務五事)≫는 조정에서 한법을 행하기를 희망한 것이다. 4년에 칭병하고 고향으로 돌아왔으나 오래지 않아 또 경성으로 들어가 조의(朝儀)와 내외의 관제를 의논하여 정하는 것에 참여하였다. 7년에 중서좌승(中書左丞)에 임용되어 아흐마드의 전권행위를 폭로하였으나 쿠빌라이에게 받아들여지지 않고 해직되었다. 다음 해, 집현대학사겸국자제주(集賢大學士兼國子祭酒)로 몽고의 학생들에게 강의

하였다. 지원 10년에 사직하고 고향으로 돌아왔다. 13년에 다시 불려 대도에 가 집현대학사(集賢大學士)·국자제주(國子祭酒)를 제수받았고, 태사원(太史院)의 일을 책임졌으며 신력(新曆)을 고치는 등의 임무에 참여하였다. ≪수시력(授時曆)≫이 완성된 후 관직을 그만두고 고향으로 돌아갔다. 허형이 경사에 몇 번 나가고 물러난 것은 정치에 뜻이 있으나 중용되지 못하고 단지 원나라 국자학의 기초를 쌓고 이학을 보급시키는 데 기여하였다.

한림학사승지(翰林學士承旨) 요추(姚樞)(1201~1278)

자(字)는 공무(公茂)이고 호는 설재(雪齋)·경재(敬齋)이고 낙양 사람이다. 금나라 말에 연경에 이르러 양유중(楊惟中)에게 의지하였는데 태종 7년(1235년) 양유종을 따라 유교·도교·불교·의학·점복의 인재를 찾아나서 남송의 명유 조복(趙復)을 만나서 정주(程朱)의 성리학(性理學)을 비로소 공부하게 되었다. 후에 허형·두묵 등과 함께 이학을 연마하고 학습하였다. 쿠빌라이가 즉위한 후에 동평로선무사(東平路宣撫使)·대사농(大司農)·중서좌승(中書左丞)·하남행성첨성(河南行省僉省)·소문관대학사(昭文館大學士) 등의 직책을 역임하였다. 지원 13년에 한림학사승지(翰林學士承旨)로 옮겨졌다. 요추는 쿠빌라이에 의해 조정의 노신(老臣)으로 여겨졌으며 자주 중서성 관원에게 명하여 정치를 자문하라고 하였다. 그러나 아흐미드 등이 요추의 의논을 중시하지 않아 요추는 단지 조의(朝儀)와 관제를 정하고 역법을 수정하는 등의 일에 어느 정도 역할을 하였을 뿐이다.

한림학사 왕반(王磐)(1202~1293)

자(字)는 문병(文炳)이고 호는 녹암(鹿庵)이다. 금 정대 4년(1227년) 진사이다. 일찍이 송나라 형호제치사의사관(荊湖制置司議事官)에 임명되었다가 후에 동평총관(東平總管) 엄실(嚴實)에 의해 스승으로 임명되었다. 중통 원년(1260년)에 제남(濟南)·익도(益都) 등 로의 선무부사(宣撫副使)에 임용되었다가 후에 왕악(王鶚)의 추천으로 한림직학사(翰林直學士)가 되었다. 오래지 않아 진정(眞定)과 순덕(順德) 등 로의 선위사(宣慰使)가 되었다. 지원 7년(1270년)에 한림학사(翰林學士)가 되었다. 나이가 많다고 자주 관직을 그만두기를 청하였으나 80세가 넘어서야 허락을 받았다. 왕반이 오랫동안 한림의 자리에 있으면서 조서를 작성하였으며 쿠빌라이는 자주 사람을 보내 정치를 하는 것과 백성들에게 편리한 일을 자문하였다. 왕반은 또한 직언을 하였다. 쿠빌라이는 군사를 일으켜 일본을 공격함에 군대를 일으킬 시간을 확정하였는데 왕반이 들어가 "일본은 작은 오랑캐로 해도가 험난하고 멀어 이기기가 쉽지 않으며 이기지 못하면 권위가 손상되므로 출병하지 않음이 마땅합니다."라고 간언하였다. 쿠빌라이는 크게 화를 내며 왕반이 의견을 낼 일이 아니라고 하고 그에게 다른 마음이 있는 것은 아닌지 질문하였다. 왕반은 "나는 충심으로 나라를 위하여 의견을 말씀드리는 것입니다. 만약 다른 마음이 있으면 죽음을 무릅쓰고 조정에 충성을 다하지 않을 것입니다. 나는 이미 80여 세로 자손도 없는데 어찌 다른 마음이 있겠습니까?"라고 대답하였다. 사후에 쿠빌라이는 사람을 보내 위로하고 그에게 벽옥으로 된 보침(寶枕)을 하사하였다. 왕반이 퇴직함에 황태자와 공경 백관이 모두 연회를 베풀어 송별해 주었다.

남송(南宋)

중서문하성(中書門下省)

좌승상(左丞相) 유몽염(留夢炎)

자는 한보(漢輔)이고 구주(衢州)(지금의 절강 구현(衢縣)) 사람이다. 순우(淳祐) 5년(1245年) 진사 제1등, 덕우(德祐) 원년(1275년) 6월에 입조하여 우승상겸추밀사(右丞相兼樞密使)·도독제군병마(都督諸路兵馬)를 맡게 되었다. 11월에 좌승상이 되었으나 그대로 추밀사와 도독을 겸하였다. 11월에 임안에서 도망하였다. 덕우 2년에 원군이 구주(衢州)를 함락시키자 유몽염은 투항하였다. 원나라에서 20년간 관료생활을 하였는데 최종관직은 예부상서(禮部尙書)·한림학사승지(翰林學士承旨)였다. 문천상(文天祥)이 대도에 갇혔을 때 사람들이 천상을 석방하여 도사가 되게 할 것을 요구하였으나 유몽염은 천상은 반드시 송나라를 부흥시킨다는 구실로 민중들을 불러 모아 원나라에 반항할 것이므로 항복한 신하들에게도 불리하다고 한사코 반대하였다. 몽염은 관직을 마친 후에 남쪽으로 돌아와 고향에서 죽었다.

좌승상 오견(吳堅)

자는 언개(彦愷)이고 태주(台州) 천태(天台)(지금은 절강에 속함) 사람이다. 순우(淳祐) 진사이다. 보우(寶祐) 5년(1257년)에 태학박사로서 비서랑(秘書郎)에 나갔다. 덕우 원년(1275년) 십이월에 첨서추밀원사(僉書樞密院事)에 임명되었다. 다음해 정월에 좌승상(左丞

相)으로 승진되어 추밀사(樞密使)를 겸하였다. 2월에 기청사(祈請使)가 되어 북상하게 되었는데 상도에 이르러 쿠빌라이를 알현하였다.

좌승상 진의중(陳宜中)

자는 여권(與權)이고 온주(溫州) 영가(永嘉) 사람이다. 보우(寶祐) 4년(1256년) 태학에서 황용(黃鏞)·유불(劉黻) 등과 함께 좌간의대부(左諫議大夫) 정대전(丁大全)을 공격하여 '육군자(六君子)'로 칭해졌다. 경정(景定) 3년(1262년)의 전시에서 제2등을 하였고, 감찰어사(監察禦史)·예부시랑(禮部侍郎)·형부상서(刑部尙書) 등을 역임하였다. 권신 가사도(賈似道)에게 붙어 순우(淳祐) 10년(1274년)에 첨서추밀원사겸권참지정사(僉書樞密院事兼權參知政事)로 승진하였다. 덕우 원년(1275년) 정월에 동지추밀원사겸참지정사(同知樞密院事兼參知政事)에 임용되었다. 2월에 지추밀원사(知樞密院事)로 승진되었다. 3월에 우승상겸추밀사(右丞相兼樞密使)에 임명되었다. 6월에 좌승상으로 옮겨졌다. 7월에 진의중이 임안을 떠나가고 나서 오래지 않아 소환되었다. 10월에 우승상으로 옮겨졌다. 좌승상 유몽염이 도주하였으므로 진의중이 조정을 장악하였다. 덕우 2년 정월에 원군과 화의를 하자 바로 임안에서 달아났다. 육수부(陸秀夫) 등이 의중을 불러 온주(溫州)에 이르렀고 두 왕을 따라 민(閩)으로 들어갔다. 5월에 조시가 복주에서 즉위하자 진의중은 다시 좌승상겸도독에 임명되었다. 다음 해 11월에 멀리 점성(占城)으로 달아나 다시 돌아오지 않았다. 진의중은 사람됨이 각박하고 전권을 마음대로 휘둘렀으며 정치를 하는데 능력이 없고 의견을 자주 바꾸었다. 송 조정이 빨리 패배한 것은 실로 그의 책임에서 벗어나기가 어렵다.

우승상(右丞相) 가여경(賈餘慶)(?～1276)

해주(海州)(지금의 강소 연운항(連雲港))시 사람이다. 덕우(德祐) 2년(1276년) 정월에 지임안부(知臨安府)로 동첨서추밀원(同僉書樞密院)의 일을 맡게 하였다. 2월에 우승상으로 승진하였고 기청사(祈請使)가 되어 북상하였다. 윤 3월에 대도에 도착한 후 병사하였다.

우승상 문천상(文天祥)(1236～1283)

자는 송서(宋瑞)이고 또 이선(履善)이라고도 하며 호는 문산(文山)이고 길주(吉州) 여릉(廬陵)(지금의 강서 길안) 사람이다. 보우(寶祐) 4년(1256년) 진사 제1등, 개경(開慶) 원년(1259년)에 몽고군이 악주(鄂州)를 에워싸자 환관 동송신(董宋臣)이 천도하여 난을 피하자고 주장하자 천상이 상소를 올려 송신을 참수하고 항몽하자고 건의하였다. 후에 형부낭관(刑部郎官)·상서좌사낭관(尚書左司郎官) 등을 역임하였고 여러 번 어사대 관원의 탄핵을 받아 관직에서 쫓겨났다. 또 관직에 들어가 군기감겸권직학사원(軍器監兼權直學士院)이 되어 제서(制書)를 기초하였는데, 때에 군신 가사도를 비난하는 글귀가 있어 파면되었다. 덕우 원년(1275년)에 문천상이 지장주(知贛州)로서 원나라에 항거하는 의군을 조직하여 임안을 호위하였다. 2년 정월에 지임안부(知臨安府)에서 우승상으로 옮겨졌고 추밀사(樞密使)·도독(都督)을 겸하고 원군의 진영에 나가 화의를 의논하다 원군 진영에 구류되었다가 남송의 기청사단(祈請使團)이 되어 북상하였다. 도중에 탈출하여 5월에 복주에 도착하여 다시 우승상겸추밀사에 임명되었다. 진의중과 의견이 부합되지 않아 7월에 동도독(同都督)으로 강서로 가 정주(汀州) 등지에 이르러 병사를 모아 전쟁에 대비하였다. 상흥(祥興) 원년(1278년) 12월에 오파령(五坡嶺)(지금의 광동 해풍(海豐) 북쪽)에서 군대가 패하여 포로가 되었다. 원군에 의해 애산(崖山)으로 끌려갔으며, 대도로 북송하여 감금되었으나 원나라에 항복하지 않자 지원 19년 12월(1283년 1월)에 죽음에 처해졌다.

우승상 이정지(李庭芝)(1219～1276)

자는 상보(祥甫)이고 수주(隨州)(지금의 호북 수현(隨縣)) 사람이다. 순우(淳祐) 초의 진사이다. 개경(開慶) 원년(1259년)에 권지양주(權知揚州)의 직책으로 양회제치사(兩淮制置司)의 일을 주관하였다. 함순(咸淳) 5년(1269년)에 경호제치대사독사(京湖制置大使督師)로서 양양(襄陽)을 구원하였으나 양양(襄陽)이 패하자 직책에서 파해졌다. 오래지 않아 원군이 양주(揚州)를 공격하자 양회제치사(兩淮制置使)로 기의하여 군사를 이끌고 회동(淮東)을 수호하였다. 덕우(德祐) 원년(1275년) 4월에 참지정사(參知政事)의 직책이 더해졌다. 2년 5월에 조시가 즉위하고 나서 우승상(右丞相)의 직을 제수받았다. 7월에 군대가 패하자 포로가 되었다가 양주에서 죽었다.

참지정사 진문용(陳文龍)(?～1277)

자는 군분(君賁)이고 복건(福建) 흥화(興化)(지금의 복건 포전(莆田)) 사람이다. 원래 이름은 자룡(子龍)인데 함순 5년(1269년)에 전시에서 제1등을 하자, 도종이 문용(文龍)으로 개명해 주었다. 문장을 쓴 것이 가사도의 눈에 띄어 감찰어사로 발탁되었다. 후에 가사도의 눈에 나서 파면되었다. 덕우(德祐) 원년에 좌사간(左司諫)으로

기용되었다. 7월에 동첨서추밀원사(同僉書樞密院事)로서 권참지정
사(權參知政事)를 겸하였다. 12월에 참지정사겸권지추밀원사(參知
政事兼權知樞密院事)로 승진되었다. 다음 해 정월에 직책을 버리
고 경성에서 도망쳤으나 5월에 다시 참지정사가 되었고 8월에는
민광선무사(閩廣宣撫使)로 옮겨졌다. 12월에 원군에 의해 포로로
잡혀 항주로 압송하자 단식하고 죽었다.

참지정사 상무(常楙)(? ~ 1282)

자는 장유(長孺)이고 공주(邛州) 임공(臨邛)(지금의 사천 공협(邛
崍)) 사람이다. 순우(淳祐) 7년(1247년) 진사, 호부시랑(戶部侍郎)·
형부시랑(刑部侍郎) 등의 직책을 역임하였다. 덕우 원년(1275년) 이
부상서(吏部尙書)에 임용되었는데 노병으로 사직하고자 하였으나
비준을 얻지 못하였다. 2년 정월에 참지정사(參知政事)로 승진되자
곧 직책을 버리고 임안을 떠나 민간에 은둔하다 6년 후에 죽었다.

참지정사 유절(劉岊)

중경 사람이다. 덕우(德祐) 2년(1276년) 정월에 감찰어사(監察禦
史)의 직책으로 원나라 군영에 출사하였다. 오래지 않아 참지정사
로 승진하여 기청사(祈請使)에 충당되어 원나라 도성으로 북상하였다.

참지정사 가현옹(家鉉翁)

호는 즉당(則堂)이고 미주(眉州) 사람이다. 음보(蔭補)로서 관직에 나가 지상주(知常州)·대리소경(大理少卿)·호부시랑(戸部侍郎) 등의 직을 역임하였다. 덕우(德祐) 2년 정월에 진사 출신을 받아 첨서추밀원사(僉書樞密院事)에 임명되었다. 참지정사로 승진되어 기청사(祈請使)가 되어 북상하였다. 원에서 벼슬하는 것을 거절하고 하간(河間)에 관각을 설치하고 ≪춘추(春秋)≫를 강의하였다. 원 성종(成宗) 즉위 후(1294년) 강남으로 돌아오게 해 주고 '처사(處士)'라는 칭호를 주었다.

참지정사 유불(劉黻)(1217~1276)

자는 성백(聲伯)이고 온주(溫州) 낙청(樂淸) 사람이다. 순우(淳祐) 10년(1250년) 태학에 입학하여 두 차례나 태학생을 이끌고 궐 아래에 엎드려 상서하여 조정의 득실을 논하였다. 함순(咸淳) 3년(1267년)에 감찰어사에 임용되었고 후에 형부시랑·시이부상서(試吏部尙書) 겸 공부상서(工部尙書) 등의 직을 역임하였다. 덕우(德祐) 2년(1276년) 5월에 조서를 받아 참지정사가 되어 복주로 가는 도중에 병사하니 아내 임씨는 집안사람들을 데리고 바다에 빠져 죽었다.

추밀원(樞密院)

추밀사(樞密使) 사당(謝堂)

호는 서재(恕齋)이다. 덕우(德祐) 원년(1275년) 12월 동진사 출신에 사해지고 동지추밀원사(同知樞密院事)에 임용되었다. 다음 해 2월에 추밀사로서 기청사(祈請使)가 되었으나 뇌물을 주어 기청단을 따라 북상하는 것은 면하였다. 그러나 또 원나라 사람들에 의해 북쪽으로 가게 되어 상도에서 원나라 황제를 알현하고 원나라 조정에 머물러 벼슬하였다.

추밀부사(樞密副使) 장세걸(張世傑)(?~1279)

범양(范陽)(지금의 하북 탁현(涿縣)) 사람이다. 원래 북방의 한인세후 장유(張柔)를 따르다가 죄를 짓고 송의 영토로 도망하여 송군에 들어가 소교(小校)가 되어 공을 세워 도통제(都統制)에 올랐다. 덕우(德祐) 원년(1275년)에 병사를 이끌고 임안의 근왕(勤王)에게 들어가 군대를 감독하여 원군과 작전하였으나 초산(焦山)에서 크게 패하였다. 12월에 임안으로 돌아와 검교소보(檢校少保)에 올랐다. 다음 해 정월에 병사를 데리고 남하하였다. 5월에 조시를 옹립하여 즉위하게 하고 추밀부사를 맡았다. 작은 조정의 생존이 모두 그가 통솔하는 군대에게 달려 있었다. 상흥(祥興) 2년(1279년)' 애산(崖山)에서 군대가 패하자 포위를 뚫고 달아났으나 태풍을 만나 익사하였다.

첨서추밀원사(簽書樞密院事) 육수부(陸秀夫)(1236~1279)

자는 군실(君實)이고 초주(楚州) 염성(鹽城)(지금은 강소에 속함) 사람이다. 보우(寶祐) 4년(1256년) 진사, 처음에 양회제치사(兩淮制置使) 이정지의 막료였는데, 덕우(德祐) 원년(1275년)에 입조하여 사농시경(司農寺卿)이 되었다가 종정소경(宗正少卿)으로 승진되었다. 2년 정월에 임안을 나가 익(益)·광(廣) 두 왕을 찾아 나섰다. 5

월에 조시가 즉위하고 첨서추밀원사(僉書樞密院事)에 임명되었다. 경염(景炎) 3년(1278년) 4월에 다시 조병을 황제로 세워 좌승상에 임용되었고, 장세걸과 함께 조정을 장악하였다. 애산에서 군대가 패하자 조병(趙昺)을 안고 바다로 뛰어들어 죽었다.

제치사관 (制置司官)

회서제치사(淮西制置使) 하귀(夏貴)(1197~1279)

자는 용화(用和)이고 안풍(安豐)(지금은 안휘 수현(壽縣)) 사람이다. 군인 출신으로 누차 전공을 세우고 회서안무제치대사(淮西安撫制置大使)가 되어 지여주(知廬州)를 겸하였다. 덕우(德祐) 원년(1275년) 8월에 추밀부사(樞密副使)가 되었다. 다음 해 2월에 회서(淮西) 주군으로 원나라에 항복하여 상도에 나가 쿠빌라이를 알현하고 행성참지정사(行省參知政事)를 제수받았다. 지원 14년(1277년)에 행성좌승(行省左丞)으로 승진되었다.

회동제치사(淮東制置使) 이정지(李庭芝)

앞에서 살펴보았다.

회동제치부사(淮東制置副使) 주환(朱煥)

이정지(李庭芝)를 도와 양주를 지켰다. 덕우(德祐) 2년(1276년) 7월에 양주(楊州)성을 바쳐 원나라에 항복하였다.

강서제치사(江西制置使) 황만석(黃萬石)

덕우(德祐) 원년(1275년) 정월에 임직하여 융흥부(隆興府)(지금의 강서 남창시)에 주둔하였다. 7월에 무주(撫州)로 치소를 옮겼다. 원군이 강서를 공격함에 건창군(建昌軍)(지금의 강서 남성)으로 도망갔다. 2년 5월에 원나라에 항복하여 명에 따라 북상하였다.

복건광동초무사(福建廣東招撫使) 포수경(蒲壽庚)

천주 사람으로 대대로 해상무역을 경영하는 것을 업으로 삼았다. 초무사(招撫使)로서 제거천주시박(提擧泉州市舶)을 겸하였다. 경염(景炎) 원년(1276년) 12월에 천주(泉州)로서 원나라에 항복하였다. 7월에 강서행성참지정사(江西行省參知政事)에 임명되었다. 다음 해 3월 복건행성참지정사(福建行省參知政事)로 옮겨졌다. 8월에 행성(行省)의 좌승으로 승진되었다.

복건제치사(福建制置使) 왕적옹(王積翁)(1229～1284)

자는 양신(良臣)이고 복녕주(福寧州)(지금은 복건 하포(霞浦)) 사람이다. 덕우(德祐) 2년(1276년) 8월에 복건제형(福建提刑)·초무사(招撫使)가 되어 남검(南劍)(지금 복건 남평시)의 지주(知州)가 되었다. 11월에 원군이 성을 공격하자 성을 버리고 도망가 원나라에 항복하였다. 지원(至元) 17년(1280년) 복건선위사(福建宣慰使)에서 중서성호부상서(中書省戶部尚書)로 옮겨졌다. 21년 일본에 사신으로 갔으나 해상에서 피살되었다.

연강제치사(沿江制置使) 조보(趙潽)

원래는 회동(淮東)의 통령이었는데 지진강부(知鎭江府)를 겸하였다. 순우(淳祐) 9년(1273년) 4월에 회서총령겸연강제치사(淮西總領兼沿江制置使)·건강(建康)(지금의 강소 남경) 유수(留守)로 승진되었다. 덕우(德祐) 원년(1275년) 7월에 장세걸(張世杰)과 함께 병사를 모아 원군과 싸우려고 했으나 전쟁도 하기 전에 도망갔다. 다음 해 5월에 진의중 등의 지시로 광동경략사(廣東經略使)에 임명되었다. 9월에 광주로 들어갔는데 12월에 원군이 침략해 오자 광주를 버리고 달아났다.

광서경략사(廣西經略使) 마기(馬墍)(? ~ 1277)

암창(宕昌)(지금은 감숙에 속함) 사람이며, 명장 세가에서 출생하였다. 역대로 지흠주(知欽州)·지치주(知邕州) 등의 관직을 지냈다. 덕우(德祐) 2년(1276년) 송 조정이 원나라에 항복한 후 그는 경략사의 인(印)을 보호하고 정강(靜江)(지금의 광서 계림)을 지키며 투항을 거절하였다. 다음 해 원군이 정강을 공략하여 격파시키자 싸우다가 죽었다.

사천제치사(四川制置使) 장각(張珏)(? ~ 1278)

자는 군옥(君玉)이고 용서(隴西) 봉주(鳳州)(지금의 섬서 서봉현) 사람이다. 18세에 조어산(釣魚山)에서 종군하여 전쟁의 공로로 중군도통제(中軍都統制)가 되었다. 덕우(德祐) 원년(1275년) 사천제치부사(四川制置副使)로 승진되고, 지중경부(知重慶府)가 되었다. 다음 해에 사천제치사가 되어 중경(重慶) 등의 요새지를 지켰다. 장각은 용병에 능하고 복병을 배치하고 멀리 습격하는 데에 뛰어났다. 또한 군대를 다스림에 법도가 있어 노예가 공을 세워도 반드시 상을 주고 친척이라도 잘못이 있으면 반드시 벌하여 사졸을 단결시킬 수 있었다. 원군과 여러 해 대항하였다. 경염(景炎) 3년(1278년) 2월에 원군이 중경을 공격할 때 장각은 포로로 사로잡혀 후에 자살하였다.

연성공(衍聖公)

공주(孔洙)

자는 사노(思魯)이고, 경청(景淸)이라고도 하며, 호는 존재(存齋)이다. 공자 53세손으로 남도 후에 구주(衢州)에 살았으므로 구주인이 되었다. 송나라의 연성공(衍聖公)의 칭호를 세습하였다. 지원(至元) 19년(1282년) 7월에 조서를 받들어 북상하여 11월에 대도에 이르러 쿠빌라이를 알현하였다. 쿠빌라이가 공주에게 연성공의 작호를 잇게 하였으나 공주는 사양하면서 곡부(曲阜)에 현재 살고 있는 공씨의 후손들이 작호를 이어야 한다고 하였다. 이에 국자제주(國子祭酒)를 제수하여 제거절동도(提擧浙東道)로서 학교의 일을 겸하게 하여 구주로 돌아왔다. 성종(成宗)이 즉위한 후에야 비로소 공이 연성공의 작호를 계승하였다(1295년). 원 조정에서 연성공의 작위가 40여 년이나 비어 있었다.

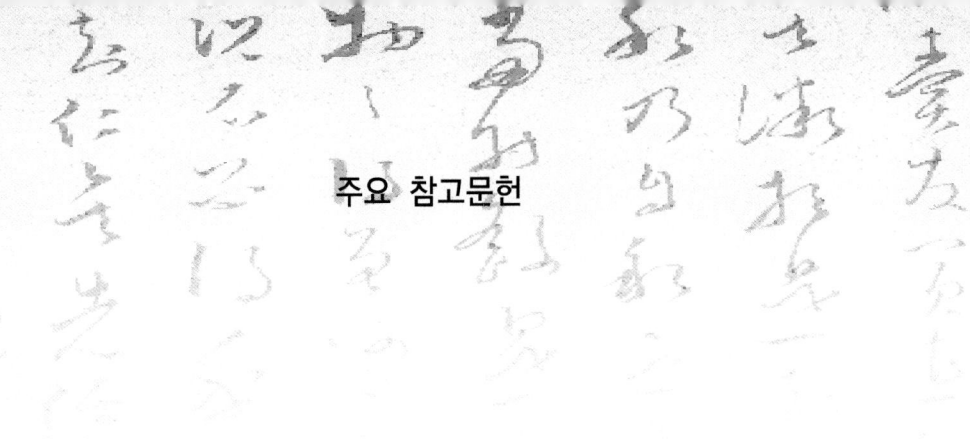

주요 참고문헌

脫脫等撰,『宋史』, 中華書局點校本, 北京.

宋濂等撰,『元史』, 中華書局點校本, 北京.

『元朝秘史』,『四部叢刊』本.

『聖武親征錄』, 中央民族學院油印賈敬顔點校本, 北京.

『大元聖政國朝典章』(『元典章』이라 간칭), 臺北故宮博物院1976年影印
　　　元刊本.

黃時鑒點校,『通制條格』, 浙江古籍出版社1986年版, 杭州.

蘇天爵編,『元朝名臣事略』, 中華書局1962年影印元刊本, 北京.

蘇天爵編,『國朝文類』,『四部叢刊』本.

熊飛等點校,『文天祥全集』, 江西人民出版社1987年版, 南昌.

汪元量 孔凡禮輯校,『增訂湖山類稿』, 中華書局1984年版, 北京.

郝經,『郝文忠公陵川文集』(『郝文忠公集』이라 간칭), 乾隆三年鳳台王
　　　氏刻本.

魏初,『青崖集』,『四庫珍本叢書初集』本.

程矩夫,『雪樓集』, 陶氏涉園刻本.

胡祇遹,『紫山大全集』,『三怡堂叢書』本.

虞集,『道園學古錄』,『四部叢刊』本.

姚燧,『牧庵集』,『四部叢刊』本.

黃溍,『金華黃先生文集』,『四部叢刊』本.

許有壬,『至正集』, 淸宣統三年河南敎育學會石印本.

林景熙,『白石樵唱集』,『宋代五十六家詩集』本.

謝枋得,『疊山集』,『四部叢刊』本.

劉一淸,『錢塘遺事』, 上海古籍出版社1985年影印本.

周密,『癸辛雜識』, 中華書局點校本, 北京.

吳萊,『三朝野史』,『說郛』本.

鄭元祐,『遂昌山人雜錄』,『讀書端叢書』本.

孔齊,『靜齋至正直記』,『粤雅堂叢書』本.

陶宗儀,『南村輟耕錄』, 中華書局 『元明史料筆記叢刊』本, 北京.

葉子奇,『草木子』, 中華書局 『元明史料筆記叢刊』本, 北京.

權衡,『庚申外史』,『寶顏堂秘笈』本.

趙萬里輯錄,『元一統志』, 中華書局1966年版, 北京.

熊夢祥,『析津志』, 北京古籍出版社1983年版.

李京,『雲南志略』, 王叔武輯校, 雲南民族出版社1986年版, 昆明.

田汝成,『西湖流覽志餘』,『武林掌故叢編』本.

蕭洵,『故宮遺錄』,『知不足齋叢書』本.

達倉宗巴・班覺桑布 陳慶英譯,『漢藏史集』, 西藏人民出版社1986年版, 拉薩.

拉施特, 餘大鈞・周建奇漢譯本,『史集』第1卷, 第2卷, 商務印書館 1983, 1985年版, 北京.

道森編譯 呂浦・周良霄漢譯本,『出使蒙古記』, 中國社會科學出版社 1983年版, 北京.

Marco Polo, *The Description of the World*, tr. by A. C. Moule & P. Pelliot (『馬可・波羅遊記』, 穆勒, 伯希和校譯本), 倫敦1938年版.

韓儒林主編,『元朝史』(上, 下冊), 人民出版社1986年版, 北京.

蔡美彪, 朱瑞熙, 李瑚, 孝萱, 王會安 『中國通史』第5冊, 人民出版社 1978年版, 北京.

王曾瑜,『宋朝兵制初探』, 中華書局1983年版, 北京.

Ch'i-ch'ing Hisiao, *The Military Establishment of the Yuan Dynasty*, Harvard University Press, 1978 (蕭啓慶:『元代軍事制度』, 哈佛大學出版社1978年版).

陳世松・匡裕徹・朱淸澤・李鵬貴,『宋元戰爭史』, 四川省社會科學院 出版社1988年版, 成都.

李天鳴,『宋元戰史』, 食貨出版社1988年版, 臺北.

周良霄,『忽必烈』, 吉林教育出版社1986年版, 長春.

萬繩楠,『文天祥傳』, 河南人民出版社1985年版, 鄭州.

陳高華, 『元大都』, 北京出版社1982年版.

陳高華·史衛民, 『元上都』, 吉林教育出版社1988年版, 長春.

Elizabeth Endicott-West, *Mongolian Rule in China—Local Adminis·tration in the Yuan Dynasty*, Harvard University Press, 1989

(伊莉莎白·恩狄考特-韋斯特, 『蒙古在中國的統治—元代地方行政』, 哈佛大學出版社1989版).

韓儒林, 『穹廬集—元史及西北民族史研究』, 上海人民出版社1982年版.

楊志玖『元史三論』, 人民出版社1985年版, 北京.

胡昭曦, 鄒重華主編『宋蒙(元)關係研究』, 四川大學出版社1989年版, 成都.

黃時鑒, 「元代的禮俗」, 『元史及北方民族史研究集刊』(南京大學元史研究室編, 下同)第11期(1987年12月).

陳慶英, 「『八思巴致元世祖忽必烈的新年吉祥祝辭』探討」, 『甘肅民族研究』(甘肅省民族研究所編)1986年第四期.

周良宵, 「蒙古選汗儀制與元朝皇位繼承問題」, 『元史論叢』(元史研究會編, 下同)第3輯, 中華書局1986年1月版.

李治安,「忽必烈削弱宗藩實行中央集權」,『南開學報』1985年第3期

何高濟·陸嶺「元代回教人物牙老瓦赤和賽典赤」,『元史論叢』第2輯.

陳高華, 「略論楊璉眞加和楊暗普父子」, 『西北民族研究』(西北民族學院西北民族研究所編)1986年第1期.

王堯, 「南宋少帝趙㬎遺事考辨」, 『西藏研究』(西藏社會科學院主辦)1981年創刊號.

蕭啓慶, 「元代蒙古人的漢學」, 國立政治大學邊政研究所『國際中國邊疆學術會議論文集』, 1985年4月.

蕭啓慶, 「元代蒙古人漢學再探」, 陶希聖先生九秩榮慶祝壽論文集『國史釋論』, 1988年4月.

姚大力, 「元朝科舉制度的行廢及其社會背景」, 『元史及北方民族史古人訂刊』第6期, 1982年12月.

張帆,「元代翰林國史院與漢族儒士」,『北京大學學報』1988年第5期.

陳得芝, 「從"遺民詩"看元初江南知識份子的民族氣節」, 『元史及北京民族史研究集刊』第6期.

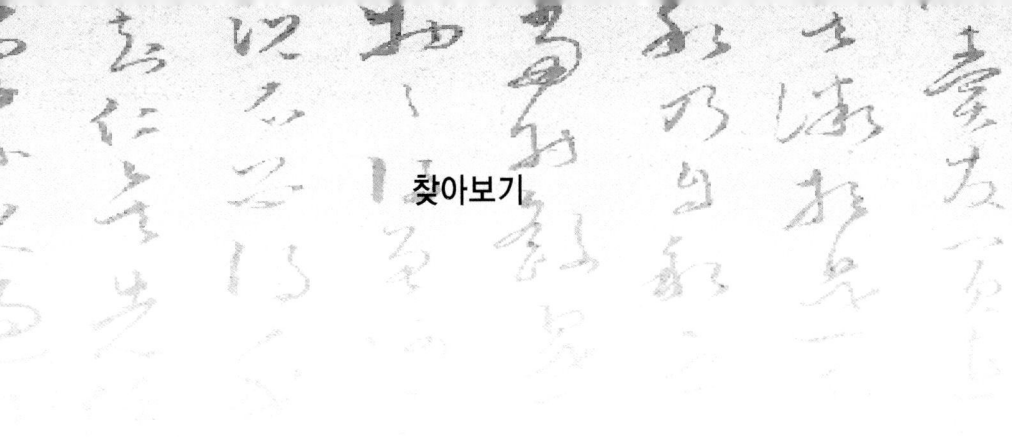

찾아보기

옮긴이의 말

원나라 지원(至元) 13년(1276년)은 송나라를 정복하는 과정에서 중요한 한 해였다. 저자는 특별히 1276년에 일어났던 일에 대해 사실을 기록하는 형태로 서술하고 있다. 즉, 몽골이 남송을 정복하는 과정에서 중요한 사건들을 상세히 묘사하고, 송의 멸망을 눈앞에 두고 남송의 황실 성원, 관리, 장수, 사대부, 궁녀, 백성들은 각기 다른 입장에서 이 재난을 맞이하는 심경을 잘 그려놓았다. 특히 남송의 장원재상 문천상의 충성심과 절개, 비통함이 잘 그려져 있다. 쿠빌라이는 바얀을 비롯한 여러 장수의 도움을 받아 남송을 정복하였다. 국호를 정하고 원나라의 초석을 다졌으며 여러 제도들을 완비하였다. 남송 정복에서 중요한 두 인물인 쿠빌라이와 바얀이 1293년에 죽는 것으로 이 책은 끝이 난다.

북상한 남송인들의 삶, 역사의 배후에 숨겨져 있는 흥미로운 이야기를 서술함에 저자는 화두를 던져주고 독자로 하여금 평가하게 한다. 이 책은 남송말 · 원나라초의 역사와 주요 인물들의 활동을 이해하는 데 도움이 되며 몽원(蒙元)의 중요한 사건이나 제도 등에 대해서도 알기 쉽게 설명되어 있다.

이 책은 올해 3월부터 중국 복단대학 역사지리연구소에서 4개월 간 연수를 할 때 원대사 전공이신 요대력(姚大力) 교수님께서 추천해 주셔서 번역하게 되었다. 이 책을 번역하면서 몽원사를 공부할 수 있었을 뿐만 아니라 남송말·원초의 역사 무대에 등장하는 다양한 인물들을 보면서 삶을 다시 생각해 보게 되었다.

요 교수님은 번역과 관련하여 잘 이해되지 않는 부분을 하나하나 자세히 설명해 주셨다. 번역을 하고 나서 저자 사위민(史衛民) 교수님과 만나 문장 중 이해되지 않는 부분을 문의하자 사 교수님께서 친절하게 가르쳐 주셨다. 인명, 지명 등의 몽골어 고유명사의 한글음은 현재 중국 내몽고대학교 몽골학연구센타 박사과정에 재학 중인 류병재 선생님의 도움을 많이 받았다.

학부 및 석·박사 지도교수님이신 (전)성신여대 신채식 교수님은 언제나 묵묵히 제자의 성장을 지켜봐 주시며 용기를 주고 계신다. (전)성신여대 박용옥 교수님께서도 역자가 학자로 성장할 수 있도록 초석을 다져 주셨다. 제주대학교 사학과 박찬문 교수님께서는 어려움에 직면하였을 때 좌절하지 않도록 용기를 주셨다. 이 책이 나올 수 있도록 도움을 주신 위의 모든 분들께 이 공간을 빌려 진심으로 감사의 마음을 전한다.

지금은 건강이 안 좋아 힘들어 하시는 아버님의 빠른 쾌유를 바라며 어머님을 비롯한 형제·자매들에게 고마운 마음을 전한다.

2009년 11월
옮긴이 배숙희

▌약 력

1952년 10월 북경에서 태어났다. 1982년 내몽고 대학 사학과 졸업, 1984년 중앙민족대학 사학과 대학원을 졸업하고 역사학 석사학위를 취득하였다. 1985년부터 1995년까지 중국사 회과학원 역사연구소에서 몽고사·원사연구에 종사하여 1988년 부연구원이 되었다. 1996년 부터 지금까지 중국사회과학원 정치학연구소에서 정치제도·당대(當代) 중국정치·공공정 책 등의 연구에 종사하고 있으며 1996년 연구원으로 승진되었다.

▌주요 논문 및 저서

* 사위민의 단독저서

『大一統 - 元至元十三年紀史』(1994년)

『元代社會生活史』(1996년)

『都市中的遊牧民 - 元代城市生活長卷』(1996년)

『劉秉忠與忽必烈』(1998년)

『元代軍事史』(1998년)

* 陳高華 연구원과 공동저서

『元上都』(1988년)

『中國政治制度通史 元代卷』(1996년)

『中國經濟史 元代經濟卷』(2000년)

* 다른 연구자와의 공동저서

『中國政治制度史』(1991년)

『中華古文明大圖集』(1992년)

『中國少數民族文化史圖典』(1999년)

* 책임 번역

『劍橋中國遼西夏金元史』(1998년)

배숙희

▌약 력

성신여대 사학과를 졸업하고 동대학원에서 석·박사 학위를 취득하였다. 2001년 8월 중국
으로 유학하여 절강대학 사학과에서 박사후를 하였으며, 중국 소흥 월수외국어대학과 운남
대학에서 강의하고 복단대학에서 연수하였다. 현재 경상대학교 인문학연구소 연구교수로 재
직 중이다. 주요 연구범위는 중국의 송원시대와 한중교류사이다.

▌주요 논문 및 저서

저서로는 『宋代 科擧制度와 官僚社會』(삼지원, 2001년)가 있고, 역서로는 袁采의 『袁氏世
範』을 번역한 『중국 사대부의 생활문화와 처세술』(지식산업사, 2001년), 이브리의 *The Inner
Quarters – Marriage and the Lives of Chinese Women in the Sung Period*(University of California
Press, Berkeley, 1993)를 번역한 『송대 중국 여성의 결혼과 생활』(한국학술정보, 2009년)이
있다. 주된 논문으로는 「元代 科擧制와 高麗進士의 應擧 및 授官」(東洋史學研究 제104
집, 2008년), 「蒙·元의 征服戰爭과 高麗女性」(中國史研究 제48집, 2007년), 「試論南宋政
府對歸正人的政策 – 以應擧·授官爲中心 –」(中國史研究 2003年 第4期(總第100期) 등 다
수가 있다.

위대한
통일

초판인쇄 | 2009년 11월 30일
초판발행 | 2009년 11월 30일

지은이 | 사위민(저), 배숙희(역)
펴낸이 | 채종준
펴낸곳 | 한국학술정보㈜
주 소 | 경기도 파주시 교하읍 문발리 파주출판문화정보산업단지 513-5
전 화 | 031) 908-3181(대표)
팩 스 | 031) 908-3189
홈페이지 | http://www.kstudy.com
E-mail | 출판사업부 publish@kstudy.com
등 록 | 제일산-115호(2000. 6. 19)

ISBN   978-89-268-0559-6 93910 (Paper Book)
        978-89-268-0560-2 98910 (e-Book)